U0466171

易 学 文 化 丛 书

象数易学

张其成

著

华夏出版社
HUAXIA PUBLISHING HOUSE

图书在版编目（CIP）数据

象数易学 / 张其成著 . -- 北京：华夏出版社有限公司，2023.5
ISBN 978-7-5222-0476-5

Ⅰ．①象… Ⅱ．①张… Ⅲ．①象数之学－研究 Ⅳ．① B2

中国国家版本馆 CIP 数据核字（2023）第 019396 号

象数易学

作　　者	张其成
责任编辑	张　平　曾　华

出版发行	华夏出版社有限公司
经　　销	新华书店
印　　装	三河市少明印务有限公司
版　　次	2023 年 5 月北京第 1 版 2023 年 5 月北京第 1 次印刷
开　　本	710mm×1000mm　1/16 开
印　　张	17.5
字　　数	250 千字
定　　价	78.00 元

华夏出版社有限公司　　地址：北京市东直门外香河园北里 4 号　　邮编：100028
　　　　　　　　　　　网址：www.hxph.com.cn　　　　　　　电话：（010）64618981
若发现本版图书有印装质量问题，请与我社联系调换。

前言

象数易学的哲学思维

《周易》是我国最早最重要的典籍之一。历代对《周易》的注释，构成了"易学"。易学作为经学的一种，从汉代开始，迄今已有两千多年的历史。历代易学家在对《周易》的研究态度和注释方法上各有特色，总的来说，可分为象数与义理两大派。《四库全书总目》将易学分为两派六宗，即象数派、义理派和占卜宗、禨祥宗、造化宗、老庄宗、儒理宗、史事宗。六宗实际上可归属于两派：占卜、禨祥、造化三宗归属于象数派，老庄、儒理、史事三宗归属于义理派。象数派以象数为第一位，以象数解《易》，以象数论义理；义理派以义理为第一位，以义理解《易》，以义理论象数。从整个易学史发展过程看，两派的分歧和较量一直没有停止。象数派在解《易》的同时，涉及天文、历法、音律、伦理、哲学、医学、占测等内容，导致其易学体系十分庞杂，也造成了人们对它认识的难度大大增加。久之，象数易学被罩上了一层神秘的面纱，并遭到了不公正的待遇。

就近现代学术界而言，可以说，其对象数易学的态度仍然是不够公允的。有人认为，象数就是术数，是"算命打卦"的同义语，应打入封建迷信的行列；有人认为，象数易学根本不是易学正宗，与哲学更风马牛不相及，只有义理易学才是中国哲学的组成部分。但是，也有人认为，象数易学代表了古代自然科学的最高成就，甚至当代自然科学的新成就、新发明都可以从中找到来源……

认识的偏差和误区带来了研究的薄弱与缺陷。现代除了两三本象数易学源流史著作外，还几乎没有一本象数哲学的专著。本书试图填补这一空白，在分析、比较汉代象数易学与宋代象数易学的基础上，主要解决以下问题：

① "象数"在各历史阶段的内涵。

② "象数易学"形成演变的过程及规律。

③ 象学派和数学派从易学本原论到哲学本体论的提升。

④ 中国传统哲学史上"象本论"派与"数本论"派的特征。

⑤ 象数思维方法的特征及其对中国传统人文和科学的影响。

⑥ 象数派的宇宙生成法则与宇宙结构法则。

⑦ 象数派的人文情怀、性命学说与生命境界。

"象数"和"象数学"（象数易学）是两个既有密切的联系又有不同内涵的概念。从《周易》开始，作为卦爻的"象数"就成为"象数学"研究的主要对象。"象数学"的两大鼎盛时期——汉代与宋代，其对"象数"的内涵各有不同的拓展。

宋易象学派与数学派在易学本原论上有"象在数先"和"数在象先"的论争，进而通过"气""理"范畴，将这场论争提升为本体论的论争。以周敦颐、朱震以及明清时期来知德、方氏父子为代表的象学派将"象"与"气"合为一体，以"气"为宇宙本体；以邵雍、张行成、蔡沈为代表的数学派将"数"与"理"合为一体，以"理数"——"数"为宇宙本体。数学派还通过对"太极"的解说强化了这一本体观。"太极"虽被视为一个兼包虚实、动静、心、气、理数的综合体，但其本质仍是"理数"，即宇宙事物生成变化的次序、理则。"理数"之"理"不同于程朱之"理"，"理数"之"数"也不同于毕达哥拉斯之"数"。邵、张、蔡的"数本论"在中国乃至世界哲学史上独树一帜。

由《易传》创立并由象数派发展的"象数思维方式"，采用取象—观象法、取数—明数法、符号模型法，表现出整体性、功能性、形象性、变易性特征，对中国传统文化尤其传统科技（以中医为代表），产生了重大影响。

象数派将宇宙生成的过程看成气化流行的过程。汉代象数学家通过卦变学说、"四太"阶段、九宫位序反映了这一过程,宋代象数学家通过"一生二"法则和先天学说进一步阐释了这一过程。象数派的宇宙结构论之所以不同于西方,一是因为其宇宙结构论与其宇宙生成论密不可分,或者说,有一种重生成论、轻结构论的倾向;二是因为其将宇宙的结构视为一种先验的、程式化的象数模型,即卦爻、九宫、五行、河图洛书模型,这是一种时空合一、偏向关系功能的结构模型。

象数学家一般被认为只重天道不重人道。实际上,无论汉代象数学家还是宋代象数学家,都不能作如是观。汉代象数学家虽然偏重天文之学,"多参天象",但其目的却在于以天道推人道,以卦占定人伦、明王道,以阴阳灾异推论人事吉凶、宣扬五常伦理,表现出了强烈的人文关怀和政治理想;宋代象数学家则更参合天人、以人为核心,或由太极论人极,或由物理之学、宇宙之学论心学、性命之学,从而建构了宇宙与人文同构、同序的理论图式,表达了鲜明的人文价值理想。

对《周易》的研究,在途径上向来就有学理阐发与文献考证之别。前者关注于揭示或阐发《周易》的道理("易之道"),目的在于建立《周易》的思想理论体系;后者关注于训诂、考证《周易》的文句、字义("易之文"),目的在于求取《周易》的本来意义。当然,两者并非完全割裂。到了近代则出现了"疑古"思潮,以抗击传统理学家的"复古"学风。疑古派的治学方法利弊交参。

本书采用当代学者提出的"释古"方法,注重史料的考证,同时注重逻辑分析和理论归纳,将纵向的历史文本与横向的思想原理相结合,以史料文本("易之文")为依据,以思想原理("易之道")为目的,既不为"释古"而"释古",更不为"复古"而"释古",只企望在"释古"的基础上,总结象数派哲学思维的特征及其得失,建构象数哲学体系,从一个特定层面展开《易》之"道",并希望能在打通易学与现代哲学、现代科学的通道方面,对今人有一点点启迪和帮助。当然,能否如愿,则有俟读者明鉴了。

目录

第一章 象数易学的发展与演变——象数派源流论 _001

第一节　汉易中的象数学　_005

第二节　宋易中的象数学　_015

第三节　明清象数学　_029

第四节　象数派解《易》的特征　_038

第二章 穷宇宙造化之妙——象数派天道观 _043

第一节　气化流行：宇宙的生成过程　_045

第二节　象数模型：宇宙的结构次序　_064

第三章 人文情怀与生命境界——象数派人道观 _083

第一节　借卦占以定人伦明王道　_086

第二节　五常伦理与政治神学　_089

第三节　从太极到人极　_094

第四节　作为人伦图景的河图洛书　_098

第五节　先天心法与性命之学　_100

第四章　"象数"的内涵——象数范畴论　_119

第一节　卜筮与象数　_121

第二节　《易经》中的象数　_126

第三节　《易传》中的象数　_134

第四节　易学中的象数观　_141

第五节　象数与术数　_149

第六节　象数与义理　_162

第七节　小结　_171

第五章　对宇宙本源的探索——象数本体论　_175

第一节　象本论　_178

第二节　数本论　_197

第三节　象数本体论的特征　_227

第六章　传统思维方式的典范——象数方法论　_231

第一节　《周易》思维形式与象数思维形式　_233

第二节　象数思维的方法　_237

第三节　象数方法论的特征及其影响　_258

后记　_269

第一章
象数易学的发展与演变——
象数派源流论

第一章　象数易学的发展与演变——象数派源流论

象、数、辞是构成《周易》（简称《易》）经文的三大要素。象、数是符号系统，辞是文字系统。两个系统互补、互换，共同构成《易经》。就"象数"与"辞"形成的先后而言，"象数"早于"辞"。"象数"是"辞"的依托和出发点，"辞"是对"象数"的解读。到了《易传》，"象数"系统没有改变，而"辞"系统则发生了质的变化。由"十翼"构成的文字（"辞"）系统对《周易》的卦辞、爻辞已从占筮解读转为哲理解读，从而奠定了易学的"义理"基础。其后，象数、义理成为易学两大组成要素，象数派和义理派成为易学两大解读流派。

"象数"作为易学的基础和先导，在中国文化史上的地位是十分重要的，然而历代对它的认识和评价却大相径庭，因而有必要从源流上对其做一深入考察和认真梳理。

对《周易》系统地进行研究从汉代就开始了。在汉武帝的时候，《周易》被尊为群经之首，称为《易经》（包括《周易》的经文和传文）。对《周易》的研究成为专门的学问，称为"易学"。"易学"有两千多年的历史，是儒家经学中最重要的一种。易学是一个庞大而复杂的学术体系。在研究方法、学术观点上，易学家存在着较大差异。

由于自汉代以来，历代经学家皆视《周易》为圣人所作之书，而有"人更三圣"[①]"人更四圣"[②]"四圣同揆"[③]之说，所以在对待《周易》系统典籍的态度上，一般来说，都"经""传""学"不分，或以"传"释"经"，或以"学"释"传"，从而形成古今不分、历时与共时不明的混乱局面。近代学者李镜池、高亨及闻一多、郭沫若等以其超凡的学识和深厚的学养，探讨了"经"与"传"的思想内涵，指出"经"和"传"是不同时代的作品，两者有很大的差别，应当以"经"治"经"、以"传"治"传"。今人朱伯崑对"经""传""学"也做了严格的区分，并反复强调要以"经"解"经"、以"传"解"传"、以"学"解"学"，不能把《易传》的观点当作《易经》的观点，不能把后人的观点当作前人的观点，应坚持历史的、分析

---

① 《汉书·艺文志》称："易道深矣，人更三圣，世历三古。"三圣指伏羲氏、周文王、孔子。
② 东汉经师在"人更三圣"基础上又提出周公旦作卦爻辞说。朱熹概括为"人更四圣"（《文集·易五赞》）。
③ 语出王夫之《周易内传发例》。

的方法，从而端正了研究的基本态度。

从研究途径上，易学形成两派：一是学理阐发派，二是文献考证派。前者属于经学上的宋学派，后者属于经学上的汉学派。宋学派注重义理的阐发，废弃汉儒解经传统，反对专在字句上训诂、考证，注重以义理解经，提出要研究儒经的"微言大义"，甚至可以离开经文注经或删补章句；汉学派注重文献的训诂、考证，反对空谈义理。清代则出现汉学派和宋学派的对立，其中顾炎武、毛奇龄、胡渭以及惠栋、戴震等推崇汉儒的朴学风尚，形成了真正的文献考证派。

从学术立场、解《易》方法上，易学也分为两派：义理派和象数派。义理派采用取义的方法，站在义理的立场解释《周易》经传，即以义理为第一位、象数为第二位，以义理解释象数；象数派采用取象的方法，站在象数的立场解释《周易》经传，即以象数为第一位、义理为第二位，以象数解释义理。象数派以象数为本位，以象数为最高范畴。当然，并不是象数派不讲义理、义理派不讲象数，实际上两派都不是一概排斥义理或象数的。

象数派和义理派在对《周易》的基本认识上有所不同。

象数派认为卦爻辞是用来表达象数的，如南宋象数派代表朱震说：

> 辞也者，所以明道也。故辞之所指，变也，象数也，占也，无不具焉。（《汉上易传·序》）

认为卦爻辞主要表达象数以及象数的变易、变占之道。

义理派则认为卦爻辞是用来表达义理的，如北宋义理派代表程颐说：

> 理既见乎辞矣，则可由辞以观象。故曰得其义则象数在其中矣。（《二程集·河南程氏文集》卷九《答张闳中书》）

认为卦爻辞表达义理，义理藏于卦爻辞中。

两派在"象数"与"义理"问题上，有一些观点从表面上看是一样的。如象数派代表邵雍、蔡沈认为"象数"可以"穷天地终始""尽天下之事理"，俞琰认为"理寓于数"，来知德主张"假象以寓理"。而义理派代表王弼虽提出"忘象求义"，但实际上并没有废"象"。[①] 程颐主张"因象以明

[①] 王弼从卦爻象中总结出一爻为主、初上不论位等体例，并将其引申为一以统众、以一为无、以无为本以及位无常分、事无常所的义理。

理""假象以显义"。从表面上看，他们都以"象数"为工具，从"象数"上推显"义理"，其实不然。在义理派看来，"象数"是显明"义理"的工具，而在象数派看来，"象数"本身即寓藏"义理"，本身就是"义理"（详见第五章）。总之，象数派以"象数"为高于"义理"的范畴，义理派以"义理"为高于"象数"的范畴。

当然，象数派和义理派也有一些共同点，如：

① 两派解《易》的目的相同，都是寻找卦爻辞与卦爻象之间内在相应的逻辑关系。

② 两派在对"象数"和"义理"的把握上虽然各有偏重，但都不排斥。

③ 虽然汉易象数学与魏晋义理学阐发的"理"有所不同，但实际上都是对"易道"的理解，并未离开《易》之"理"，而宋代象数派与义理派所阐发的"理"则基本相同，即弥纶天、地、人的"三极之道"与宏观、整体、动态的自然之"理"、人伦之"理"。

本章旨在对象数派易学的特征及源流做一探讨。

第一节　汉易中的象数学

汉代易学是《易传》之后易学的第一个阶段。因《周易》未经秦火烧焚，故先秦易学的传授并未中断，汉易得以发展。汉武帝独尊儒术，提倡经学，故《周易》被尊为"六经"之首。此外，道教及其他学派也探讨《周易》，借《周易》以立说。解说《周易》成了一门专门的学问，易学史成为汉代经学史、学术史、思想史、哲学史的重要组成部分，并占据十分重要的地位。

齐人田何是汉代初年的易学家，据《史记·儒林列传》说，田何是由孔子传商瞿再经六世的易学传人。田何传杨何，杨何传司马谈。据《汉书·儒林传》说，汉兴，田何传《易》周王孙、丁宽、齐服生（三人均有

《易传》),再传杨何。到了西汉中后期,丁宽传《易》田王孙,田王孙传《易》施雠、孟喜、梁丘贺,其中孟喜传焦赣,焦赣传京房,为官方易学。与此相对的则是以费直、高相为代表的民间易学。[①]"施、孟、梁丘、京氏四家皆立博士,费、高二家未得立。"(《后汉书·儒林列传》)费、高二家为古文易,施、孟、梁丘、京氏四家为今文易。

西汉易学以施、孟、梁丘、京氏四家为代表,该四家之学被宋人称为"象数之学"。汉代是象数易学真正形成的时代。汉代易学的特点是,以奇偶数和卦爻象所象征的物象——主要是天文、历法、物候、人事等事物之象来解说《周易》经传及其原理。

一、孟喜与京房:象数学

孟喜,生卒年不详,字长卿,东海兰陵人,师承田王孙,曾言自己得到了老师的真传。实际上,孟喜并未遵西汉经学家所恪守的"师法""家法"。《汉书·儒林传》称其"好自称誉,得《易》家候阴阳灾变书"。孟喜在时人眼里虽有些离经叛道,但其研究成果一直影响着后人。

孟喜与京房解释《周易》的共同特点是,着重于卦象以及《周易》中的一些特定数字的研究,运用当时的天文、物候、历法学知识解释卦爻辞与卦爻象,力图找到两者的对应关系。在这种思想的支配下,孟喜、京房将当时的天文、物候、历法学知识、阴阳五行学说与卦爻象数结合起来,认为前者正是卦爻象数所象征、比附的物象、理象。于是,他们从两方面入手建构象数学体系:一是扩大卦爻象数模式,如将一卦化生出几卦,将

[①]《汉书·艺文志》:"汉兴,田何传之。讫于宣、元,有施、孟、梁丘、京氏列于学官。而民间有费、高二家之说。"

第一章　象数易学的发展与演变——象数派源流论

> 京房（前77—前37）字君明。西汉有两位京房，一位是杨何的学生，官至太中大夫、齐郡太守，梁丘贺曾从他受《易》；一位是焦赣的学生，字君明，本姓李，好音律，推律自定为京氏，元帝时被立为博士，官至魏郡太守，以卦气、阴阳灾异推论时政，后被石显忌恨处死，年仅40岁。本书指后者。

《周易》六十四卦重新组合，创立飞伏、互卦、八宫、世应、游归等体例；二是扩大卦爻象数所取物象的范围，如将每一卦每一爻都与阴阳五行、天文气候等自然、人文知识逐一对应，创立卦气、纳甲、纳子等体例。这两方面的努力使得原来有限的取象范围大大扩展了。

孟喜与京房象数学的最大特色是倡导"卦气说"。

孟喜是"卦气说"的倡导者，其《易章句》已佚。《易章句》中"易说"的一部分内容，保存在唐代僧一行的《卦议》中。僧一行评论孟喜易学："十二月卦，出于孟氏章句，其说《易》本于气，而后以人事明之。"由此可知，孟喜是以历法、气候解说《周易》的，以《周易》卦象解说一年气候的变化，以六十四卦配四时、十二月、二十四节气、七十二候，以阴阳奇偶之数和奇偶之数的变化解释阴阳二气及其消长变化过程。

京房以讲占候之术闻名，现仅存《京氏易传》三卷，三国时吴国人陆绩注，南宋晁公武跋。京房以卦气、纳甲、世应、八宫解《易》，将六十四卦分为八宫，定出本宫卦、一世至五世卦、游魂卦、归魂卦以及世爻、应爻，将卦爻配上天干、地支、五行、六亲等因素，以解说《易经》，推断阴阳灾异。

孟喜"卦气说"的主要内容是，以坎、震、离、兑四正卦配二十四节气，每一爻配一节气，以其余六十卦配七十二候、一年三百六十五日，每卦主"六日七分"。京房则以六十四卦配二十四节气、七十二候、三百六十五日，以四正卦之前的四个卦各主"五日十四分"，以其余六十卦各主"六日七分"。

记录孟喜与京房"卦气说"的资料除《京氏易传》外，主要有唐代僧一行的《卦议》（载于《新唐书》）及清代惠栋的《易汉学》。而据班固《汉书·京房传》载，京房的老师焦延寿（字赣，一说名赣，字延寿）"其说长于灾变，分六十四卦，更直日用事，以风雨寒温为候"。孟康注："分卦直日之法，一爻主一日，六十卦为三百六十日。余四卦，震、离、兑、坎，为方伯监司之官。所以用震、离、兑、坎者，是二至二分用事之日，又是四时各专王之气。各卦主时，其占法，各以其日观其善恶也。"这说明以六十四卦主一年之日始于焦赣而非孟喜。另据王充《论衡·寒温篇》载："《易》京氏布六十卦于一岁中，六日七分，一卦用事。"王充认为"六日七分"为京房所创立。

《卦议》（选自《新唐书》）

夫阳精道消，静而无迹，不过极其正数，至七而通矣。七者，阳之正也，安在益其小馀（余），令七日而后雷动地中乎？当据孟氏，自冬至初，中孚用事，一月之策，九六、七八，是为三十。而卦以地六，候以天五，五六相乘，消息一变，十有二变而岁复初。坎、震、离、兑，二十四气，次主一爻。其初则二至、二分也。坎以阴包阳，故自北正，微阳动于下，升而未达，极于二月，凝涸之气消，坎运终焉。春分出于震，始据万物之元，为主于内，则群阴化而从之，极于南正，而丰大之变穷，震功究焉。离以阳包阴，故自南正，微阴生于地下，积而未章，至于八月，文明之质衰，离运终焉。仲秋阴形于兑，始循万物之末，为主于内，群阳降而承之，极于北正，而天泽之施穷，兑功究焉。故阳七之静始于坎，阳九之动始于震，阴八之静始于离，阴六之动始于兑。故四象之变，皆兼六爻，而中节之应备矣。易爻当日，十有二中，直全卦之初；十有二节，直全卦之中。齐历又以节在贞，气在悔，非是。

创立"卦气说"的目的是解《易》。从《京氏易传》看，其解每一卦都采用了这种体例。如解乾卦"建子起潜龙，建巳至极主亢位"，京房以"建子"解释初九爻爻辞"潜龙勿用"，建子谓十一月冬至一阳生，初九配子，十一月；以"建巳至极"解释上九爻爻辞"亢龙有悔"，巳为四月，龙见于辰，阳极阴来，吉去凶生，故曰"亢龙有悔"。

京房还以天文学知识解《易》，将每一卦都配上五星①、二十八宿②，以论说该卦的位次、吉凶。如解乾卦"五星从位起镇星，参宿从位起壬戌"，解姤卦"五星从位起太白，井宿从位入辛丑"。

京房解《易》的另一大体例是其"八宫卦说"及"世应说""游归说"。京氏将《周易》六十四卦的次序按照八宫次序重新编排，依次以乾、震、坎、艮、坤、巽、离、兑为八宫卦，每宫卦下统领七卦，每一宫的宫卦为上世卦，所属七卦依次为一世卦、二世卦、三世卦、四世卦、五世卦、游魂卦、归魂卦。宫卦上爻为世爻，一世至五世卦则一爻至五爻分别为世爻，游魂卦四爻为世爻，归魂卦三爻为世爻；与世爻相隔三位的爻为应爻。世爻是一卦的主爻，应爻是呼应世爻的爻。京氏认为六爻体现贵贱等级之位，并以此解说卦爻的吉凶。

八宫卦确立后，京房还发明了"纳甲""纳五行"等体例，将每一卦都配上天干，每一爻都纳上地支。（详见第二章）

二、《易纬》与郑玄：爻辰九宫说

《易纬》是汉儒解释《易经》的丛书，早已失传，后人辑有逸文，有《乾凿度》《乾坤凿度》《稽览图》《通卦验》《是类谋》《坤灵图》《乾元序制记》《辨终备》八种。③ 其解《易》站在神秘主义立场，亦属象数派。《易

---

① 五星为土星镇、金星太白、水星太阴、木星岁、火星荧惑。
② 二十八宿为东方苍龙：角、亢、氐、房、心、尾、箕；北方玄武：斗、牛、女、虚、危、室、壁；西方白虎：奎、娄、胃、昴、毕、觜、参；南方朱雀：井、鬼、柳、星、张、翼、轸。
③ 据《黄氏逸书考》本。关于《易纬》成书年代，向有争议，一说在西汉前期，一说在西汉后期。今人一般认为在西汉后期哀平之际。参见朱伯崑《易学哲学史》第一卷，华夏出版社，1995年，第160—161页。

纬》除主张"卦气说"外，还提出"爻辰""九宫""五行"等解《易》体例。

所谓"爻辰"，即将六十四卦每一爻都配上代表一年十二个月的地支（辰），使一爻主一月。按六十四卦次序，每对立的两卦共十二爻配以十二辰，代表一年十二个月；六十四卦共三十二对，代表三十二年，从乾卦、坤卦到既济卦、未济卦，循环推算。较早言"爻辰"的是京房。京氏的"八宫卦说"即将每一爻都配上地支。《易纬》则将"爻辰"系统化。"爻辰说"其实也是一种"卦气说"。此外，《易纬》的"卦气说"还包括"八卦卦气说"与"六十卦卦气说"。《乾凿度》以四正卦震、离、兑、坎分别为二、五、八、十一月，四维卦巽、坤、乾、艮分别为四、六、十、十二月。《通卦验》还对八卦各所主的节气做了说明：艮主立春、震主春分、巽主立夏、离主夏至、坤主立秋、兑主秋分、乾主立冬、坎主冬至。

郑玄是东汉著名经学家，不仅注"三礼"和《毛诗》（被《十三经注疏》采用），而且注《周易》《尚书》《论语》和纬书。在易学书中，《周易注》已佚（宋人、清人有多种辑佚本），《易纬注》尚存。

郑玄（127—200），字康成。以毕生精力注释儒家经典，很多注书被长期作为官方教材使用，影响深远，泽被后世。郑玄不但精于儒学，而且精于术数。他曾于马融门下学习，但马融门徒众多，郑玄三年都没有见到马融的面。有一次，马融与人用一种天体算法演算，算了很久都没结果。有人推荐郑玄，郑玄到后马上就算了出来，大家都叹服。他从此也得到了马融的赏识。郑玄共在马融门下学习了七年，终成一代大家。

郑玄在《易纬》基础上提出，乾、坤两卦的爻辰配属是其他卦爻辰配属的依据，其他卦逢阳爻从乾爻所值，逢阴爻从坤爻所值。《易纬》的"爻辰说"本不是为了解释《周易》经传，而是为了以卦爻计算年月，说明一年节气的消长变化，但郑玄却用来解《易》。如郑玄在论及嫁娶之礼时，解释泰卦六五爻爻辞"归妹，以祉元吉"说："五爻辰在卯，春为阳中，万物以生。生育者嫁娶之贵。仲春之月，嫁娶，男女之礼，福禄大吉。"（《周易郑注》）郑玄以"爻辰说"解《易》，常与礼仪相结合，或以礼注《周易》，或以《易》证《三礼》。

《易纬》还提出"九宫说"，将九宫、易数与阴、阳二气结合起来，以九宫、易数的运行说明阴、阳二气的变化。郑玄对此做了阐发，认为太一是四时变化之主宰神，进一步将卦气神学化。他还对九宫与八卦的数量变化关系及其意义做了说明，认为九宫数、八卦数的进退表示气的消与息，也说明节气以及阴、阳二气的变化消长蕴含数的规定性，可以数来表达量的差异变化。郑玄从易数出发，将大衍之数、天地之数看成五行之气生化万物的法则，吸收《月令》《太玄》等观点，以"五行生成说"解释《周易·系辞传》中的"大衍之数""天地之数"。

《易纬》和郑玄的"九宫说"既是"卦气说"的一种形式，也是"方位说"的一种特殊表达。时间与空间被巧妙地融合在一起。九宫表示四正、四维加上中宫的九方位。其中，八卦各据自己的方位主持一年四时的变化，每卦主四十五日。此外，九宫、八卦还与五行、五常相配合，说明卦气、方位又体现人伦纲常之道。

九宫、八卦、五行被《易纬》、郑玄巧妙地组合起来，又以"数"的形式做了量的规定，以建构一个时空合一、万物生成、宇宙运行的模式，成为宋代"河图洛书说"的先导。

三、荀爽与虞翻：卦变说

荀爽、虞翻是东汉象数易学派的代表。他们受孟京学派影响，以卦气、八宫、飞伏、纳甲解《易》。如对坤卦《象传》的解释，荀爽认为："阴起于午，至申三阴得坤一体，故曰西南得朋；阳起于子，至寅三阳丧坤一体，故曰东北丧朋。"(《周易集解》①卷二）虞翻认为："阳丧灭坤，坤终复生，谓月三日，震象出庚，故乃终有庆，此指说易道阴阳消息之大要也。谓阳月三日，变而成震出庚，至月八日成兑见丁，庚西丁南，故西南得朋……二十九日消乙入坤，灭藏于癸，乙东癸北，故东北丧朋。"他们从历法、物候、月体运行的角度解释坤卦卦辞及《象传》"西南得朋，东北丧朋"，是对孟京"卦气说"的发展。

但是，荀爽、虞翻的创造发明却在于他们的"卦变说"。荀爽发明"乾升坤降说"，虞翻发明"卦变说""消息说""之正说"。

> 荀爽（128—190），字慈明。《后汉书》上记载，荀爽少年聪颖，十二岁便通《春秋》《论语》。荀家兄弟八人都很有才学，世人称："荀氏八龙，慈明无双。"荀爽一生几次避官不就，专心治学，最后参与诛灭董卓之义举，但尚未起事就因病去世了。

所谓"乾升坤降"，实际上即阳升、阴降。荀氏首次将阴阳、升降阐发为一种系统的解《易》体例。在荀爽看来，乾阳上升、坤阴下降是天道运行的规律。乾、坤两卦为基本卦，两卦爻位的上升与下降是八卦、六十四卦形成的基础。乾、坤两卦的爻位以五与二位为主，乾九二与坤六五互易，即乾九二升于坤六五位，坤六五降于乾九二位，则成为坎、离两卦，为上经之终；坎、离两卦相组合，则成为既济、未济两卦，为下经之终。

荀氏以此体例解释《周易》的卦爻辞。荀氏还将此二、五爻升降的体例进一步推广为任何一爻皆可升降，如有初升五者，如复卦初爻注；有二升五者，如解卦二爻注、升卦二爻注；有三升五者，如明夷卦三爻注、谦卦三爻注；有四升五者，如离卦四爻注、小过卦四爻注；有阳降、阴升者，

---

① 本节引文除特别注明外，均见李鼎祚《周易集解》。

第一章　象数易学的发展与演变——象数派源流论

> 虞翻（164—232），字仲翔。虞翻好学狂直，曾为《老子》《论语》《国语》等作注，而于《易》尤为精通。这既得益于其家传易学，"臣高祖父故零陵太守光，少治孟氏《易》，曾祖父故平舆令成，缵述其业，至臣祖父凤为之最密"，又因其辅佐孙策、孙权，为国事征战常要演练推导，所以博采众家易说，极善筮法。但虞翻终因耿介而不同于流俗，被孙权放于交州，直至去世。

如泰卦《象传》注；有三阳同升者，如需卦上爻注。阴、阳爻的升、降往往是互易的。荀氏在解释某一卦爻时，常常指出它的本卦，然后指出某两爻的互易则成为所解之卦。

荀氏的"升降说"实际上是"卦变说"，或者说"卦变说"是其"升降说"的延伸和扩展。清人张惠言在《周易荀氏九家义》中对荀氏的"卦变"做了统计——"见注者二十六卦"。其中一阴一阳之卦，见注者有剥、谦、同人三卦，由乾、坤二卦升降而成（同人卦由乾、离互易而成）；二阴二阳之卦，见注者有屯、蒙、讼、晋、萃、蹇、解七卦，分别由坎、艮、遁、观、否、（乾、临）①而来；三阴三阳之卦，见注者有随、噬嗑、贲、恒、困、井、旅、涣、既济、未济等十六卦，皆由泰、否而来。

荀氏以"升降说""卦变说"解《易》取决于其解通经传的需要，并没有固定的规则。荀氏为了找到象、辞相应之理而随机决定"升降""卦变"的规则。荀氏的"升降说""卦变说"对后世象数派以"卦变"解《易》影响甚大。汉末三国时期的虞翻则是"卦变说"的集大成者。

虞翻的"卦变"主要分为三类：一是乾坤父母卦变为六子卦，二是乾坤消息卦变为十二消息卦，三是十二消息卦变为五十二杂卦。

---

① 蹇、解两卦本于何卦，荀爽未明言。张惠言认为"乾二之豫为解，乾五之谦为蹇"，李道平认为"解卦自临来"，他们对此有争议。

以上三类，体例十分整齐，构成一个井然有序的卦变系统。三阴三阳类中有极个别的卦不用泰、否而用乾、坤。如：恒，乾初之坤四；咸，坤三之上成女，乾上之三成男。但遗憾的是，一阴五阳、一阳五阴两类卦的卦变没有统一体例，因而从整个卦变体系看，它还不够完备和严密。

虞氏的"卦变"是为了解《易》，如其解家人卦卦辞"利女贞"说："遁初之四也。女谓离巽，二四得正，故利女贞也。"家人卦为二阴四阳卦，是遁卦初六爻与九四爻互易而成，下卦为离、为中女，上卦为巽、为长女，二四爻皆得正位，所以说"利女贞"。

虞氏在"卦变说"基础上还提出"之正说"。据《易传》爻位说，阳爻居阳位、阴爻居阴位，谓之"得正""当位"，否则为"不得正""不当位"。"得正""当位"则吉，否则则凶。荀爽已开始提出"之正说"，虞氏则进一步使之系统化、完备化。所谓"之正"，就是使"不正"变为"正"。而六爻均"得正"的只有既济卦，所以虞氏解《易》时多言"成既济"。凡"之正"皆因穷而变、变而通。"成既济"则说明阴阳"得位"、均衡，事物顺达，行为成功。

此外，虞氏还提出"旁通说"，即一卦转化为其对立的卦。如乾卦的旁通卦为坤卦。六十四卦可有三十二对旁通卦。虞氏也以此解释《周易》经传。

虞氏创造"卦变说""之正说""旁通说"以及"互体""半象"等体例，都是为了解释《周易》卦爻辞与卦爻象以及传文之间的内在逻辑关系，在某一体例讲不通的情况下则用另一体例，因而造成"繁杂琐屈，不可胜纪（记）"（王夫之《周易外传·系辞下传》第三章）的局面。虞氏虽创造了多种体例，但其实质是为了扩大取象范围，其方法皆可归结为"取象法"。

第二节 宋易中的象数学

汉代象数学虽然经过了魏晋王弼的冲击,但并未衰落,[①]至宋代还得到了发展。宋代象数学的特点是以河图、洛书、先天图等图式解说《周易》的原理,偏向于解《易》之道,不太关注于解《易》之文,这一点与汉代象数学相反。宋代象数学将汉代象数学进一步哲理化、数理化。因注重于河图、洛书、先天图等图式,故宋代象数学又被称为"图书学""河洛学""先天学"或"先天象数学"。宋代象数派主要代表有陈抟、邵雍、刘牧、朱震、张行成、蔡元定、蔡沈等。

一、陈抟:象数学

> 陈抟(871?—989?)字图南,号扶摇子,宋太宗赐号"希夷先生",又称"华山道士"。陈抟融儒、释、道于一体,其理论对宋代理学影响深远。而在民间,陈抟则以能"睡"著称,被人们称为"睡仙"。关于他的文学作品也很多。他在图书易、内丹学、睡功、诗书画等方面都有不凡的成就。

陈抟不仅是五代、宋初著名的道教家、神仙家、内丹家,而且也是宋代图书象数派的开创者。

[①] 魏晋隋唐时期象数派代表有干宝、陆绩、侯果、何妥、崔憬等。

关于陈抟的著作，《宋史·陈抟传》说："抟好读《易》，手不释卷，常自号扶摇子，著《指玄篇》八十一章，言导养还丹之事。"《指玄篇》是借卦爻象数说明还丹过程的书，继承了《周易参同契》的传统。据《宋史·艺文志》易类著录，陈抟有《龙图易》一卷。朱熹认为《龙图易》是"假书"。吕伯恭编《宋文鉴》则不仅认为《龙图易》为陈抟所作，而且还收载了陈抟的《龙图序》一文。虽《龙图易》已佚，且《龙图序》是陈抟所作还是其门人所述亦不可考，但从宋人王称《东都事略·儒学传》、朱震《汉上易传》等记述看，《龙图易》乃河洛之学的前身，《龙图序》亦符合陈抟的思想。①

陈抟《龙图序》

且夫龙马始负图，出于羲皇之代，在太古之先也。今存已合之序尚疑之，况更陈其未合之数耶！然则何以知之？答曰：于仲尼三陈九卦之义，探其旨，所以知之也。况夫天之垂象，的如贯珠，少有差，则不成其次序矣。故自一至于盈万，皆累累然，如系之于缕也。且若龙图便合，则圣人不得见其象，所以天意先未合而形其象，圣人观象而明其用，是龙图者，天散而示之，伏羲合而用之，仲尼默而形之。

始龙图之未合也，惟五十五数。

上二十五，天数也。中贯三五九，外包之十五，尽天三天五天九并十五之位。后形一六无位，又显二十四之为用也。兹所谓天垂象矣。

下三十，地数也，亦分五位皆明五之用也。十分而为六，形地之象焉。六分而成四象，地六不配。在上则一不配，形二十四。在下则六不用，亦形二十四。

后既合也，天一居上为道之宗，地六居下为地之本，三干地二地四为之用。三若在阳则避孤阴，在阴则避寡阳。

大矣哉！龙图之变，歧分万途。今略述其梗概焉。

---

① 参见朱伯崑《易学哲学史》第一卷，华夏出版社，1995年，第16页。

第一章 象数易学的发展与演变——象数派源流论

陈抟开创的宋代象数学与汉代象数学有很大不同，陈抟多自创图式。陈抟作《龙图易》（河图洛书）传先天图，以图式代替文字说解《周易》、论述丹道。"希夷易学，不烦文字解说，止（只）有图以寓阴阳之数，与卦之生变。"[①] 关于陈抟先天图书学派的流传，宋代王称《东都事略·儒学传》说：

> 陈抟读易，以数学授穆修，以象学授种放，放授许坚，坚授范谔昌。

另据南宋朱震《汉上易传》说：

> 濮上陈抟以先天图传种放，放传穆修，修传李之才，之才传邵雍；放以河图洛书传李溉，溉传许坚，坚传范谔昌，谔昌传刘牧；修以太极图传周敦颐，敦颐传程颐、程颢。

据此说，陈抟当传下了三类图式：先天图、河图洛书、太极图。[②]

关于河图洛书与《周易》卦爻的关系，《周易·系辞传》虽然说"河出图，洛出书，圣人则之"，但并未明言"圣人则河图洛书画八卦"，至汉、魏、晋、唐，刘歆、扬雄、郑玄、刘勰等人始将河图洛书视为卦爻的来源，但并无具体说明，更无具体图式。至陈抟始传出龙图——河图洛书及先天图、太极图等图式。但因陈抟图式并未见文献记载，故只能从刘牧、邵雍等人的论述中做合理的推测。

自称全面传出陈抟"龙图"图式的是元代张理，他在《易象图说》中载有"龙图三变"图。第一变为龙图未合之数图（此图天数、地数分开），第二变为天数与地数各有奇偶相合图（此图天数、地数各五组，分别奇偶相合），第三变为龙图，即天数、地数相合之后的河图（十数图、五行生成数图）、洛书（九数图、九宫图）。张理的图式并不等于陈抟的原图，只是一种推测而已。

至于陈抟的先天图、太极图、无极图之类，后人争议较大。有人认为先天图即后世传出的阴阳鱼太极图，有人认为先天图即邵雍的先天八卦、

---

① 邵伯温《经世辨惑》。
② 此说后世有争议。详见拙著《易图探秘》，广西科学技术出版社，2007年。

六十四卦方位图、次序图，有人认为无极图即周敦颐的太极图。在没有文献证据的情况下，不能说明这些图式就是陈抟的图式。对太极图的源流，本人已另文做了考证，① 此略。

二、刘牧：河洛学

刘牧是北宋中期象数派的代表人物之一，是图书易学的真正创立者。② 其易学著作为《易数钩隐图》。宋元人多认为刘牧的河洛学出自陈抟。虽然陈抟倡"龙图易"，但并未分出河图、洛书，至刘牧才加以区别，以五行生成数图（十数图）为"洛书"，以九宫图（九数图）为"河图"。

> 刘牧（1011—1064），字长民，一字先之。刘牧易学对当时及后世都产生了重要的影响。他批判玄学易，推动了象数易学的发展。一直到清代，关于刘牧之学的研究仍然很盛行，虽然褒贬不一，但其影响可见一斑。

《易数钩隐图》共列五十五图。其中，第四十九至第五十二图依次为"河图""河图天地数""河图四象""河图八卦"。在第四十九图下说明："以五为主，六八为足，二四为肩，左三右七，戴九履一。"第五十三、五十四图为"洛书五行生数""洛书五行成数"，没有二图相合的"洛书"图，二图相合的"洛书"图载于朱震《汉上易传》。

刘牧九数河图、十数洛书是对陈抟《龙图易》的发展。其本于刘歆说，

---

① 拙文《阴阳鱼太极图考》，载《周易研究》1997年第1期；《周敦颐太极图考》，载《象数易学研究》第2辑，齐鲁书社，1997年。两文均载入《易图探秘》，广西科学技术出版社，2007年。
② 《四库全书总目》："汉儒言易多主象数，至宋而象数之中复岐出图书一派。牧在邵子之前，其首倡者也。"

以《尚书·周书·洪范》（习称《尚书·洪范》）五行为洛书；本于郑玄说，以《周易·系辞传》"天地之数"为五行生成数，并将两者视为一体。

刘牧的"图书学"不再像汉易那样讲阴阳灾变，也不再像陈抟那样以图式讲神仙丹术，而是用以说明《周易》的原理，从而使"象数"哲理化。其中，"洛书"被用来解释《周易·系辞传》的"天地之数"章。刘氏认为："凡天地之数五十有五，此所以成变化而行鬼神也。""河图"被用来说明八卦的来源。以"河图"为八卦之源本于刘歆和伪孔传。刘氏认为"既极五行之成数，遂定八卦之象"，并提出"河图九数五行生卦象说"——"五行成数者，水数六，金数九，火数七，木数八也。水居坎而生乾，金居兑而生坤，火居离而生巽，木居震而生艮。已居四正，而生乾、坤、艮、巽，共成八卦也。"刘氏认为，五土居河图之中，不参与配卦。

刘牧通过河洛的比较，认为河图与洛书不可分离，象与形、道与器不可偏废，并以此解释《周易·系辞传》"形而上者谓之道，形而下者谓之器"以及"大衍之数"章、"天地之数"章，进而解释《周易》的原理，以河洛图式建构起一个万物形成与结构的模式。

三、邵雍：先天学

邵雍作为一代道学大师，他的道学哲学体系是以易学为核心建立起来的。他认为，《周易》卦爻辞乃文王之易，并属于后天之学；他看重的是伏羲之易，并建立了先天易学以解释《周易》的原理。也就是说，邵氏易学在于阐发《易》之道，而不在于解释《易》之文。他把主要精力放在了伏羲先天图式上，认为先天图虽有卦无文，但尽备天地万物之理。因而，他的易学被称为"先天学""数学"。

邵雍的先天图式在其现存著作中均不见载，邵氏后学张行成在《易通变·序》中说：

先生之书大率藏用而示人以象数，实寓乎十四图。

象数易学

> 邵雍（1011—1077），字尧夫，谥康节，"北宋五子"之一。据说邵雍有济世之才，但长年隐居，所以不为时人所知。他著有《皇极经世书》（分为《观物内篇》《观物外篇》）、《伊川击壤集》与《渔樵问对》等。他认为历史是按照定数演化的。他以他的先天易数，用元、会、运、世等概念来推算天地的演化过程和历史的循环规律。对后世易学影响很大的《铁板神数》和《梅花心易》也都出于邵雍。

张行成只说"先生之学祖于象数二图"，至于《易通变》中这十四图是否出自邵雍之手，张行成并没有明言。朱熹在《周易本义》和《易学启蒙》中将邵雍的先天图归结为四种，即伏羲八卦方位图、伏羲八卦次序图、伏羲六十四卦方位图、伏羲六十四卦次序图，认为"伏羲四图，其说皆出邵氏"（朱熹《周易本义》卷首），但朱熹也没有明言其图为邵氏亲作。从宋明诸家对《皇极经世书》的解说来看，邵氏先天图并非仅此四图。因邵雍《皇极经世书》中的图式已佚，故所传各种图式多为其子邵伯温及其后学张行成以及蔡元定、朱熹等人补述。

朱熹《周易本义》卷首收载了邵雍六张易学图式：伏羲八卦次序图和方位图、伏羲六十四卦次序图和方位图、文王八卦次序图和方位图。邵雍《皇极经世书·观物外篇》认为《周易·说卦传》"天地定位，山泽通气，雷风相薄，水火不相射，八卦相错。数往者顺，知来者逆，是故《易》逆数也"一节中的"明伏羲八卦也。八卦相错也，明交相错而成六十四卦也"是对"伏羲八卦方位"的说明。邵氏以左行为顺、右行为逆来说明一年四季的变化为一个阴阳消长的过程。邵氏先天八卦方位图道出了自然运行的规律，描述了一年四季、一月盈亏、一日长短的变化规律。

邵氏在《皇极经世书·观物外篇》中还对伏羲六十四卦方位的排列做了解释，认为从复至乾、从姤至坤，说明了阴阳消长的过程以及一年节气的变化。此为邵雍"卦气说"，此说与汉易"卦气说"有所不同。其不同之处为：邵雍以乾、坤、坎、离为四正卦，冬至子时阳气始于复卦，而不是起于中孚卦；消息卦间隔距离不等，不以十二个卦代表十二个月。

此方位说明了万物的兴衰、社会的治乱及世界的终始。朱熹认为，伏羲六十四卦方位图中的圆图重点讲阴阳流行，方图重点讲阴阳对待，即阴阳定位；圆图就时间而言，方图就空间而言。方圆合图将时间和空间的过程归于阴阳配合，以变化为阴阳推移，以方位为阴阳对待，体现了一分为二的宇宙思想和时空统一的宇宙模式，对后世哲学影响深远。

在先天易学中，还有一类图式即伏羲八卦次序图和伏羲六十四卦次序图。

伏羲八卦次序图解释了《周易·系辞传》"是故《易》有太极，是生两仪，两仪生四象，四象生八卦"。此图式不仅被用以解释八卦的生成过程，而且被用以说明世界的生成过程，还被用以表示宇宙的结构模式，具有世界观和宇宙论意义。由八卦的生成次序可推测出六十四卦的生成次序，即由乾一至坤八的八卦本位，分阴分阳，生出六十四卦。阳卦生于复而极于乾，阴卦生于姤而极于坤。一顺一逆，一奇一偶，黑白相间，阴阳循环。

伏羲六十四卦次序图在太极之上共有六个层次，一变为二，为两仪层次；二变为四，为四象层次；三变为八，为八卦层次；四变为十六，为十六卦层次；五变为三十二，为三十二卦层次；六变为六十四，为六十四卦层次。其遵循"加一倍法"或"一分为二法""四分法"，把奇偶二数的演变置于第一位，是对先天八卦次序的推衍和扩展。

邵雍将《周易·说卦传》"帝出乎震"一节所定的方位称为"文王八卦"或"后天八卦"方位，其《皇极经世书·观物外篇》说："起震终艮一节，明文王八卦也。"他认为文王八卦为"地道"，是从伏羲先天八卦"天道"发展而来的，故为"后天"。

文王八卦方位反映了万物春生、夏长、秋收、冬藏的规律。每周天三百六十日有奇。后天八卦按顺时针运转排列，每卦各主四十五日，其转换点表现为四正四隅八节。每卦三爻，八卦共二十四爻，主二十四节气。如仅就八节而言，震主春分，离主夏至，兑主秋分，坎主冬至，艮主立春，巽主立夏，坤主立秋，乾主立冬。

邵雍还提出"后天八卦次序说"，此本于《周易·说卦传》"乾坤父母"一节。文王八卦次序反映了男女构精、万物化生的次序规律，说明乾道成男,坤道成女;得父气者为男,得母气者为女;三男皆以坤母为体、乾父为用,三女皆以乾父为体、坤母为用。

在先天、后天的关系问题上,邵氏认为:先天八卦为易之本体,后天八卦为易之运用。以先天伏羲八卦为出于心法的本体、后天文王八卦为对本体的应用,为心之形迹。

邵雍在《皇极经世书》中还依据先天六十四卦方位图制定了一张说明人类以至宇宙历史演变的年表,即"皇极经世图"。此图表以"元、会、运、世"为计算单位。以"元"为单位计算,则"元"为一,"会"为十二,"运"为三百六十,"世"为四千三百二十。一元为十二会,一会为三十运,一运为十二世,一世为三十年。元、会、运、世好比年、月、日、时。折合成年数,则一世为三十年,一运为十二世即三百六十年,一会为三十运即一万零八百年,一元为十二会即十二万九千六百年。

邵氏此图式虽不是用以解释《周易》经文和传文的,但实际上是对《周易》基本原理即宇宙万物之道的抽象化、数学化解释,说明宇宙社会、人类历史的变化显现统一的阴阳消长、循环往复的普遍规律,天地宇宙有始有终,盛极则衰、衰极则盛,并存在各种不同层次的周期。这些基本观点无疑具有较高的哲学价值,但其"元、会、运、世"的数学规定却没有什么科学依据。

四、周敦颐:太极图说

周敦颐(1017—1073),字茂叔,号濂溪,"北宋五子"之一,宋明"道学宗主"。著有《太极图说》《通书》(又称《易通》)及《易说》,均为易学著作。其以"爱莲"著称,现在民间还流传着"西湖夜放白莲花"的典故和"白莲仙子戏西湖"的传说。

周敦颐的易学是象数派与义理派融合的易学，虽不能完全归于象数派，但其利用"太极图"进行说理是对陈抟派易学的继承与发展。

其《太极图说》由"图"与"说"两部分构成。关于其"图"的来源，笔者曾做过考证，认为其图式是周敦颐依据道教图式加以改造的产物，虽无法断定就是穆修、禅师寿涯、道教学者张伯端、陈景元所授或所赠，但因当时这类图式并未失传、并不保密，故周氏完全可以从多渠道、多人手里得到这类图。[①]

《太极图说》以《周易》为主线，将儒家"中正仁义""立人之道曰仁与义"的思想和佛老二氏"无欲""主静""无极"的思想巧妙地融合在一起，开创了宋明理学的先声，奠定了宋明理学的理论基础，建构了一个"无极—太极—人极"的生成演进图式。

"无极""太极""人极"的演化过程和人文意义世界的道德法则融为一体，宇宙生成论、本体论与价值形而上学融为一体，揭示了由天道推衍人道又回归天道、由宇宙自然世界观照人伦人文世界又反观宇宙自然世界的生动、和谐、统一、简单的大规律。

五、张行成：先天数学

> 张行成（生卒年月不详），字文饶，一作子饶，人称"观物先生"。临邛（今四川邛崃）人。约生活于公元12世纪。南宋绍兴初年（1131—1137）进士，曾为成都府路提辖司干办公事，丐祠而归，杜门著述。于乾道二年（1166）进呈皇帝"易学七书"，被采用，诏奖除直徽猷阁。官至兵部郎中、潼川知府，为政以善于理财见长。

[①] 拙文《周敦颐太极图考》，载《象数易学研究》第二辑，齐鲁书社，1997年。

张行成著有《周易述衍》《皇极经世索隐》《皇极经世观物外篇衍义》《易通变》《元包数义》《潜虚衍义》《翼玄》等。

《周易述衍》十八卷，相传为张行成杜门十年而撰成，主要通过对《周易》的解说以明三圣之义理。《皇极经世索隐》二卷与《皇极经世观物外篇衍义》九卷，分别为解说邵雍《皇极经世书》观物内、外篇之作。张行成受易于谯定，而以邵雍之学为归属，对观物内、外篇极为推崇。他在《皇极经世索隐》原序中说："观物篇立言，广大措意，精微如系辞。然稽之以理，既无不通；参之以数，亦无不合。"他认为邵氏的解说不够详细，故作此书，着重对《皇极经世书·观物内篇》的"元、会、运、世"数（观物之数）以及声音律吕做了"索隐"，指出邵氏之数虽不过一万一千六百余言，"而天地之物、之象、之数、之理，否泰消长损益因革其间，罔不包罗"。他在《皇极经世观物外篇衍义》原序中对观物内、外篇做了比较："内篇理深而数略，外篇数详而理显。"他认为内篇为邵雍所著，外篇为邵雍弟子所记，学习先天之学要从外篇入手。他对外篇的缺文脱误做了补正，并分数、象、理三类相从为九卷（各为三卷），改变了原本杂纂而无定例的情况。

《元包数义》三卷和《潜虚衍义》十六卷分别为解说卫元嵩《元包》和司马光《潜虚》的专著，属推衍术数以明《易》理之作。《翼玄》十二卷为解说扬雄《太玄》的专著，实以《太玄》与《周易》做比较，以阐明《周易》之理。该书还记载了"易先天图"，为现存文献中最早记载"阴阳鱼太极图"者。①

张行成的代表作是《易通变》四十卷。该著作取邵雍先天图十四图进行敷演、解释，以通《易》之变，又将邵氏图式归纳为"象图"和"数图"两个基本图式。"象图"又称"乾坤交泰图"，来源于先天卦位图，表示生物之时；"数图"又称"坎离既济图"，来源于先天卦序图，表示生物之数。两者又都来源于天奇地偶之数的变化。《易通变》原序说："盖天地万物之理尽在其中矣。谓先天图也，先生之学祖于象数二图……先生之书大率藏用而示人以象数，实寓乎十四图。先生之意推明伏羲之意也。"十四图为：象图（乾坤交泰图）、数图（坎离既济图）、四象运行一图（由象图演变而

---

① 拙作《易图探秘》对此做了考证。

来)、八卦变化八图(由数图演变而来)、有极图、分两图、挂一图。张行成认为这十四图"有体用伦次，先天之宗旨也，康节之学盖本于此"(《易通变》卷一)。《易通变》的基本观点如下。

1. 奇偶数为《周易》之本

张行成认为邵雍的象图、数图以及十四图都源于天地奇偶数的演变，"天地变化有自然之数，圣人效之以作《易》也"(《易通变》卷三十六)。自然之数是《周易》之本，《周易》的符号——卦爻即数演化的产物，所谓"太极生两仪，两仪生四象，四象生八卦"就是讲数的演化，"奇一象太极，偶二象两仪，真数三也，并之得三画成乾，偶之得六画成坤，以三奇偏交三偶，上中下、始中终，得三少阴之象，一乾三阴一坤三阳，八象既具，于是观乾坤之互，变分天地之统属"(《易通变》卷九)。"太极"蕴含了象数的全体，分为两仪，即天仪圆图和地仪方图。天仪圆图和地仪方图只有数而无形象，前者为太极之性，后者为大物之质，"圆者天之仪也，外圆中虚，有数而未有天，为太极之性；方者地之仪也，外方中密，有数而未有地，当大物之质。两仪已生，性质已判，故有数，有数则有位矣"(《易通变》卷一)。只有两仪——方圆二图相交，才有卦爻之象。方圆二图即邵雍的先天卦序图和先天卦位图，"太极"则是方圆二图的来源，"太极包含万象，以为有而未见，以为无而固存。是故大衍五十之虚一，即四十九蓍之合一也"(《易通变》卷一)。太极即数"一"，实蕴含奇偶数。太极分两仪，两仪有数而无形，两仪分四象，四象生八卦，八卦"乾兑离震为日月星辰之变数，坤艮坎巽为水火土石之化数"，均由数化生而来，"一二三四五六七八者，数也，数所以定其位。位者体也，故有位斯有卦。德者，用也，故有卦斯有爻"(《易通变》卷一)。张行成认为六十四卦源于八卦数的组合，如乾卦为一一，坤卦为八八，既济卦为六三，泰卦为八一。此外，张行成继承了邵雍先天学数本论思想，还从数的角度解释《周易》的卦名和术语。

2. 理数为万物之祖

在数为易之本的基础上，张行成进一步提出理数为万物之祖的观点，把易学数本论上升为哲学数本论。"故天地万物之生皆祖于数。圣人先知先觉，因制之以示人，以分天度，量地理，观天地皆有数，况人物乎！自伏羲画卦以用太极，神农植谷以用元气，于是黄帝制历，分天度也；画野分析，量地理也。其余隶首造算，大挠造甲子，仓颉造字，岐伯论医，伶伦造律，皆以理数而示人者也。"（《易通变》卷十二）张行成认为，天文、地理、历法、算学、干支、文字、医学、音律等都是依据数的法则创造的，"天地万物之象之理无逃乎先天数者"（《易通变》卷七）。这是张行成"学康节先生易几十年"而得出的结论。依据这个心得，他提出了数本论的哲学思想及以"数"解物的原则、方法，不仅以"数"解释《周易》，而且以"数"解释天文、地理等一切自然现象及人体的生理结构。这些内容在《易通变》中占了大量篇幅。张行成的"数"与邵雍的"数"一样，都指"理数"。"理"指"易理""物理"，实指"数"的变易之理；"数"指奇偶数、天地数、先天卦数，实指万事万物变化之"理数"。因此，"理"与"数"在内涵上实有相通之处。张行成既说"数生于理""因理而有数"，又说"天地万物之象之理无逃乎先天数者"，可见其"数"与"理"的内涵在不同场合有不同的侧重点和指向性。在"数生于理"的命题中，"数"指有形的具体的奇偶数，"理"指奇偶数变化的道理；在"理无逃乎数"的命题中，"数"既指有形的先天数，又指无形的先天数法则（即"理"）。因此，张行成又有"真天地自然之理，自然之数也"的说法，并采用了"理数"的概念。

可以说，张行成是上承邵雍、下启二蔡（蔡元定和蔡沈）的重要人物，是"数"本论学派的重要代表人物。比他稍晚的易学家魏了翁曾评价"（张）行成大意，谓理者太虚之实义，数者太虚之定分。未形之初，因理而有数，因数而有象；既形之后，因象以推数，因数以知理"（《宋元学案·张祝诸儒学案》引），不仅精练地概括了张行成的学术特点，而且揭示了张行成"理数合一"的数本论本质。

六、蔡元定与蔡沈：河洛学

蔡元定（1135—1198），字季通，人称"西山先生"。南宋著名理学家、律吕学家、堪舆学家，朱熹理学的主要创建者之一。一生不涉仕途、不干利禄，潜心著书立说。其《皇极经世指要》以《易》解说邵氏之学，皆得其要，成为学者学邵氏易必读之书。

蔡元定继承了汉宋象数易学的传统，对有关河洛、图书的问题及邵雍的易学加以阐发，以"理"为本，主张先有理而后有象数，先有数然后有象，理数又是一体关系，认为河洛之数是《周易》象数的来源，河洛之数的演变形成了八卦和六十四卦卦象，而河洛之数又出于自然之理。其主要著作有《皇极经世指要》《律吕新书》等。

蔡元定关于河洛的学术观点，主要在其与朱熹合著的《易学启蒙》[1]中。该著作共四篇：《本图书》《原卦画》《明蓍策》《考变占》。《易学启蒙》是关于"图书象数学"的代表作。

蔡元定、朱熹以十数图为河图、九数图为洛书，以对抗刘牧的"河九洛十"说。十数图为五行生成图，九数图为九宫图。在朱、蔡的宣传下，"河十洛九"说遂成了被后世信奉的定论。

朱、蔡认为，河图之数为十，数至十而全，为数之常、数之体；洛书之数为九，数之变始于一而终于九，为数之变、数之用。

河图象天，为圆形，其数为三，为奇；洛书象地，为方形，其数为二，为偶。他们以此解释《周易·系辞传》"参（三）天两地"之道。

---

[1] 关于《易学启蒙》的编撰，《宋史·儒林传·蔡元定传》说："（朱）熹疏释四书及为易诗传，通鉴纲目，皆与元定往复参订。启蒙一书，则属元定起稿。"朱熹《易学启蒙·序》说："因与同志颇辑旧闻，为书四篇，以示初学。"文中"同志"即蔡元定。

河图体现五行相生的次序，洛书体现五行相胜的次序。

河、洛二图生数，一、三、五所处方位皆同，二、四所处方位不同，因而其成数七、九所处方位亦不同。洛书生数，二居西南、四居东南；河图生数，二居南、四居东。这说明阳不可变易而阴可变易。

朱、蔡认为河、洛同是八卦的来源。《易学启蒙》还列有先天卦配河图、先天卦配洛书等图式。

> 蔡沈（1167—1230），字仲默。年三十而弃去举子业，一心以圣贤为师，隐居九峰，人称"九峰先生"。他创立了九峰学派，主要弟子有陈光祖、刘钦、何云源及其子蔡模、蔡杭、蔡权等。著作有《洪范皇极内篇》。

蔡沈继承其父蔡元定象数之学的传统，将"理"和"数"统一起来，并以"数"解"理"，进一步发展了此派的河洛之学，将图书学派的象数之学发展到了一个新阶段，在数的领域讨论了《周易》的法则，并从哲学的高度讨论了数的性质及其变化的规律。

蔡沈的河洛学总体上是对其父的继承，但在有的观点上与其父并不一致。其父主张"河圆洛方"，蔡沈则认为河图"体圆而用方"，洛书"体方而用圆"，以作用言，则"河方洛圆"。其父主张"河奇洛偶"，蔡沈则提出"河偶洛奇"，认为河图之数为偶，洛书之数为奇。河图之数虽有奇，但奇偶之数的排列，皆以阴阳相配，显示其用为偶；洛书之数虽有偶，但其奇数或居正位，或居中位，体现了五行相生、相胜的顺序，显示其用为奇。河图之用为偶，故天地万物皆按阴阳之象相互对立；洛书之用为奇，故天地万物又按五行顺序相互流传。

此外，蔡沈还提出"河象洛数""河静洛动"等观点。

所谓"河偶洛奇"，是将《周易》的"一阴一阳之谓道"归为奇偶二数之道，以奇偶二数为中心，创造了一个世界模式，以偶数说明对立，以奇数说明转化，将世界的存在和变化归于奇偶二数的相互作用。

所谓"河象洛数"，是说卦象出于河图，九酬出于洛书。

第三节　明清象数学

明清象数派易学著作众多，但附会、抄袭者多，发明、创新者少。明清象数派大多在图书术数上拾宋代象数派余绪。在明清象数学家中，有创见、有较高理论思想水平且影响较大的是明代的来知德与清代的方以智。

一、来知德：错综变中说

> 来知德（1525—1604），字矣鲜，号瞿塘。《明史》本传载，其至孝。著有《易经集注》（本名《周易集注》）及《省觉录》《理学辩疑》《心学晦明解》等，《易经集注》是其代表作。

来知德创"错综说"以解《易》。来知德以阴阳相对、卦画相反为"错"，以上下反覆、卦象颠倒为"综"。他认为卦象相"错"反映了阴阳对立是自然界和人类社会的普遍规律，卦象相"综"反映了阴阳二气上下流行的情况；伏羲之卦主于"错"，文王之卦主于"综"。

他在《周易集注·易经字义》中对"错""综"做了说明：

> 错者，阴与阳相对也。父与母错，长男与长女错，中男与中女错，少男与少女错。八卦相错，六十四卦皆不外此错也。天地造化之理，

独阴独阳不能生成。故有刚必有柔，有男必有女，所以八卦相错。八卦既相错，所以象即寓于错之中。

综字之义，即织布帛之综。或上或下，颠之倒之者也。如乾坤坎离四正之卦，则或上或下；巽兑艮震四隅之卦，则巽即为兑，艮即为震，其卦名则不同。如屯蒙相综，在屯则为雷，在蒙则为山是也。

来知德认为，八卦和六十四卦卦象，阴阳卦爻画皆相对（即阳与阴对、阴与阳对）则为"错"，上下颠倒则为"综"。"错综说"来源于唐代孔颖达的"非覆即变说"。所谓"错"即孔氏所谓的"变"，所谓"综"即孔氏所谓的"覆"。来氏尤重视"综"的功用，认为综卦"以其流行不常耳，故读《易》者不能悟文王序卦之妙，则《易》不得其门而入"，并将文王序卦分为"正综"和"杂综"两种。

所谓"正综"，指八纯卦两对立卦所属各卦的卦画上下颠倒，如乾之属自姤至剥顺行，与坤之属自复至夬逆行为"正综"。

所谓"杂综"，指八纯卦之间所属尾二卦（游魂卦、归魂卦）的卦画上下颠倒，如乾所属之尾二卦晋（游魂卦）、大有（归魂卦）分别与坎所属之明夷（游魂卦）、离所属之同人（归魂卦）相"杂综"。

除"错""综"外，来氏还提出了"爻变""中爻"体例。

所谓"爻变"，即一卦当中阳爻变阴爻、阴爻变阳爻。一个卦只要有一爻发生变化，整个卦的卦象、卦名、错综关系等都会发生变化。来氏在《周易集注·易经字义》中解释：

变者，阳变阴，阴变阳也。如乾卦初变，即为姤，是就于本卦变之……卦变，玄之又玄，妙之又妙。盖爻一动即变。

来氏还举了很多例子，说明《周易》所谓的"变"指一爻之变，是爻变而非卦变。

所谓"中爻"，指六爻卦中间四爻所组合成的卦象，即二、三、四爻组成下卦，三、四、五爻组成上卦，合而成一卦，实即汉象数易中的"约象""互体"。来氏解释：

第一章 象数易学的发展与演变——象数派源流论

> 中爻者,二三四五所合之卦也……中爻者,阴阳内外相连属也。(《周易集注·易经字义》)

来氏以此解释《周易·系辞传》"辩是与非,则非其中爻不备"。

来氏认为:"周公作爻辞,不过此错、综、变、中爻,四者而已。"错、综、变、中爻是《周易》的基本原则、基本体例,而这四者又统归于"象"。来氏强调,"舍象不可以言易"。

错、综、爻变、中爻都是为了"取象"。"错"产生错卦象,即相对之象,如乾错坤,乾为马,坤即利牝马之贞。"综"产生综卦象,即反覆之象,如屯蒙相综,在屯则为雷,在蒙则为山;夬姤相综,夬之九四爻即姤之九三爻,故其象皆"臀无肤"。"爻变"产生其他任一卦象,如渐卦九三爻爻变而成观卦,下体为坤象,表示阳死,所以渐卦九三爻说"夫征不复";下体成坤象后,原互体坎象消失,故渐卦九三爻又说"妇孕不育"。"中爻"产生互体之象,如渐卦互体有离象,而离居三(依邵雍"先天卦数说"),故渐卦九五爻爻辞为"三岁不孕",爻辞亦言"三"。

来氏将"取象说"推到了极端,其目的是解释卦爻辞,说明卦爻辞与卦爻象之间存在严格的逻辑关系。他在《周易集注·易经字义》中将"象"置于四种体例之首加以解释:

> 卦中立象,有不拘《说卦》乾马坤牛、乾首坤腹之类者;有自卦

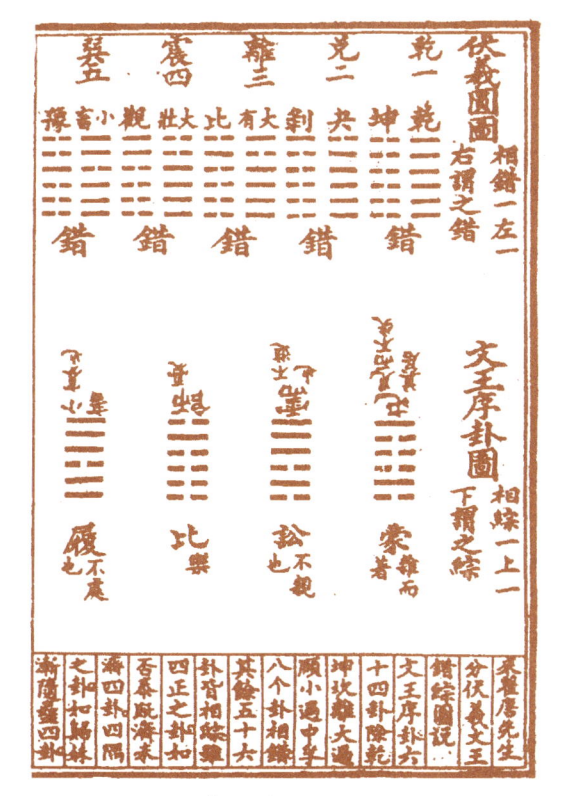

来知德错综图

> 情而立象者，如乾卦本马而言龙……殊不知圣人立象，有卦情之象，有卦画之象，有大象之象，有中爻之象，有错卦之象，有综卦之象，有爻变之象，有占中之象。

来氏将一部《周易》看成全在言"象"，认为释卦之名义，无论以卦德释，还是以卦错、卦综释，皆言象。如此一来，则卦爻辞无一不来于象。来氏的"取象说"可以说是象学派易学"象"理论的总结。

明代李开先的《周易辨疑》与清代吴隆元的《易宫》、朱如日的《大易理数观察》、匡文昱的《周易遵翼约编》、唐守诚的《周易新解》、陈本淦的《易艺举隅》、张步骞的《易解经传证》等，基本都本于来知德易学而无多少创新。

二、方以智：象数学

> 方以智（1611—1671），字密之，号曼公，出生在一个著名的书香家族。方氏数代在易学上都有重要贡献。其曾祖父方学渐著《易蠡》，祖父方大镇著《易意》，外祖父吴应宾著《学易斋集》，叔祖父方鲲著《易荡》，父方孔炤著《周易时论》。方以智自小由母亲跟姑母抚养长大，母亲吴令仪、姑母方维仪俱有才名。方以智幼承庭训，又师从易学家王宣（王宣著有《风姬易溯》《孔易衍》），加上自己的天资和勤奋，终于成了一代思想家、哲学家、自然科学家和易学大师。

方以智的哲学和自然科学都是以象数易学为中心而建立的。

方以智著作甚丰，主要有《易余》《周易时论图象几表》《学易论宗》

《物理小识》《东西均》《易筹》等。

《周易时论合编》是方氏家族易学的集大成之作，该著作始于方学渐，完成于方孔炤，阐发于方以智，对北宋以来的象数之学做了全面的总结。方氏易学具有从"义理"转向"象数"的倾向。方以智不仅把其象数理论同某些"类流小术"划分了界限，批判了"支离附会、未核其真"的穿凿之说，而且对京、邵之学也有所折中扬弃。方以智将太极、自然、理、心看成同一系列范畴，认为象数的实质是作为本体的心、理、自然、太极的外化，象数同这些范畴是本质和现象、形而下和形而上的关系，客观世界可以用"象数"来反映。

方氏象数学的主要观点和解《易》体例为：

1. 一在二中，因二贞一

方氏创造了独具特色的象数易学，以数解《易》论理。所谓"一在二中"即"太极即在有极中"，以太极为"大一"，以两仪为"大二"；以本体为"大一"，以现象为"大二"。"大一"为体，"大二"为用。"一"既是生成八卦、六十四卦的揲蓍法中不用之"一"，又是万事万物的本体世界；"二"既指揲蓍而成的两仪、四象以及六十四卦，又指有千差万别的现象世界。"一在二中"既说明六十四卦是"一"即太极自身诸要素的展开，又说明现象世界不能离开本体世界，现象世界之外没有独立自存的本体世界。所谓"一在二中，二在一中"是说现象在本体之中，本体在现象之中。

在此基础上，方氏又提出"因二贞一"说，认为圣人设"序卦""杂卦"的卦序，是以"因二贞一"作为纲领的。[①]所谓"因二"，指反对、反因；所谓"贞一"，指公因。"因二贞一"又称为"反因即有公因""公因即在反因中"，指各种对立、相反的事物（卦象）都遵循永恒的变化的秩序和法则。方氏不仅以此解释《周易》卦序以及邵雍先天八卦、六十四卦的次序和方位，而且提出了相反相因、相反相成的现象世界运动变化的基本规律。

"因二贞一"中，"二"又指"象数"，"一"指"理"，表明"象数"与

---

① 《周易时论合编·杂卦传》以"反因"作为"杂卦"次序构成的原因。

"理"合而为一，费（象数）、隐（理）不相分离，此即"易合理象数为费隐一贯之书……皆因二贞一之几，随物征验者也"（《周易时论合编·系辞下传》）。

方氏在《周易时论合编·图象几表·序》中提出"费隐交轮之几"说，认为"象数"和"理"是用来表"交轮之几"的。所谓"交"，指对立之"二"的相交，本体之"一"以对立面之"二"来显示自己的功能，又表现在对立面相交之中。所谓"轮"，即表示一年四季如"轮"一样周而复始地流转，本指河洛图式环中而轮用，进而表示对立面的相互转化以及万事万物的阴阳盈虚、消长、往来。所谓"几"，指事物变化的先兆。"交轮几"的命题是建立在"一用于二"基础上的。方氏认为多样性的现象世界归结为阴阳两端"二"；"二"相互作用，出现运动变化的征兆，运动变化的形式即"交"和"轮"。此运动变化的天地之道、日月之道是常一不变的"一"，此"一"之道表现在四时错行、日月代明的"二"之中。

方以智还提出"三因"本于"三因归一"说，认为"三"是观察和表述事物的方法，即从三方面说、三位一体，"三即一，一即三"（《周易时论合编·系辞下传》）。方以智还以"合二而一"的命题解释"交"，认为对立的两端交合为一体，是运动变化的一种形式，并从属于相因相反的运动形式。方氏认为"三"是"中"，是一和二的相交。方氏进而借用"一、二、三、四、五"五个数字来论证其"圆"的哲学模式。一交二即三（参）。三亦称"中"，二旋三（中）便为四（东、西、南、北四方），四方环中之中，又称为"中五"。方氏以此数解释卦象之位，提出了"公因反因"（即"一在二中，三即一"）思想精髓。

2. 河洛中五

方氏推河洛之学，折中宋、元、明以来的河洛观点，以河洛的宇宙之表法为"一切生成之公证"（《周易时论合编·图象几表·太极图说》）。他继承前说，以河图为体、洛书为用，认为河、洛不可分离，体、用互藏；认为河、洛二图都出于天地之数一至十，又都归于五，且归结于一：

> 十止是五，五藏四中，四用半为二，二即藏三，三即一也，十不用，而金火易为洛书。故但言五之圆，而八方在矣。（《周易时论合编·系辞上传》）

方氏认为洛书只是少"十"，但言"五"。"五"是河图与洛书之中统率四方之数（"中五"）。方氏以"中五"为河洛的根本、河洛的中心概念，将《周易·系辞传》"天地之数""大衍之数""参伍错综"说与《周易·说卦传》"参天两地"说等贯通在一起，以说明河图洛书的形成、结构及变化法则，进而构建以河洛为图式的宇宙万物生成和变化的模型。

方以智在《周易时论合编·图象几表》中列有《密衍》图，以说明河洛之数，并引其师王宣的话：

> 天下之数始于一，终于十，而五为中。言五而兼六者，五为生数之终，而六为成数之始也。言五与十者，合两生成之终数也。故五、十者数之统也……即以此作十圆图，而五在中，已尽其妙。大衍以十乘五，以五乘十而是矣。河图五十五，虞其中宫之五者，亦适合也。

以"中五"为核心，说明河洛的构成。

方以智对"中五"进一步做了解释：

> 邵子言小衍者，示五而万备矣。愚者言前衍者，举一而五具矣。一亦不举而五亦具矣，万亦具矣，知之则全图皆太极也。知全图之皆太极，又当知中之十五为极，十五以中五为极，中五以中一为极，一又有其所以然者，则两间之星星毗毗，皆有太极之正中焉，历历常明矣。

强调"中五"为"太极"，十五归于五，五又归于一，五体现"一"的太极之妙。河洛之图有四个层次，全图→十五→五→一；天地之数有五个层次，天数五、地数五，均可归于太极。太极为"正中"，表现为"中五"，既说明"中五"是河洛生成的核心，又说明河洛是太极"中五""中一"自身的展开。

方氏以"河洛中五"说解释《周易》经传，如解释离卦《象传》"明两作，离。大人以继明照于四方"说："继从五丝而分别以续之，用二交网而贯五为一之象也。"认为"继"字由五个表示"丝"的字组成，具有河洛"中五"之象，故能统率四方、四隅。

3. 先在后中

方氏认为，邵雍的先天、后天图式有密切的关系："后天八圆乃瘠观之，先天八圆当桥起而立轮观之。"（《周易时论合编·说卦传》）他认为后天八卦圆图平视，则离、坎居上下位；先天八卦圆图仰视，则乾、坤居上下位，坎、离居轮之腰部，列为左右。方氏认为，先天八卦图为体，后天八卦图为用：

> 天地之理本自如此，先后并用……旧谓先天主乾称君，所重在正南；后天主震称帝，所重在正东。吾谓举上下以立体，而用则木之生气主之。（《周易时论合编·图象几表》）

认为先天与后天并用，没有本质上的差异。方氏以先天乾、坤、坎、离四正卦为确立上下左右之"体"，以后天坎、离、震、兑四正卦为四时运行之"用"。方氏还认为，先天图列阴阳对待之位，以规范万物变化的次序；后天图列阴阳五行四时之气的运行次序，以表现轮转运行的功用，先天制约后天，后天表现先天。

方氏除继承邵雍先天为体、后天为用的观点外，还主张先天卦存在于后天卦之中，将先天称为"于穆之天"，后天称为"表法之天"，认为"于穆之天在表法之天中"（《周易时论合编·革》），即先天在后天中；认为《周易·说卦传》"天地定位"和"雷以动之"两章皆言先天，"帝出乎震"和"神也者，妙万物而为言者也"两章皆言后天，先天和后天，"因卦位而分指之也。其实落一画后，即后天矣。其行于先天后天之中者，所谓神也。神即谓之先天可也。究竟无先无后，惟有此时，六经妙字，独见于此"（《周易时论合编·说卦传》）；先天和后天只有方位上的差异而没有义理上的差别，都表现为"时用"，表现为阴阳二气、天地二气变化运行之理，只是先天决定了二气变易的体制、规则，后天表现了二气变易的功用、次序，二者融为一体，缺一不可；先后天图在时间上并没有先后之分，二图皆有象数，有象数即后天，而作为先天的阴阳变易之"神"同时存在于先后天图中。

就先后天图的重要性而言，方氏其实更看重后天，重"用"超过重"体"，强调先天不能脱离后天而存在。方学渐认为"大人心通天地之先，而用必后天；事起天地之后，而智必先天。非可炫一先天之名于后天之上，别立一宗也"（《周易时论合编·乾》），以圣人思维为先天，事物变化为后天，就功用而言，必遵循后天，先天不可立于后天之上。王宣认为"先天无可说，声臭即后天，有易而后天即先天矣"（《周易时论合编·坤》），方孔炤对这个问题做了更深入的说明：

先天不能不后天，纯不能不杂居。（《周易时论合编·系辞下传》）

后天之学固后天，先天之学亦后天也。止尽后天，即是先天，无先无后，无容辞矣。（《周易时论合编·系辞上传》）

这种强调后天，认为离开后天别无先天、先天之学亦后天的观点，是对邵雍先天易学的扬弃。方以智继承了其先辈与其师的观点，亦指出"后天即先天"。后来，受到佛道的影响，方以智在后期著作《东西均》《易策》中将"后天即先天"进一步发展为"无先后"的结论。

方氏在关于先后天的讨论中，提出了一些可贵的观点，在先后如体用关系上，主张以用为体、舍用无体，"易贵时用，用即是体"（《周易时论合编·蹇》）。方氏将先天易学纳入后天时用之中，是易学上的创见。方氏还将此推广到本体与功夫的关系问题上，主张本体不离功夫，离开后天修习则别无先天本体。

方以智创造了独具特色的象数易学，对易学做出了贡献，同时也标志着象数派宋易的终结。其后象数派宋易著作虽然很多，但均缺乏新意，无甚建树。

清初考据学者对图书、象数学全面地进行了检讨。其中，黄宗羲与黄宗炎兄弟、毛奇龄、胡渭一派对图书学、象数学系统地进行了分析、批判，以否定宋易；惠栋、张惠言一派则以保存、搜集汉易象数学为主，以抵制宋易。前者对宋易象数学的全盘否定，未免失之偏颇；后者对汉易的一味复古，未免失之保守。

三、焦循：天元术

清代中后期在象数易学上有所创新的是焦循。

> 焦循（1763—1820），字理堂，江苏人，尤擅易学、算学，亦精医理。一生著作颇丰，着力最深者为《周易》《论语》《孟子》。其易著有《易通释》《易章句》《易图略》，称"易学三书"。

焦循采用实测、天元术（古代求解高次方程的方法）以及转注、假借等方法和原理解《易》。焦氏认为《周易》六十四卦三百八十四爻是运动的，这个运动正如天体的运动一样，可以由实测找到它的规律；认为天元术中正负相消即《易》之"齐同"术。焦氏运用六书中转注、假借等方法去考释经文，发明"旁通""相错""时行"三条易例，并依此三条易例对《周易》卦爻象、卦爻辞全面地做了解释，进而对象数派进行了批判。

焦氏属于朴学易中的象数创新派，与朴学派汉易其他人相比，颇有创新。从焦氏对《周易》卦爻象和卦爻辞的抽象化、符号化、形式化的解读中可以看出古代易学中逻辑思维、辩证思维的发展。宋易象数学经过清初的冲击和批判已告衰落，汉易象数学虽经惠栋、张惠言等人的拯救亦未能复兴。因此可以说，焦循易学标志着象数学的终结。

第四节　象数派解《易》的特征

历代象数派尽管各自观点有别、体例不同，但目的是相同的，都是解释《周易》经传文。

象数派解《易》与义理派解《易》有相同点，也有不同点。两派都继承了《易传》"爻位"体例，以爻位的应、承、乘、中、正（即应位、承乘、中位、当位）来解释卦爻辞，说明卦爻辞和卦爻象之间有着内在逻辑关联。如汉象数派代表京房解《易》，提出"世应说"，认为在一卦六爻中有一个为主的爻，还有一个与之相应的爻，此体例是对《易传》"应位说"的发展。魏晋义理派代表王弼除论述中位、当位、应位外，还提出"一爻为主说""辨位说"（《周易略例》有《明象》《辨位》等文），认为一卦之中，中位之爻、阴阳爻象较少之爻或与卦爻辞有关系之爻为主爻，阴阳爻位初上不论，只以二四和三五论阴阳，此观点是对《易传》"爻位说"的发展。

此外，两派都采用"爻变""爻时"说，此两说也与《易传》"爻位说"有关。《易传》提出了爻位的"往来说""趋时说"。① 两派易学家将之发展为"爻时""爻变"体例。象数派论"爻变"已如前述。象数派论"爻时"，如荀爽、虞翻均强调"时位"的重要性。可以说，汉象数派的"卦气爻辰说"、宋象数派的"一年四时二气先后天说"，即对"时位"——爻时、卦时的发挥。魏晋义理派王弼也主张"爻变""爻时"说，在《周易略例》中有《明爻通变》《明卦适变通爻》两文，认为爻的性质在于变化，变化没有一定形式；爻义的变动不居、吉凶悔吝在于时机不同。宋义理派程颐也主张"随时而取义""随时变易以从道"，十分重视"时"的重要性，不仅以六爻的应位、当位、中位解《易》，而且以卦变、爻变解《易》。两派采用"爻位说"的目的都是说明《周易》"象"与"辞"的相应之理。

虽然如此，但两派还是有较大区别的——象数派主取象数，义理派主取义理。

就"爻位"体例而言，象数派注重爻位所象征的物象，义理派注重"爻位"所蕴含的义理。如，在象数派看来，六爻之位既代表元士、大夫、三公、诸侯、天子、宗庙等"象"，又代表干支、五行、节气、物候等"象"，爻变、卦象是为了衍生出其他卦象。而在义理派看来，爻位、卦象体现的是义理，王弼从"一爻为主"体例中导出"一以统众""以无为本"之义，从"初上不论位"体例导出"尊卑有常序，终始无常主"之义；程

---

① 参见朱伯崑《易学哲学史》第一卷，华夏出版社，1995年，第59—60页。

颐更是明确指出爻位体现"天下之理"[①]，爻变、爻时是为了"取义""从道"。

现将象数派解《易》的特征总结如下：

一、运用象数方法阐释《周易》象辞关系

象数派采用取象、取数的方法解释《周易》卦爻辞，说明象、辞之间存在相应的逻辑关系。

汉易孟京学派认为，一年四季、十二月、二十四节气、七十二候、阴阳二气，这些都是卦爻所象征的"象"（气为虽无形但可感之"象"），并反过来用它们解释《周易》经传文，如解释乾卦，以"阳气潜藏"解释初九爻爻辞"潜龙勿用"，以"建子"十一月冬至一阳生解释"潜龙"。

虞翻以"卦变说"解《易》，从一卦中引出众多卦，以众多卦所象征的物象来解说卦爻辞。如解释离卦卦辞"利贞，亨，畜牝牛，吉"，认为离卦两个中爻来源于坤二、五爻居乾二、五之位，故离有坤象；离的旁通卦为坎，故离又有坎象；而坤取象为牛，为牝牛，坎取象为水，为畜养，故称"畜牝牛"。

宋代刘牧、邵雍重视以数解《易》。刘牧以河洛之数解释《周易·系辞传》"易有太极"章及"天地之数""大衍之数"章；邵雍以先天之数解释《周易·系辞传》"易有太极"章及《周易·说卦传》"天地定位"章。刘牧既讲了阴阳奇偶又讲了五行生成，而邵雍则只讲了阴阳奇偶。刘、邵以象数（重在数）解释《周易》之道。

南宋朱震及明代来知德偏于取象解《易》，明清方氏父子则兼以象、数解《易》。明清象数派又吸收了邵雍、刘牧的象数成果，如邵雍先天学中以离为三，故来氏以为同人卦、明夷卦中皆有离卦，所以其卦爻辞说"三岁不兴""三日不食"。又如宋易河洛学中有"河洛体用互变说"，故方氏父子以此解革卦，认为革卦兑金居西、离火居南，易位后为兑金居南、离火居西，是河图变为洛书，所以"革"字有"革命"之义。

象数派取象、取数完全是为了解经的需要，哪种物象能解通卦爻辞就取哪种物象，因而走向了烦琐之途，并带来了种种弊端。这也说明象、辞

[①] 程颐《易传·震六五》："盖中则不违于正，正不必中也，天下之理莫善于中。"

之间并没有必然的逻辑关联。不过，象数学寻找事物之间普遍联系的思维方法还是有积极意义的。

二、创立象数图式发展《周易》哲学原理

创立图式解《易》，借图式以阐发《周易》基本原理，这主要是宋明象数派的特点。陈抟创立图书象数派，本想以卦爻图书论作丹之理，但经刘牧、邵雍、周敦颐等人的努力，却将河图洛书、先天图、太极图用来解释《周易》基本原理，虽不是逐字逐句地解释经传，但却是在解说和阐发《周易》之"道"。如邵雍在论述先天图时说："盖天地万物之理尽在其中矣。"（《皇极经世书·观物外篇》卷十二）

真正确立河图洛书图式的是北宋刘牧，其目的是解释卦象的来源。刘牧认为卦象源于奇偶之数的排列组合，进而对《易传》"大衍之数""天地之数""参天两地"进行解释，并以此阐释一年四时气候的变化及万物的生成之道。蔡氏父子进一步将河洛看成万事万物的本原和宇宙万物形成、变化的普遍规律，将《易传》"一阴一阳之谓道"看成奇偶二数的变化之道，以"数"建构了一个世界结构及其运动变化的模式。

邵雍用先天八卦、六十四卦图式阐述阴阳二气的运行及一日昼夜昏旦、一月晦朔弦望、一年春夏秋冬的流行变化，进而阐述世界的终始、万物的兴衰、社会的治乱及人类历史的演变过程。

周敦颐则用太极图来说明宇宙客体世界的演化过程及人文意义世界的演进法则。

虽然象数派也讲义理，但却将义理置于象数图式之中，以象数为第一位，认为象数本身即体现义理，象数是本体，义理是功用，这与义理派以义理为第一位，义理为体、象数为用的观点恰恰相反。

象数派是哲学史上阴阳五行学说的主要倡导者，自从京房将卦爻与五行结合以后，历代象数学家均以阴阳二气或五行之气解释卦爻象的变化之理，认为河图洛书蕴含五行之气，先天卦图蕴含阴阳二气，太极图则蕴含阴阳五行之气。八卦、六十四卦、河图洛书、太极图、阴阳五行是象数学家通过解《易》而构建的世界图式。

第二章
穷宇宙造化之妙——
象数派天道观

第二章　穷宇宙造化之妙——象数派天道观

按《易传》的观点，"易"就是对天、地、人"三极之道"的概括和模拟。"三极之道"中的"天道""地道"又合称"天道"，即宇宙之道、自然之道；"人道"则指人生之道、为人之道、人体生命之道、人类社会之道。

一般研究者认为，义理派偏向于"人道"，象数派偏向于"天道"。实际上，天道和人道是合一的、同构的，将两者割裂或对立起来，都不符合历史事实。如仅从"天道观"方面考察象数派，则可以非常清楚地看到，无论汉代象数派还是宋代象数派，都有着复杂而独特的"天道观"理论体系。就此而言，象数派的确胜过义理派。

"天道观"又可称为"宇宙论"，而"宇宙论"是从属于"宇宙观"的。按照传统哲学的解释，"宇宙观"就是"世界观"，是人们对整个世界的根本看法，包括自然观、社会历史观、伦理观、审美观、科学观等。关于宇宙观——世界观的学问就是"哲学"。哲学是一门关于自然界、人类社会、人类思维及其发展的最一般规律的学问。其中，"自然观"就是"宇宙论"，就是"天道观"，它是"宇宙观"的一部分。在西方哲学中，宇宙论主要研究宇宙自然的起源、结构、生成变化等问题，而在中国哲学中，这些问题则由"天道观"来解答。

关于宇宙的起源问题实际上就是本体论问题，象数派的宇宙本体论将在第五章做介绍。本章主要介绍象数派的宇宙结构论、宇宙生成变易论。

第一节　气化流行：宇宙的生成过程

象数派以卦爻象、河洛数为依据，阐述了"天道"宇宙生成变化的过程及规律。其中，两汉象数学家主要以卦气、卦变立论，两宋象数学家主要以河洛数理、先后天卦象立论。虽然象数派内部有"象气"论与"数理"论之别，但总体而言，象数派的宇宙生成论都有一个显著特点，那就是将"气"看成宇宙生成变化的根本，将宇宙生成变化看成气化流行的过程，卦爻、河洛等"象数"只不过是"气"的符号。从整个易学史看，象数派注重"气"，义理派注重"理"；从整个中国哲学史看，"气"本体论、"气"宇宙论的阐发者主要是象数派。

一、卦变：宇宙变化是一个气化过程

借卦爻位序的变化说明宇宙万物生成的过程源于《易传》。《易传》中的《系辞传》载"是故《易》有太极，是生两仪，两仪生四象，四象生八卦"，虽然它是讲八卦生成过程的，但蕴含了"一分为二""两两相生"的宇宙生成观念，后世易学家多从这个意义上进行发挥。此外，《易传》中的《序卦传》则从六十四卦的排列次序上说明宇宙万物及人类社会生成的次序：

> 有天地然后有万物，有万物然后有男女，有男女然后有夫妇，有夫妇然后有父子，有父子然后有君臣，有君臣然后有上下，有上下然后礼义有所错。

汉代象数派则以卦爻的变化为依据，将《易传》的卦爻位、卦爻变学说推向极端，创立了卦气、八宫、升降、消息、互体等十分繁杂的卦变体例。不过，其实质乃是将卦爻的变化归结为阴阳二气的变化，进而推论宇宙万物的变化。

以阴阳二气解释卦爻变化是汉代象数派的共同特点。其中，京房以八宫、世应立论，荀爽、虞翻以升降、卦变立论。宋代象数学家继承了这一传统，也以阴、阳二气论卦、爻变化，进而阐述宇宙的生成变化之道。本节重在分析汉代卦变说。

1. 京房八宫卦变说

就现存的文献材料看，京房是第一个创建卦变系统的人。他将六十四卦的次序按照他所创立的八宫次序重新编排，每一宫内的八个卦按照他所创立的爻变规则进行排列。八宫卦的次序为乾、震、坎、艮、坤、巽、离、兑，每宫卦下统领七卦，如乾宫卦，乾卦下依次为姤、遁、否、观、剥、晋、大有；震宫卦，震卦下依次为豫、解、恒、升、井、大过、随。每一宫的宫卦为上世卦，所属七卦依次为一世卦、二世卦、三世卦、四世卦、五世卦、游魂卦、归魂卦。宫卦上爻为世爻，一世卦至五世卦则一爻至五爻分别为世爻，游魂卦四爻为世爻，归魂卦三爻为世爻；与世爻相隔三位的爻为应爻。这就是"世应说"。世爻是一个卦中为主的爻，应爻是一个卦中呼应世爻的爻。京房依照《周易·系辞传》"列贵贱者存乎位"的观点，发挥《周易》中《彖传》《象传》的爻位说，将一卦六爻从初至上，分别命名为元士、大夫、三公、诸侯、天子、宗庙，认为六爻体现了贵贱等级之位，并以此解说卦爻的吉凶，"定吉凶只取一爻之象"。

一世卦至五世卦是由本宫卦自下爻至五爻逐一变化（阳爻变阴爻、阴爻变阳爻）而来的；至五世卦则转而向下变化，先是第四爻变（变成原来的爻），构成游魂卦；然后是第一爻至第三爻全变（下卦变成原来的卦），构成归魂卦。这样，一个宫卦就变出了七个卦，八个宫卦就变出了五十六个卦（7×8=56），一个新的六十四卦卦变次序就形成了。

兑宫	离宫	巽宫	坤宫	艮宫	坎宫	震宫	乾宫	八宫卦
兑	离	巽	坤	艮	坎	震	乾	八纯卦
困	旅	小畜	复	贲	节	豫	姤	一世
萃	鼎	家人	临	大畜	屯	解	遁	二世
咸	未济	益	泰	损	既济	恒	否	三世
蹇	蒙	无妄	大壮	睽	革	升	观	四世
谦	涣	噬嗑	夬	履	丰	井	剥	五世
小过	讼	颐	需	中孚	明夷	大过	晋	游魂
归妹	同人	蛊	比	渐	师	随	大有	归魂

八宫卦

八宫卦依据阴阳、消息原理自八个本宫卦（即八个纯卦）推演出其余五十六个卦，实际上表达了一个宇宙气化的过程，构成了一幅有规则的、整体的宇宙变化图式。八个本宫卦代表整体之气，其余五十六个卦代表由八宫卦化生出来的具体之气。八宫卦的整体之气又包含了其余五十六卦的具体之气，其余五十六卦的具体之气由八宫卦的整体之气通过阳气变阴气、阴气变阳气逐一变化而来。这个演变过程，说明了气的流行变化规律。从一世卦到五世卦的卦变说明阴阳二气的变化是一个从下而上、从始而终的渐变、有序的过程；至五世卦转而向下的游魂、归魂的卦变说明阴阳二气的转变最终不能离开本位状态，其气变是阴中有阳、阳中有阴，而不是阴阳剥尽、往而不复，从而呈现出气化的螺旋式循环的规律。

八宫卦的演变模型是京房用以说明宇宙万物统一变化规律的模型。在这个大模型中，每一宫卦的卦变小模型都是相同的，都按照一世至五世的次序向上演变出五个卦（共四十个卦，5×8=40），按照游魂至归魂的次序向下演变出两个卦（共十六个卦，2×8=16）。八宫卦的卦变构成一个阴阳互变、循环往复的气化大周期、大模型。这个模型既表现了宇宙万物气化演变的有序性、整体性、单一性（由一世卦至五世卦），又表现了气化的循环性、变异性、复杂性（由世卦至魂卦）。

在八宫卦变的模式中，还有一个重要内容，就是纳甲、纳子、纳五行，即将天干、地支、五行、六亲等因素配入卦爻当中（详见下节）。这实为京房对孟喜"卦气说"的发展，反映了京房既有宇宙过程论思想，又有宇宙整体论思想，八宫卦"世应游归"的爻变体现了过程论思想，八宫卦纳甲、纳子、纳五行体现了整体论思想。

京房在《京氏易传》中反复强调宇宙的"生生之道"在于阴阳二气的交互作用，他说"二气交互不停……天地之内无不通也"（乾卦），"阴中有阳，气积万象……阴阳二气，天地相接，人事吉凶见乎象"（坤卦），阴阳二气的相互作用具体表现为升降、消长、返复、进退，"阳升阴降，阳来荡阴"（大壮卦），"柔长刚减，天地盈虚"（剥卦），"阴退阳伏，返本也"（大有卦），"阴阳返复，进退不居，精粹气纯，是为游魂"（晋卦），"归魂复本，阴阳相成，万物生也"（比卦），"阴极则阳来，阴消则阳长，衰则退，盛则战"（坤卦），将六十四卦爻"象"、宇宙万物之"象"概括为阴阳二"气"，将宇宙万物变化的动因还原为阴阳二气"交互不停"的作用，将宇宙万物变化的规律归纳为阴阳二气"此消彼长"循环往复的过程。

2. 荀爽乾升坤降说

东汉的荀爽受孟京卦气、八宫、飞伏纳甲学说影响，发展了"卦变说"。荀氏认为乾、坤两卦为基本卦，这两卦的爻位互易即"乾升坤降"形成了八卦、六十四卦。这个条例本是用来解说六十四卦卦爻辞的，但荀氏在很多解说中进一步论说了宇宙生成变化之道。对荀氏"乾升坤降说"，清人惠栋做了说明：

> 荀慈明论易，以阳在二者当上升坤五为君，阴在五者当降居乾二为臣。盖乾升为坎，坤降为离，成既济，定则六爻得位。（《易汉学》卷七《荀慈明易》）

在荀爽看来，乾阳上升、坤阴下降是天道运行的规律。乾、坤两卦为基本卦，两卦爻位的上升与下降是八卦、六十四卦形成的基础。乾、坤两卦的爻位以五与二位为主，乾九二爻与坤六五爻互易，即乾九二爻升于坤六五爻位，坤六五爻降于乾九二爻位，则成为坎、离两卦，为上经之终；坎、离两卦相组合，则成为既济、未济二卦，为下经之终。

荀氏以此体例解释《周易》卦爻辞[①]，如解乾卦：

> 乾起于坎而终于离，坤起于离而终于坎。
> 离坎者，乾坤之家而阴阳之府，故曰大明终始也。

此解释乾卦《象传》"大明终始"，认为乾九二爻上升居坤六五爻位，坤六五爻下降居乾九二爻位，即成离、坎二卦，分而言之，乾升坤为离，坤升乾为坎，所以离、坎为乾坤、阴阳的家府，而坎为月、离为日，日月合为"大明"。

> 谓坤五之乾二成离，离为日；乾二之坤五为坎，坎为月。

此解释乾卦《文言传》"与日月合其明"，说明离、坎为坤降乾升而成。

> 谓乾九二，本出于乾，故曰本乎天；而居坤五，故曰亲上。谓坤

[①] 荀爽及下文虞翻解《易》的引文，除特别注明外，均见李鼎祚《周易集解》。

> 六五，本出于坤，故曰本乎地；降居乾二，故曰亲下也。

此解释乾卦《文言传》"本乎天者亲上，本乎地者亲下"，以乾升坤为"亲上"，以坤降乾为"亲下"。另在解释乾卦《文言传》"云行雨施，天下平也"时，以乾、坤升降形成坎、离，以坎、离组成既济。就乾而言，乾九二爻升坤六五爻位、坤六五爻降乾九二爻位，则形成两离卦；就坤而言，乾九二爻升坤六五爻位、坤六五爻降乾九二爻位，则形成两坎卦；就乾、坤二体而言，则有两离、两坎，分别组合而成两既济，既济为阴阳相交各得其正，所以天下太平。

荀氏虽然多言"乾坤""阴阳"而少言"气"，实则其"乾坤""阴阳"可以看成阴阳二气。

3. 虞翻卦变说

虞翻"卦变说"主要分为三类：一是乾坤父母卦变为六子卦，二是乾坤消息卦变为十二消息卦，三是十二消息卦变为五十二杂卦。

（1）乾坤父母卦变为六子卦

虞氏在解释《周易·系辞传》"易有太极"时说：

> 两仪谓乾坤也。乾二五之坤成坎、离、震、兑……乾二五之坤则生震、坎、艮，坤二五之乾则生巽、离、兑。

虞氏在解释《周易·系辞传》"刚柔相摩，八卦相荡"时说：

> 乾以二五摩坤，成震、坎、艮；坤以二五摩乾，成巽、离、兑。

认为乾卦九二、九五二爻居坤卦二爻、五爻之位，则变成离卦；坤卦六二、六五二爻居乾卦二爻、五爻之位，则变成坎卦。为什么能成震、兑、艮、巽四卦？据虞翻说：

> 乾二之坤成坎，坤五之乾成离，故刚柔杂居。艮为居，离有巽兑，坎有震艮，八卦体备，故吉凶可见也。

此为解《周易·系辞传》"刚柔杂居而吉凶可见矣"句，离有巽兑、坎有震艮，指"互体"或"约象"而言，离卦二至四爻为巽卦、三至五爻为兑卦，坎卦二至四爻为震卦、三至五爻为艮卦。

（2）乾坤消息卦变为十二消息卦

虞氏注《周易·系辞传》"易简"二字为：

易为乾息，简为坤消，乾坤变通，穷理以尽性。

认为乾、坤卦爻经"消""息"可变成复、临、泰、大壮、夬、乾、姤、遁、否、观、剥、坤十二消息卦。他在注这十二卦时，除乾、坤外，皆用了术语"消""息"。如复，"阳息坤"；临，"阳息至二"；泰，"阳息坤"；大壮，"阳息泰也"；夬，"阳决阴息也"；姤，"消卦也"；遁，"阴消姤二"；否，"阴消乾也"；观，"阳息临二"；剥，"阴消乾也"。前五卦为阳息卦（阳息则阴消），后五卦为阴息卦（阴息则阳消）。"消""息"是对乾阳、坤阴二卦而言的，如复卦即坤卦中一阳开始生长，姤卦即乾卦中一阴开始生长。

（3）十二消息卦变为五十二杂卦

虞氏认为二阳四阴之卦来自临、观；二阴四阳之卦来自遁、大壮；三阴三阳之卦来自泰、否。

二阳四阴之卦：

明夷：临二之三　　震：临二之四　　解：临初之四

升：临初之三　　蹇：观上之三也　　艮：观五之三也

萃：观上之四也　　晋：观四之五也　　坎：观上之二

二阴四阳之卦：

讼：遁三之二也　　家人：遁初之四　　无妄：遁上之初

巽：遁二之四　　革：遁上之初　　离：遁初至五

鼎：大壮上之初　　睽：大壮上之三　　兑：大壮五之三也

大畜：大壮初之上　　大过：大壮五之初　　需：大壮四之五

三阴三阳之卦：

节：泰三之五　　　　损：泰初之上

归妹：泰三之四　　　贲：泰上之乾二，乾二之坤上

井：泰初之五　　　　蛊：泰初之上

既济：泰五之二　　　噬嗑：否五之坤初，坤初之五

随：否上之初　　　　益：否上之初

困：否二之上　　　　涣：否二之四

渐：否三之四　　　　未济：否二之五

以上三类体例十分整齐[①]，构成一个井然有序的卦变系统。但遗憾的是，一阴五阳、一阳五阴两类卦的卦变没有统一体例，因而从整个卦变体系看还不够完备和严密。

虞氏在卦变基础上还提出"之正说"。据《易传》"爻位说"，阳爻居阳位、阴爻居阴位，谓之"得正""当位"；否则为"不得正""不当位"。"得正""当位"则吉，否则则凶。荀爽已开始提出"之正说"，虞氏则使之系统化、完备化。所谓"之正"，就是使"不正"变为"正"。而六爻均"得正"的只有既济卦，所以虞氏解《易》时多言"成既济"。

凡"之正"皆因为穷则变，变则通。"成既济"则说明阴阳得位、均衡，事物顺达，行为成功。

此外，虞氏还提出"旁通说"，即一卦转化为对立的卦。如乾卦的旁通卦为坤卦，坤卦的旁通卦为乾卦。六十四卦可有三十二对旁通卦，虞氏以此解释《周易》经传。

虞氏通过系统的卦变学说，反映了宇宙万物变化的规则和过程。

宋代象数学家也用卦变的体例来论述宇宙的生成变化之道。汉象数学家主要以卦变来解经，而宋象数学家以卦变来解经者较少，更多则创造各种卦变图式以说明各自的宇宙观。

总结汉代象数学家以卦变论宇宙生成之道，有以下特点：

第一，"卦变说"的目的是解释《周易》经传文，通过对有关经传的解

---

① 三阴三阳类中有极个别的卦不用泰、否而用乾、坤，如：恒，乾初之坤四；咸，坤三之上成女，乾上之三成男。

释，阐述其宇宙生成观、变易观。

第二，企图寻找出卦爻变化的规律，建立卦爻变化的规则系统。

第三，卦爻变化的根本是乾坤二卦、阴阳二爻的变化。乾坤二卦、阴阳二爻即阴阳二"气"，阴阳二气的变化是宇宙万物变化的动因，阴阳二气变化的规则也是宇宙万物变化的规则。

第四，阴阳二气（乾坤二卦、阴阳二爻）的相互作用，具体表现为互变（阴变阳，阳变阴）、升降（阳升阴降）、返复（阴阳达到一定位次即回到原来状态）、消息（阳消则阴息，阴消则阳息）、进退（阴进则阳退，阳进则阴退）……说明宇宙生成变化具有对立转化、彼此消长、循序渐进、时位定性、循环往复的规律。

二、太易—太初—太始—太素：宇宙发展四阶段与九宫序

宇宙发展四阶段、九宫序说，是《易纬》及郑玄提出的。《易纬·乾凿度》说：

> 昔者圣人因阴阳定消息，立乾坤以统天地也。夫有形生于无形，乾坤安从生？故曰有太易，有太初，有太始，有太素。太易者，未见气也；太初者，气之始也；太始者，形之始也；太素者，质之始也。

认为"太易"是宇宙发展的第一阶段，这是一个没有"气"的阶段，当然更不可能有形、质了；"太初"是宇宙发展的第二阶段，即"气"开始的阶段；"太始"是宇宙发展的第三阶段，即"形"开始的阶段；"太素"是宇宙发展的第四阶段，即"质"开始的阶段。由此可见，宇宙发展的四阶段实际就是：

无[①]（无气、无形、无质）→气→形→质

第一阶段是"无"的阶段，第二、三、四（气、形、质）阶段是"有"的阶段。

[①] 关于"太易"为"无"将在第五章论述。

《易纬·乾凿度》接着又以"象数"表达了宇宙的变化：

> 易变而为一，一变而为七，七变而为九。九者，气变之究也。乃复变而为一，一者，形变之始。

这里的"易"即宇宙第一阶段"太易"。郑玄注："太易变为一，谓太初也；一变而为七，谓太始也；七变而为九，谓变为太素也。"就是说，易、一、七、九分别是"太易、太初、太始、太素"的代名词。这种变化是渐生、渐长的，等到了"太素"即"九"的时候，即到了变化的终点，物极则反，于是又变为"一"，为"太初"。

《易纬》还将这种变化以"九宫说"来进一步做了说明。

"九宫说"源于先秦的《管子·幼官》《吕氏春秋·十二纪》《礼记·月令》等有关天子一年四季分居九个不同宫室的记载，汉初《大戴礼记·明堂》首次将九室配以九数：

> 明堂者，古有之也。凡九室……二九四，七五三，六一八。

《黄帝内经·灵枢·九宫八风》进一步将九宫与八风、八卦、八节气相配。《易纬》在此基础上将九宫、易数、阴阳二气相结合，提出"九宫说"，《易纬·乾凿度》说：

> 阳动而进，阴动而退，故阳以七、阴以八为象。易一阴一阳，合而为十五之谓道。阳变七之九，阴变八之六，亦合于十五，则象变之数若之一也。

按郑注：象为爻之不变动者，即少阳、少阴，其数各为七、八。"一阴一阳"、阴阳变动、四正四维皆合于十五，太一行九宫的次序为坎一、坤二、震三、巽四、中五、乾六、兑七、艮八、离九，按"合于十五"排列成九宫图。

"象变之数若之一也""易一阴一阳，合而为十五之谓道"，是对《周易·系辞传》"一阴一阳之谓道"的解释，这是从易数的运行来说明阴阳的变化的。

郑玄对此做了阐发，认为"太一者，北辰之神名也，居其所曰太一，常行于八卦日辰之间，曰天一，或曰太一"，"太一"是四时变化之主宰神，

"天一太一，主气之神"，进一步将卦气神学化。他还对九宫与八卦的数量变化关系及其意义做了说明：

> 阳动而进，变七之九，象其气之息也；阴动而退，变八之六，象其气之消也。

认为九宫数、八卦数的进退表示"气"的"消息"，也说明节气以及阴阳二气的变化消长蕴含数的规定性，可以用数来表达量的差异变化。

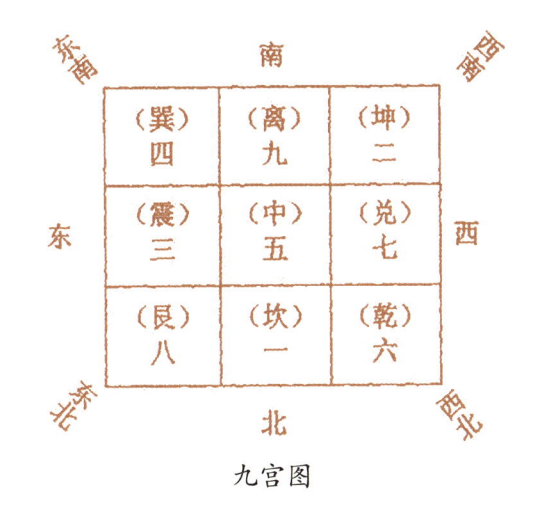

九宫图

太一九宫被宋人阮逸等视为"洛书"，蔡沈以此推衍出"九九圆数图"。该图不仅将一年二至、二分、四立等分别纳入其中，而且以一而三、三而九、九而八十一的顺序，表达右半圈的五行相生次序、左半圈的五行相克次序。

元代张理又以九州分布九宫，以阳乘以三、阴乘以二解释九数洛书乃至宇宙万物的生成变化次序。

"九宫说"以"数"的形式对宇宙万物的变化做了量的规定，从而成为宋代"河图洛书说"的先导。

三、"一分为二"的生成法则与"元、会、运、世"的演进数理

"北宋五子"之一、理学大师邵雍以"一分为二"[①]的生成法则和"元、会、运、世"的演进数理来阐释宇宙的生成变化和人文历史的演进。

"一分为二"的生成法则即"一生二、二生四"的法则，最早由《易传》明确提出：

> 是故《易》有太极，是生两仪，两仪生四象，四象生八卦。

---

① "一分为二"一词最早是唐初杨上善《黄帝内经太素》提出来的。

老子早于《易传》提出"道生一，一生二，二生三，三生万物"的法则。老子与《易传》都有"一生二"的思想，但接下来，老子是"二生三"，《易传》是"二生四"。不少学者认为，这是两种不同的宇宙生成观。我认为不能简单地从"三"与"四"的数量上考虑问题，而应该从它们所蕴含的意义上做深入的考察。老子的"三"其实是指阴阳二气的相和（"冲气以为和"），而不是在阴阳二气之外又多出一"气"（如"阴阳鱼太极图"所示）；《易传》的"四"不过是对阴阳二气的深一层分析，其实蕴含了阴阳二气相和的"三"（如"四象图"所示）。因此，"三"和"四"乃至"阴阳"和"五行"虽有两个来源，但并非两个系统，实则共同构成了一个"二体三用"的"阴阳五行"思维系统。①

"一生二"——"一分为二"的生成法则，实际上是古代思想家较为普遍的宇宙生成观。就象数学家而言，汉易的卦变学说说到底，也是一种"生二"或"分二"的思路。到了宋代，周敦颐的《太极图说》则将宇宙的生成变化演示为如下进程：

无极→太极→阴阳→五行→万物

其中，从"太极"至"阴阳"为"一生二"，从"阴阳"至"五行"表面上看是"二生五"，属于"二生三"系统，实际上是分出两对阴阳加上中"土"，同样是"一分为二"思想的产物。

与邵雍同岁的刘牧在《易数钩隐图》中，将五行生成数图称为"洛书"，将"九宫数图"称为"河图"，认为河图、洛书体现了阴阳二气相互消长的过程。就其"洛书"而言，是阳数（天数）与阴数（地数）相配、五行生数与成数相配，逐次相生、相成。就其"河图"而言，"五"不参与配卦，其余八数配四正四隅卦，由坎、离、震、兑四正卦生乾、坤、艮、巽四隅卦，实际上也体现了"一分为二"的原理。

---

① 参见拙作《易学与中医》第三章。

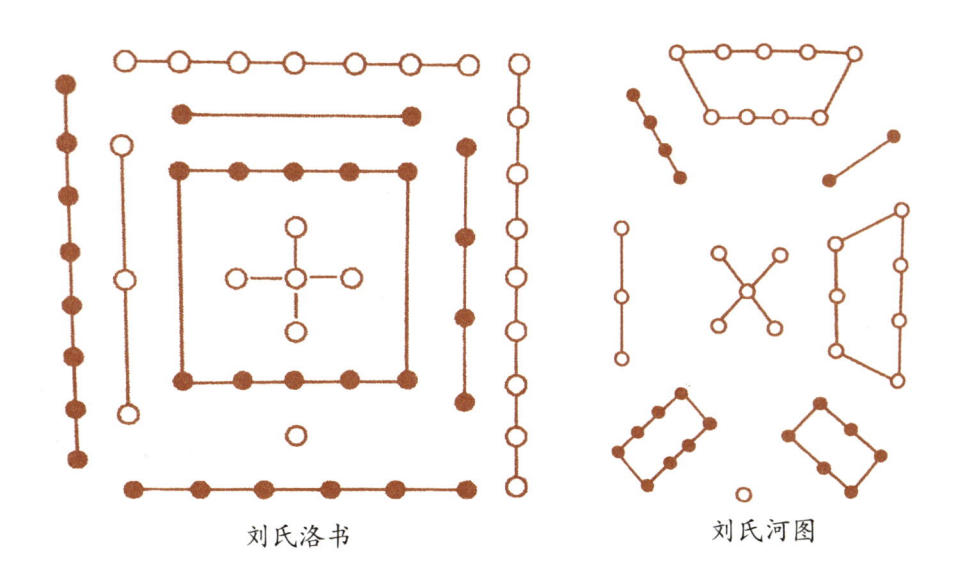

第二章 穷宇宙造化之妙——象数派天道观

刘氏洛书　　　　　刘氏河图

邵雍的先天易学重在以伏羲八卦、六十四卦的次序说明"太极生两仪"——"一分为二"的宇宙生成过程，其《皇极经世书·观物外篇》说：

> 太极既分，两仪立矣。阳下交于阴，阴上交于阳，四象生矣。阳交于阴、阴交于阳而生天之四象；刚交于柔、柔交于刚而生地之四象。于是八卦成矣。八卦相错，然后万物生焉。是故一分为二，二分为四，四分为八，八分为十六，十六分为三十二，三十二分为六十四。故曰分阴分阳，迭用柔刚，故易六位而成章也。十分为百，百分为千，千分为万，犹根之有干，干之有枝，枝之有叶，愈大则愈少，愈细则愈繁，合之斯为一，衍之斯为万……
>
> 阴阳生而分两仪，两仪交而生四象，四象交而生八卦，八卦交而生万物。故两仪生天地之类，四象定天地之体。四象生日月之类，八卦定日月之体。八卦生万物之类，重卦定万物之体。类者生之序也，体者象之交也。推类者必本乎生，观体者必由乎象。生则未来而逆推，象则既成而顺观。是故日月一类也。同出而异处也，异处而同象也。推此以往，物奚逃哉！

此为解释《周易·系辞传》"是故《易》有太极，是生两仪，两仪生四象，四象生八卦"，邵雍文中虽没有明确说从太极到两仪到四象到八卦的具体生成过程，但都归于"一分为二"的原则。按此原则可以推知，太极为一，分出阴⚋阳⚊两画，阳⚊之上各加一奇一偶则为太阳⚌和少阴⚍之象，阴⚋之上各加一奇一偶则为少阳⚎和太阴⚏之象。太阳⚌之上各加一奇一偶则为乾☰兑☱两卦象。少阴⚍之上各加一奇一偶则为离☲震☳两卦象。少阳⚎之上各加一奇一偶则为巽☴坎☵两卦象。太阴⚏之上各加一奇一偶则为艮☶坤☷两卦象。此即太极生两仪，两仪生四象，四象生八卦。其顺序由右至左，则为乾一兑二离三震四巽五坎六艮七坤八。

于是邵雍制成伏羲八卦次序图[①]，此图不仅用以解释八卦的形成过程，而且用以说明世界的形成过程，还用以表示宇宙的结构模式，具有世界观和宇宙论意义。其基本法则为太极生两仪（一分为二）、两仪生四象（二分为四）、四象生八卦（四分为八）。程颐称之为"加一倍法"，朱熹称之为"一分为二法"。从朱熹所述图来看：一分为二，成倍增殖，表明宇宙万物无限可分，$\frac{1}{2^0}$，$\frac{1}{2^1}$，$\frac{1}{2^2}$，…，$\frac{1}{2^n}$；层层收合，统归于一，$\frac{1}{2^n}$，…，$\frac{1}{2^2}$，$\frac{1}{2^1}$，$\frac{1}{2^0}$表明宇宙的本体为"一"（太极）；阳仪分阳趋阴，阴仪分阴趋阳，表明对立面之间交相感应，异性相吸；虽层层分殖，但两极不变，表明阴阳的永恒性、权威性。

伏羲八卦次序图

[①] 邵雍的伏羲八卦、六十四卦次序图、方位图及文王八卦次序图、方位图均载于朱熹《周易本义》卷首。

第二章　穷宇宙造化之妙——象数派天道观

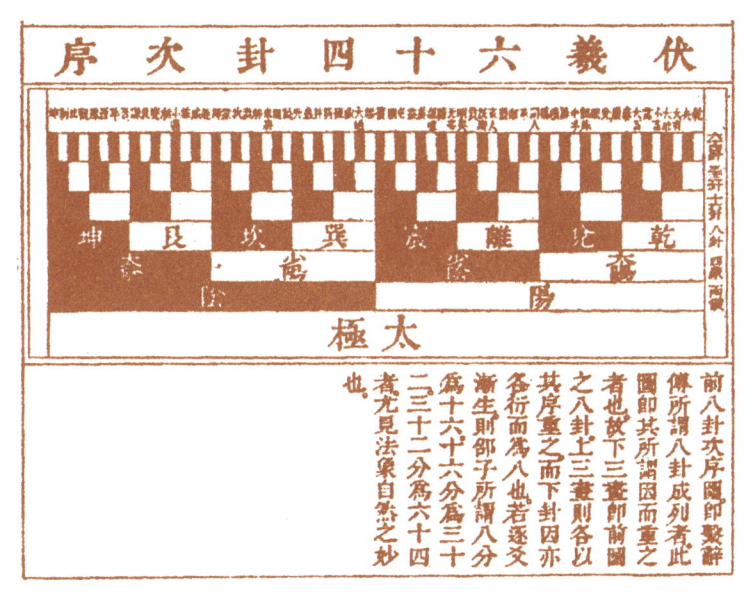

伏羲六十四卦次序图

　　由八卦的生成次序可推测出六十四卦的生成次序，即由乾一至坤八的八卦本位，分阴分阳，生出六十四卦。阳卦生于复而极于乾，阴卦生于姤而极于坤。一顺一逆，一奇一偶，黑白相间，阴阳循环，于是构成伏羲六十四卦次序图。此图在太极之上共有六个层次，一变为二，为两仪层次；二变为四，为四象层次；三变为八，为八卦层次；四变为十六，为十六卦层次；五变为三十二，为三十二卦层次；六变为六十四，为六十四卦层次。此图遵循"加一倍法"或"一分为二法""四分法"，把奇偶二数的演变置于第一位，是对先天八卦次序的推衍和扩展。

　　与伏羲八卦次序图、伏羲六十四卦次序图相配应的还有伏羲八卦方位图、伏羲六十四卦方位图。从名称上看，前者表述卦爻乃至宇宙万物的生成变化的次序、过程，后者表述卦爻乃至宇宙万物的方位、结构；前者重时间，后者重空间。实际上，两者有密切的联系，是不可分割的，仅有侧重点的不同，而没有义理上的差别。

　　邵雍《皇极经世书·观物外篇》认为，《周易·说卦传》"天地定位，山泽通气，雷风相薄，水火不相射，八卦相错。数往者顺，知来者逆。是故《易》逆数也"，是"明伏羲八卦也。八卦相错者，明交错而成六十四也。

数往者顺,若顺天而行,是左旋也,皆已生之卦也,故云数往也。知来者逆,若逆天而行,是右行也,皆未生之卦也,故云知来也。夫《易》之数由逆而成矣。此一节直解图意,若逆知四时之谓也"。

这是对伏羲八卦方位图的说明。邵氏以左行为顺、右行为逆,说明一年四季的变化为一个阴阳消长的过程。《皇极经世书·观物外篇》说:"震始交阴而阳生,巽始消阳而阴生。兑阳长也,艮阴长也,震兑在天之阴也,巽艮在地之阳也。故震兑上阴而下阳,巽艮上阳而下阴。天以始生言之,故阴上而阳下,交泰之义也。地以既成言之,故阳上而阴下,尊卑之位也。乾坤定上下之位,离坎列左右之门,天地之所阖辟,日月之所出入。是以春夏秋冬、晦朔弦望、昼夜长短、行度盈缩,莫不由乎此矣。"

伏羲八卦方位图

先天八卦方位图道出了自然运行的规律,描述了一年四季、一月盈亏、一日长短的变化规律。

邵氏在《皇极经世书·观物外篇》中还对六十四卦的方位排列进行了解释,认为"复至乾,凡百有十二阳。姤至坤,凡八十阳。姤至坤,凡百有十二阴。复至乾,凡八十阴""乾三十六,坤十二,离兑巽二十八,坎艮震二十""夫《易》根于乾坤而生于姤复。盖刚交柔而为复,柔交刚而为姤,自兹而无穷矣""阳在阴中阳逆行,阴在阳中阴逆行。阳在阳中,阴在阴中,则皆顺行。此真至之理,按图可见之矣"。

这是对伏羲六十四卦方位图的说明,从复至乾、从姤至坤,构成圆图。邵氏本意在于说明阴阳消长的过程以及一年节气的变化,体现其"卦气说",与汉易"卦气说"有所不同的是,邵氏以乾、坤、坎、离为四正卦,认为冬至子时阳气始于复卦,而不是起于中孚卦;消息卦间隔距离不等,不以十二个卦代表十二个月。

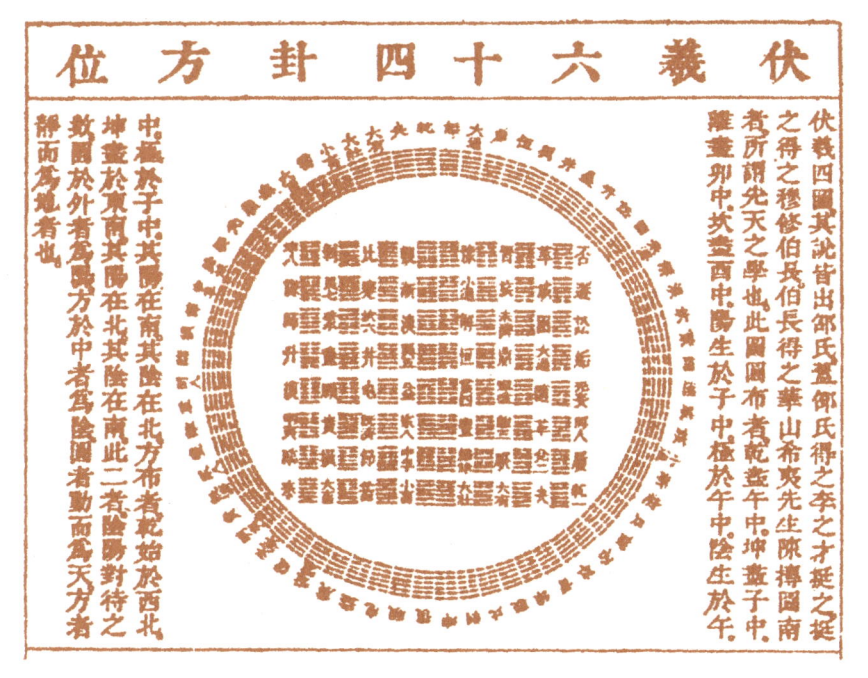

第二章 穷宇宙造化之妙——象数派天道观

伏羲六十四卦方位图

邵氏《大易吟》曰："天地定位，否泰反类，山泽通气，损咸见义，雷风相薄，恒益起意，水火相射，既济未济。四象相交，成十六事，八卦相荡，为六十四。"这可看成其对六十四卦方位方图的说明。

方圆二图进而被用来说明万物的兴衰、社会的治乱及世界的终始。

朱熹解释："圆图象天，一顺一逆，流行中有对待，如震八卦对巽八卦之类；方图象地，有逆无顺，定位中有对待，四角相对，如乾八对坤八之类。此方圆图之辨也。"圆图方图"此二者，阴阳对待之数。圆于外者为阳，方于中者为阴。圆者动而为天，方者静而为地者也"（《周易本义》卷首）。圆图重点讲阴阳流行，方图重点讲阴阳对待，即阴阳定位；圆图就时间而言，方图就空间而言。方圆合图将时间和空间的过程归于阴阳配合，以变化为阴阳推移，以方位为阴阳对待，体现了一分为二的宇宙思想和时空统一的宇宙模式，对后世哲学影响深远。

与"伏羲先天"相对，邵雍还提出"文王后天"概念。他在《皇极经世书·观物外篇》中说《周易·说卦传》"起震终艮一节，明文王八卦也"，认为文王八卦为"地道",是从伏羲八卦"天道"发展而来的,故为"后天"。

文王八卦方位图反映了万物春生、夏长、秋收、冬藏的规律。每年三百六十日有奇,文王八卦按顺时针方向运转排列,每卦各主四十五日,其转换点表现为四正四隅八节。震主春分,离主夏至,兑主秋分,坎主冬至,乾主立冬,坤主立秋,巽主立夏,艮主立春。每卦三爻,八卦共二十四爻,如每爻主一节气,则八卦主二十四节气。

文王八卦方位图

就《周易·说卦传》本身而言,它只提出了震东、兑西、离南、坎北、巽东南、艮东北、坤西南、乾西北的方位,而没有将这种方位命名为"后天八卦方位""文王八卦方位"。邵氏不仅将其命名了,还用以说明万物变化的位次。

邵雍还提出"文王八卦次序"说。此本于《周易·说卦传》"乾坤父母"一节。《皇极经世书·观物外篇》说乾坤"合而言之,阴阳各半。是以水火相生而相克,然后既成万物也",目的在于证明此次序乃文王推演,反证伏羲次序乃先天心法。文王八卦次序图反映男女构精、万物化生的次序规律,说明乾道成男,坤道成女;得父气者为男,得母气者为女;三男皆以坤母为体、乾父为用,三女皆以乾父为体、坤母为用。

在先后天的关系问题上,邵氏认为,先天八卦为《易》之本体,后天八卦为《易》之运用。《皇极经世书·观物外篇》说"乾坤纵而六子横,《易》之本也;震兑横而六卦纵,《易》之用也""先天之学,心也;后天之学,迹也",以先天伏羲八卦为出于心法的本体,后天文王八卦为对本体的应用,为心之形迹。

邵雍在《皇极经世书》中依据先天六十四卦方位图制定了一张用以说明人类以至宇宙历史演变的年表,即"皇极经世图"。此图以"元、会、运、世"为计算单位。《皇极经世书·观物内篇》介绍了"元、会、运、世"的计算方法：

> 元之元一，元之会十二，元之运三百六十，元之世四千三百二十。

邵雍接着还介绍了会之元、会之会、会之运、会之世，运之元、运之会、运之运、运之世，世之元、世之会、世之运、世之世的计算方法。以"元"为单位计算，则"元"为一，"会"为十二，"运"为三百六十，"世"为四千三百二十。一元为十二会，一会为三十运，一运为十二世，一世为三十年。元、会、运、世好比年、月、日、时。一年为十二个月，故一元为十二会；一个月为三十日，故一会为三十运；一日为十二个时辰，故一运为十二世。折合成年数，则一世为三十年，一运为十二世即三百六十年，一会为三十运即一万零八百年，一元为十二会即十二万九千六百年。其子邵伯温对此做了解释：

文王八卦次序图

> 一元在大化之间犹一年也。自元之元更相变而至辰之元，自元之辰更相变而至辰之辰，而后数穷矣。穷则变，变则生，生而不穷也。

邵雍在《皇极经世书·观物内篇》中只讲到"世之世"，此为"天之数"。邵伯温在此基础上又提出"地之数"，即按"岁、月、日、辰"的顺序相配"元、会、运、世"，即岁之元、岁之会、岁之运、岁之世以至于辰之辰，到此方为一大周期终止，穷则变生出另一周期，如此周而复始，循环不已。

"元、会、运、世"作为邵雍制定的历史年表，是从六十四卦圆图推衍而来的，以六十四卦分为八宫，八宫分别配以"元、会、运、世、岁、月、日、辰"，每一宫八个卦再分别配以"元、会、运、世、岁、月、日、辰"。每宫八个卦，居奇数位则乘以十二，居偶数位则乘以三十。从乾卦"元之元"始至坤卦"辰之辰"止，为一周期，即天数和地数之总和为十二亿一千六百一十九万二千三百二十年。邵伯温依此作"一元消长之数图"，说明"一元"时间内人类世界演变的历史进程。

邵氏此图是对《周易》基本原理即宇宙万物之道的抽象化、数学化解释，说明宇宙社会、人类历史变化呈现统一的阴阳消长、循环往复的普遍规律，天地宇宙有始有终，盛极则衰、衰极则盛，并存在各种不同层次的周期。这些基本观点无疑具有较高的哲学价值，但其"元、会、运、世"的数学规定却没有什么科学依据。

第二节　象数模型：宇宙的结构次序

中国传统哲学中的宇宙结构论问题是与其宇宙生成论问题紧密联系在一起的，对象数派而言，也不例外。无论汉代象数学家还是宋代象数学家都将《周易》的卦爻结构视为宇宙天道的基本结构模型。此外，汉象数派还建立了九宫、五行等宇宙结构模型，宋象数派还建立了河图洛书、先天后天等宇宙结构模型。

关于宇宙结构论和生成论，中西方是有区别的。西方关注的是结构论，是在结构论的目的下讲生成论；中国关注的是生成论，是在生成论的目的下讲结构论。这不仅是中西方传统哲学的区别，而且也是中西方传统科学的区别。有学者将东西方传统科学差异的根源归结为生成论与构成论的差别，因为生成论便于建立概念体系的功能模式，适合用代数描述，而代数形式又易于发展类比推理，于是形成了中国传统科学的功能的、代数的、模型论的特征；因为构成论便于建立概念体系的结构模式，适合用几何描述，而几何形式又易于发展演绎推理，于是形成了西方传统科学的结构的、几何的、公理论的特征。[1]

---

[1] 董光璧《科学与中国传统文化：四大难题的思考》，载《易学与科学》1998年第2期。

第二章 穷宇宙造化之妙——象数派天道观

从本质上看，象数派所表述的宇宙结构是一种关乎宇宙变化次序的宇宙生成的结构，而不是一种无关生成变化的纯形态的结构。

一、卦爻：时空合一的宇宙模型

孟喜、京房创立的"卦气"学说，目的虽是解释卦爻辞，但由于他们将节气、物候等时间因素、物质因素统统归结到六十四卦当中，实际上构成了一个以卦爻为框架的宇宙图式；而各种因素又都归结到阴阳二气上，实际上体现了宇宙万物是一个以"气"为核心的时空合一的整体观念。

据唐代僧一行《卦议》记载，孟喜的"卦气说"以《周易》卦爻象配四时、十二月、二十四节气、七十二候，以解说一年节气的变化。具体配法为：

① 坎、震、离、兑四正卦配二十四节气，每一爻配一节气，每卦初爻配二至、二分，即坎卦初爻为冬至，震卦初爻为春分，离卦初爻为夏至，兑卦初爻为秋分，其他爻位、节气依次配属。

② 十二辟卦配十二月（称为"十二月卦"），即复、临、泰、大壮、夬、乾、姤、遁、否、观、剥、坤十二辟卦分别配十一月至十月。

③ 六十卦（六十四卦中除四正卦外）配七十二候。六十卦按辟（君）、公、侯、卿、大夫五爵位，分为五类，每类各有十二卦。十二辟（君）卦已如上述。七十二候由二十四节气分化而来，每一节气分为初候、次候、末候三候。其中，初候二十四配公卦和侯卦，次候二十四配辟卦和大夫卦，末候二十四配卿卦和侯卦。其中，侯卦分内与外，分别配初候与末候。[①] 一年节气的开始为冬至初候，配中孚卦，即"自冬至始，中孚用事"。

④ 六十卦配一年三百六十五日余（365.25日），每卦主管"六日七分"，每五卦主管一个月，即"卦以地六，候以天五"。"七分"指一日之八十分之七（7/80）。

京房继承了孟喜"卦气说"，《京氏易传》说：

分六十四卦，配三百八十四爻，成万一千五百二十策，定气候二

[①] 唐代僧一行据孟喜的"卦气说"制"卦气图"，载《新唐书》卷二十八上。清代惠栋亦制有孟喜"卦气图"，载其著《易汉学》卷一。

065

十四，考五行于运命，人事、天道、日月、星辰，局于指掌，吉凶见乎其位。

京房亦将六十四卦分属二十四节气。其与孟喜相同处是，都以四正卦配二至、二分，而不同处是，其四正卦不单独配节气，而是置于六十四卦之中纳入一年的日数。其特点为：

① 以六十四卦（包括四正卦）、三百八十四爻配一年日数。四正卦的初爻即主二至二分之爻，各为一日之八十分之七十三（73/80）；四正卦之前的颐、晋、升、大畜四卦分主五日十四分；其余各卦主六日七分。①

② 以六十四卦、三百八十四爻配二十四节气。每一卦自世爻始，每爻历一月两节，共历六个月十二节。如乾卦六爻"建子起潜龙，建巳至极主亢位"（《京氏易传》），京房提出"建候"说，即乾卦初爻建甲子，当农历十一月大雪、冬至两节；九二爻建乙丑，当农历十二月小寒、大寒两节；至上九爻建己巳，当农历四月立夏、小满两节。在此基础上，京氏提出"积算"说，即以建候末尾的干支为起点，每爻配一干支，轮换配十次，六爻共配六十次。此积算法可以时、月、年计算，一卦六爻分别代表六十日、六十月、六十年。

③ 以六子卦配二十四节气。坎、震、离、兑"四正卦"加上巽、艮为"六子卦"，每卦取初爻和四爻共主四个节气，即每爻主两个节气。《京氏易传》对此有具体的论述。如坎卦初六爻主立春、立秋，六四爻主立夏、立冬；震卦初九爻主惊蛰、白露，九四爻主芒种、大雪。此配法不仅与孟喜不同，而且与京房自己的六十四卦配日、八卦配节气说也不一致。

上述孟、京"卦气说"的有关资料包括《京氏易传》、唐代僧一行的《卦议》以及清代惠栋的《易汉学》。

前文曾经说过，据班固《汉书·京房传》载，以六十四卦主一年之日始于京房的老师焦延寿（字赣），而不是孟喜。而王充《论衡·寒温篇》也说："《易》京氏布六十卦于一岁中，六日七分，一卦用事。"可见，"六日七分"法当为京房所创立。

《京氏易传》每一卦都采用了这种体例，其目的是解《易》。京房还以

---

① 参见《新唐书》卷二十七引唐代僧一行《卦议》。

天文学知识解《易》，如将每一卦都配上五星、二十八宿。

值得注意的是，京房将"卦气说"引向了"阴阳二气说"。如否卦，京氏以"天气上腾，地气下降，二象分离，万物不交也"解其象辞"小人道长，君子道消也"；泰卦，京氏以"阳长阴危，金土二气交合"解其卦辞"小往大来"。京房论述了"生生之谓易"就在于阴阳二气的相互作用：

> 二气阳入阴、阴入阳，二气交互不停，故曰生生之谓易，天地之内，无不通也。

京房在对卦爻辞及《易传》的解说中，建构了一个以"气"为核心、以阴阳五行为模式的世界图景，而这一点正是通过其"卦气说"达到的。

京房"八宫学说"中的纳甲、纳子、纳五行体例，将卦爻配上了天干、地支、五行、六亲等因素。《京氏易传》说：

> 分天地乾坤之象，益之以甲乙壬癸。震巽之象配庚辛，坎离之象配戊己，艮兑之象配丙丁。八卦分阴阳，六位五行，光明四通，变易立节。

以乾、坤两卦的内、外卦分别配甲壬与乙癸，其余六卦震、巽、坎、离、艮、兑分别配庚、辛、戊、己、丙、丁。每一卦的六爻都配上地支，如阳卦六爻配阳支，阴卦六爻配阴支；阳卦六爻从下往上依次配，阴卦六爻从上往下依次配。

除将每一卦每一爻都配上天干、地支外，还配以五行。八宫卦配五行为：乾金、震木、坎水、艮土、坤土、巽木、离火、兑金。每宫统属的七卦所配五行与该宫宫卦同。每宫卦六爻的五行配属原则根据该爻地支的属性而定，如乾卦六爻的地支依次为子、寅、辰、午、申、戌，其五行则为水、木、土、火、金、土。

在西汉中后期，继孟、京"卦气说"的是《易纬》的"卦气说"与"爻辰说"。《易纬》的"卦气说"是以"卦"配节气，而"爻辰说"则是以"爻"配月辰。

《易纬·乾凿度》以四正卦、四维卦配属方位、月份、天数：

> 震生物于东方，位在二月；巽散之于东南，位在四月；离长之于

南方，位在五月；坤养之于西南方，位在六月；兑收之于西方，位在八月；乾制之于西北方，位在十月；坎藏之于北方，位在十一月；艮终始于东北方，位在十二月。八卦之气终，则四正四维之分明。

四正卦震、离、兑、坎分别为二、五、八、十一月；四维卦巽、坤、乾、艮分别为四、六、十、十二月。《易纬·通卦验》还对八卦所主节气做了说明，以八卦各主一节：艮主立春，震主春分，巽主立夏，离主夏至，坤主立秋，兑主秋分，乾主立冬，坎主冬至。

《易纬》六十卦"卦气说"，与孟喜"卦气说"大致相同。如《易纬·稽览图》说："坎六震八离七兑九，已上四卦者，四正卦，为四象。"四正卦不配入一年之中，其余六十卦，"每岁十二月，每月五卦。卦六日七分。每期三百六十六（五）日。每四分（四分日之一）"，明确提出六十卦每卦主"六日七分"，并详细列出了每五卦归属一月的具体情况。《易纬·稽览图》当出于京房之后。

《易纬》"卦气说"的目的是通过解《易》而达到"断天地、理人伦而明圣道……顺阴阳，以正君臣父子夫妇之义"的境界。《易纬·乾凿度》则可看成西汉时期对《周易》所作的通论。受今文经学的影响，《易纬》在解《易》时加强了神秘性，将《周易》当成"神道设教"的经典，宣传"天人感应"、五常伦理。如《易纬·通卦验》：

凡易八卦之气，验应各如其法度，则阴阳和，六律调，风雨时，五谷成熟，人民取昌，此圣帝明王所以致太平法……夫八卦谬乱，则纲纪坏败，日月星辰失其行，阴阳不和，四时易政。

认为八卦之气与自然现象甚至帝王治国平天下大法相联系，八卦乱则纲纪败坏，八卦验则政令不亡。当然，其将《易》神学化的同时又不乏理性化，那就是企图通过爻辰、卦气建立一个涵括天文、地理、人事的世界统一图式，而这一切，又均是通过对《易》的阐释而达到的。

《易纬》"爻辰说"，将六十四卦每一爻都配上代表一年十二月的地支（辰），使一爻主一月。按六十四卦次序，每对立的两卦共十二爻配以十二辰，代表一年十二个月；六十四卦共三十二对，代表三十二年，从乾、坤

第二章 穷宇宙造化之妙——象数派天道观

到既济、未济，循环推算。较早言"爻辰"的是京房。京氏的"八宫卦说"即将每一爻都配上地支。《易纬》则将"爻辰"系统化。《易纬·乾凿度》提出：

> 天道左旋，地道右迁，二卦十二爻而期一岁。乾阳也，坤阴也，并治而交错行。乾贞于十一月子左行，阳时六；坤贞于六月未右行，阴时六，以奉顺成其岁。

以乾、坤两卦为例，乾卦六爻从下往上依次配子、寅、辰、午、申、戌，分主十一月、正月、三月、五月、七月、九月；坤卦六爻从下往上依次配未、巳、卯、丑、亥、酉，分主六月、四月、二月、十二月、十月、八月。[①] 此即《易纬·乾凿度》所言"乾左行，坤右行"。郑玄注："贞，正也，初爻以此为正。次爻左右者，各从次数之。一岁终则从其次。屯、蒙、需、讼也。阴卦与阳卦其位同，谓与同日。若在冲也，阴则退辰者，为左右交错相避。"按郑注，坤卦六爻的配辰从下往上应为未、酉、亥、丑、卯、巳，分主六月、八月、十月、十二月、二月、四月。此说与"阳卦左行、阴卦右行"说不同。

乾、坤之后的屯、蒙，依《易纬·乾凿度》说："屯、蒙主岁，屯为阳，贞于十二月丑，其爻左行，以间时而治六辰；蒙为阴，贞于正月寅，其爻右行，亦间时而治六辰。"即屯卦六爻从下往上依次为丑、卯、巳、未、酉、亥；蒙卦六爻从下往上依次为寅、子、戌、申、午、辰。余卦依此类推。唯有泰、否两卦的配属例外："泰、否之卦独各贞其辰，共北辰左行相随也。"郑玄注："谓泰贞于正月，否贞于七月。"即泰卦初爻为寅，否卦初爻为申。

在《易纬》基础上，郑玄提出，乾、坤的爻辰配属是其他卦配属的依据，其他卦逢阳爻从乾爻所值，逢阴爻从坤爻所值。如蛊九三爻为阳爻从乾九三爻为辰，贲六五爻为阴爻从坤六五爻为卯。《易纬》"爻辰说"本不是为了解释《周易》经传，而是为了以卦爻计算年月，说明一年节气的消长变化，其后，东汉经师用来解《易》，又通过解《易》来阐发宇宙时空结构

[①] 关于坤卦爻辰配属，依据清代张惠言《易纬略义》。

论，郑玄即其代表。

卦气说、爻辰说将节气、物候、时令、年月以及天干、地支、五行等时间、空间、事物要素纳入卦爻之中，实际上是将卦爻看成一个宇宙事物的理想结构模型。

宇宙各因素的纳入，扩大了取象范围。由于汉代象数派的发挥，八卦所取之象比《周易·说卦传》所取之象大大增加。

《周易·说卦传》曾对八卦所取之象进行了归纳，归纳出八种"远取诸物"的物象、事象，"近取诸身"的身象、家象，并搜集了大量的物象，计有乾卦十四象、坤卦十二象、震卦十六象、巽卦十六象、坎卦二十象、离卦十四象、艮卦十一象、兑卦九象。这是对春秋、战国以来八卦取象的总结。对汉代象数学家的八卦取象，后人曾做了搜集、整理。唐代陆德明《经典释文》、李鼎祚《周易集解》等曾收集荀爽等九家的取象三十余种，称为《荀九家逸象》；清代惠栋《易汉学》收集虞氏逸象三百余种；近代尚秉和认为，焦赣传孟氏逸象三四百种似应为虞氏所辑。按照汉象数派的"卦变说"及"取象法"，一卦可衍变为六十四卦，每一卦可象征不计其数的物象、事象，由此说明，卦爻辞皆从卦爻象而来，卦爻辞的依据即卦爻所象征的物象、事象。在此观点支配下，象数学日趋烦琐，其内在矛盾也日趋显现，因而遭到了义理派的反对和抛弃。

"取象"作为一种解《易》的方法固然有不少弊端，但就其理论思维而言，仍有不可抹杀的意义。它将卦爻视为一个蕴含宇宙万物的思维模型，将宇宙万物各种因素分门别类地纳入其中，反映了时空合一、天人合一的整体观念和类分宇宙的模型论思想。

二、九宫五行与河图洛书：宇宙生成变化的结构图式

自从汉初九室被配上数字而形成"九宫"图式之后，"九宫"就成为一种类分宇宙万事万物的模型。

《黄帝内经·灵枢·九宫八风》将九宫配上了八风、八节气。《易纬》将九宫配上了易数、八卦、阴阳二气以说明时间、空间以及万事万物都体现了九宫结构。九宫的九方位是四正（东、南、西、北）、四维（东南、西

南、东北、西北）加上中宫（中央）。其中，四正、四维八宫又各据自己的方位主持一年四时的变化，每宫主四十五日。九宫既体现阴阳二气变化消长的过程，又体现万事万物阴阳分类的结构。

"五行"从先秦起即一个重要的哲学范畴。以"五行"解《易》，就现存文献看，最早是战国至汉初成书的帛书《易传》。至西汉，孟、京学派将其系统化了。京房将"五行"与卦爻一一对应，使"五行"真正成为一个宇宙结构图式。《易纬》也将八卦、九宫与"五行"相配合，以说明天道的时令、节气和方位，进而说明人道的人伦纲常。郑玄以

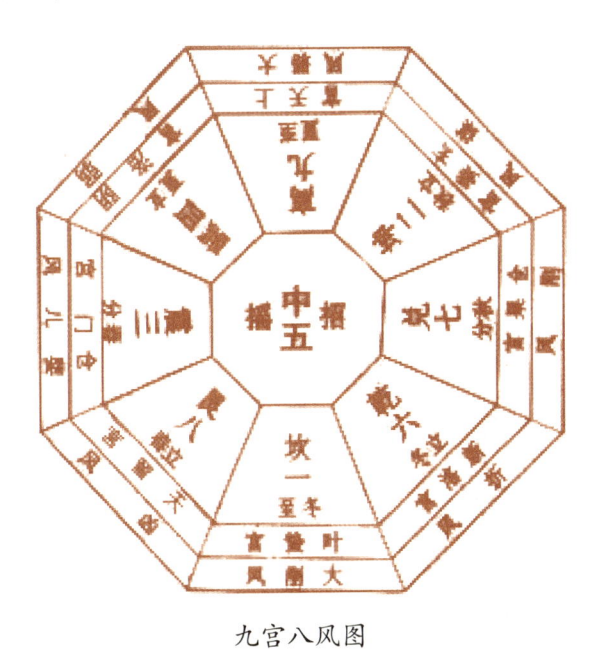

九宫八风图

"五行生成说"解释"大衍之数""天地之数"，吸收并发展了《月令》《太玄》的观点。

九宫、五行和八卦被京房、《易纬》、郑玄巧妙地组合起来，又以"数"的形式做了量的规定，建构了一个时空合一、万物同构的宇宙结构模型，成为宋代"河图洛书说"的先导。

北宋初期的陈抟是宋代"图书派"的开拓者，他的《龙图易》可能就是"河图洛书"，可惜已佚。北宋中期的刘牧、阮逸是宋代"河图洛书说"的真正创立者。刘牧以五行生成数图（十数图）为"洛书"，以九宫图为"河图"；阮逸与他相反，以五行生成数图（十数图）为"河图"，以九宫图为"洛书"。

刘牧所传的"河图""洛书"在其著作《易数钩隐图》中有记载。该书共列五十五图。其中，第四十九图为"河图"，第五十至五十二图依次为"河图天地数""河图四象""河图八卦"。在第四十九图下说明："以五为主，

六八为足,二四为肩,左三右七,戴九履一。"第五十三、五十四图为"洛书五行生数""洛书五行成数",没有二图相合的"洛书"图。二图相合的"洛书"图载于朱震《汉上易传·卦图》,图后注"右洛书,刘牧传之"。

刘牧九数河图、十数洛书是对陈抟《龙图易》的发展。其本于刘歆说,以《尚书·洪范》五行为洛书;本于郑玄说,以《周易·系辞传》"天地之数"为五行生成数,并将两者视为一体:

> 夫洛书九畴惟(唯)出于五行之数,故陈其已交之生数。然后以土数足之,乃可见其成数也。(《易数钩隐图·洛书五行生成数第五十四》)

> 且《书》之九畴,惟(唯)五行是包天地自然之数,余八法皆是禹参酌天时人事类之耳。(《易数钩隐图》上书《龙图龟书论下》)

> 《书》云天锡禹九畴者,盖是天生圣德,于禹诚明洛书之义,因第而次之,垂范后世也……洛书则惟(唯)五行生成之数也。(《易数钩隐图》上书《龙图龟书论下》)

认为"洛书"即《尚书·洪范》九畴中的第一畴,为洛水神龟所负之文,其他八畴乃大禹所增。

刘牧认为"洛书"就是五行生成之数:

> 天一生水,地二生火,天三生木,地四生金,天五生土,此其生数也。如此则阳无匹、阴无偶,故地六成水,天七成火,地八成木,天九成金,地十成土。于是阴阳各有匹偶,而物得成矣,故谓之成数也。(《易数钩隐图》上书《七日来复第四十六论中》)

刘牧将《尚书·洪范》"一曰水,二曰火,三曰木,四曰金,五曰土",《汉书·五行志》"天以一生水,地以二生火,天以三生木,地以四生金,天以五生土",《汉书·五行志》"水之大数六、火七、木八、金九、土十"以及郑玄的解释等融合在一起,认为"洛书"体现了天地数阳奇与阴偶相配、五行生数与成数相配的原理。

关于"河图",刘牧认为,"河图"即龙图,即龙马所负之图。此图亦负有天地自然之数，只是不用"十"数：

> 昔伏羲氏之有天下，感龙马之瑞，负天地之数，出于河，是谓龙图者也。戴九履一，左三右七，二与四为肩，六与八为足，五为腹心，纵横数之皆十五，盖易系所谓参伍以变，错综其数者也。（《易数钩隐图》上书《遗论九事》第一）

刘牧将汉唐的九宫数称为"河图"，将九宫数的神龟形象①改变为龙马形象。关于"河图"与"洛书"的关系，刘牧做了论述：

> 河图相传于前代，其数自一至九，包四象八卦之义，而兼五行之数；洛书则惟（唯）五行生成之数也。（《易数钩隐图》上书《龙图龟书论上》）

> 易云见乃谓之象，河图所以示其象也；形乃谓之器，洛书所以陈其形也……河图陈四象而不言五行，洛书演五行而不述四象，然则四象亦金、木、水、火之成数也。在河图则老阳、老阴、少阳、少阴之数是也，在洛书则金、木、水、火之数也。所以异者，由四象附土数而成质，故四象异于五行矣。（《易数钩隐图》上书《七日来复第四十六论中》）

据此，"河图"与"洛书"的区别在于：

①"河图"陈述四象（七、八、九、六）而不言五行，"洛书"演化五行而不述四象。

②"河图"以"象"显示，"洛书"以"形"陈述；"河图"为形而上之道，"洛书"为形而下之器。

③"河图"既包含四象、八卦又兼五行之数，"洛书"则只包含五行之数而不包含四象、八卦。

刘牧通过比较河图与洛书，认为河图与洛书不可分离，象与形、道与器不可偏废，并以此解释《周易·系辞传》"形而上者谓之道，形而下者谓之器"以及"大衍之数"章、"天地之数"章，进而解释《周易》的原理，

---

① 南北朝甄鸾《数术记遗》、唐希明《太乙金镜式经》认为九宫之义，法以灵龟。

以河洛图式建构起一个万物形成与结构的世界模式。

与刘牧同时的阮逸，托名北魏关朗（字子明）作《关朗易传》，提出与刘牧完全相反的观点——以五行生成数的十数图为"河图"，以九宫数的九数图为"洛书"。南宋的朱熹以及蔡元定和蔡沈父子赞成阮逸的观点。自朱熹《周易本义》将十数河图、九数洛书广布于世之后，这种观点即成为南宋以及后世的权威说法。

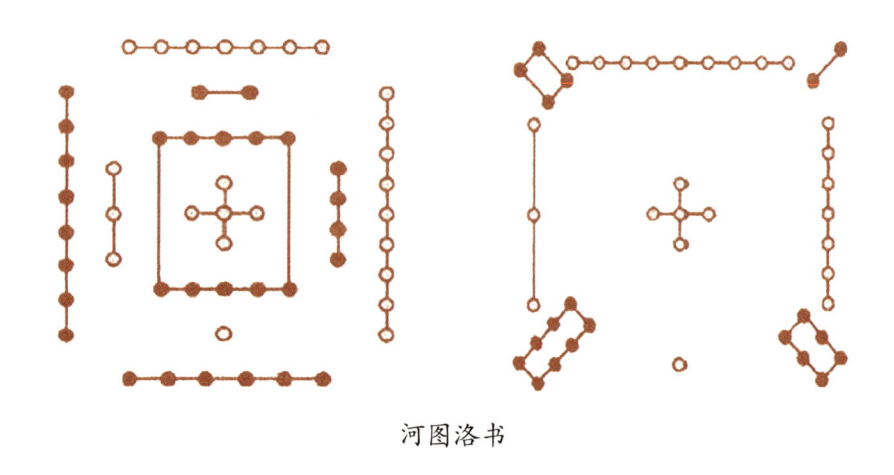

河图洛书

朱熹与蔡元定合著的《易学启蒙》将《本图书》作为第一篇，十数河图、九数洛书不仅被视为八卦的本源，而且被视为天地、时空、宇宙的生成结构。

朱、蔡认为，河图之数为十，数至十而全，为数之常、数之体；洛书之数为九，数之变始于一而终于九，为数之变、数之用。

朱、蔡还认为，河图象天，为圆形，其数为三、为奇；洛书象地，为方形，其数为二、为偶。朱、蔡还以此解释《周易·系辞传》"参（三）天两地"之道。

《易学启蒙·本图书》说：

> 河图以五生数统五成数而同处其方，盖揭其全以示人而道其常，数之体也；洛书以五奇数统四偶数而各居其所，盖主于阳以统阴而肇其变，数之用也。

第二章 穷宇宙造化之妙——象数派天道观

> 河图主全，故极于十，而奇偶之位均，论其积实，然后见……阴阳之数均于二十而无偏耳。

河图体现五行相生次序，洛书体现五行相胜次序。

河洛二图生数，一、三、五所处方位皆同，二、四所处方位不同，因而其成数七、九所处方位亦不同。洛书生数，二居西南、四居东南，河图生数，二居南、四居东。上述说明，阳不可变易而阴可变易。

《易学启蒙》还列有先天卦配河图、先天卦配洛书等图式，既说明河图、洛书是八卦的来源，也说明河图、洛书与八卦同是宇宙事物变易的结构。

① 先天卦配河图。《易学启蒙》主张："河图之虚五与十者，太极也。奇数二十，偶数二十者，两仪也。以一二三四为天，六七八九者，四象也。析四方之合，以为乾、坤、离、坎，补四隅之空，以为兑、震、巽、艮者，八卦也。"河图生数一、二、三、四，各加中五，为六、七、八、九，即四象老阳、少阴、少阳、老阴之数。四象生八卦，分北方一、六之数为坤卦；分南方二、七之数为乾卦；分东方三、八之数为离卦；分西方四、九之数为坎卦。其余各居四隅之位，则为兑、震、巽、艮四卦。艮卦之数由一、六北方分出，兑卦之数由二、七南方分出，震卦之数由三、八东方分出，巽卦之数由四、九西方分出。

② 先天卦配洛书。《易学启蒙》认为："洛书而虚其中，则亦太极也。奇偶各居二十，则亦两仪也。一二三四而含九八七六，纵横十五而互为七八九六，则亦四象也。四方之正以为乾、坤、离、坎，四隅之偏以为兑、震、巽、艮，则亦八卦也。"表明乾、坤、离、坎四正之位，左方为阳内阴外、阳长阴消，右方为阴内阳外、阴长阳消，象二气之交运。其以邵雍"先天八卦方位说"解释五行生成图，然其卦象与五行相配存有矛盾之处。在洛书中，一与九相对，二与八相对，三与七相对，四与六相对，其合数皆为十，故一含九，二含八，三含七，四含六，此为四象之数。四正之奇数生乾、坤、离、坎四正卦，四隅之偶数生兑、震、巽、艮四隅卦。其所配方位为效法河图所生之八卦方位，直到洛书九数，而虚其中五以配八卦。阳上阴下，故九数为乾，一数为坤，因自九而逆数之，震八，坎七，艮六，

为乾生三阳。又自一而顺数之，巽二，离三，兑四，为坤生三阴。以八数与八卦相配，则与先天之位相合。

蔡元定之子蔡沈的河洛学总体上是对其父河洛学的继承，但在有的观点上与其父并不一致，如其父主张"河圆洛方"，蔡沈则反对此说，认为河图"体圆而用方"，洛书"体方而用圆"，以作用言，则"河方洛圆"。蔡沈在《洪范皇极内篇》中说："数之方生，化育流行。数之已定，物正性命。圆行方止，为物终始。"认为洛书之数方生于一，由一而三，由三而九，主流行；河图之数已定于二，由二而四，由四而八，主定性。"圆行"指洛书，其用为圆，表示万物循环；"方止"指河图，其用为方，表示万物终止。

针对其父及朱熹的"河奇洛偶"说，蔡沈提出"河偶洛奇"说，认为河图之数为偶，洛书之数为奇。"河图非无奇也，而用则存乎偶；洛书非无偶也，而用则存乎奇。偶者阴阳之对待乎，奇者五行之迭运乎！对待者不能孤，迭运者不可穷。天地之形，四时之成，人物之生，万化之凝，其妙矣乎！"（《洪范皇极内篇》卷二）蔡沈从河图、洛书的作用立论，认为河图之数虽有奇，但奇偶之数的排列皆以阴阳相配，显示其用为偶；洛书之数虽有偶，但其奇数或居正位或居中位，体现了五行相生、相胜的顺序，显示其用为奇。河图之用为偶，故天地万物皆按阴阳之象相互对立；洛书之用为奇，故天地万物又按五行顺序相互流转。

蔡沈还提出"河静洛动""河象洛数"等观点。

所谓"河静洛动"，即河图为偶主静，洛书为奇主动。"天下之理，动者奇而静者偶，行者奇而止者偶。""数者，动而之乎静者也；象者，静而之乎动者也。动者，用之所以行；静者，体之所以立。"蔡沈以邵雍先天图解释河图，认为河图讲阴阳对待，属于静的范畴，静基于偶；以邵雍后天图解释洛书，认为洛书讲五行流转，属于动的范畴，动出于奇。

所谓"河象洛数"，即河图主象、洛书主数。蔡沈的以上观点，目的是说明卦象出于河图，九畴出于洛书；河图讲阴阳之象，洛书言五行之数；阴阳之象为偶，五行之数为奇。河图为《周易》系统，《周易》讲象，基于偶数；洛书为《尚书·洪范》系统，《尚书·洪范》讲数，基于奇数。河图主偶，偶为"象"之始；洛书主奇，奇为"数"之始。

蔡沈在《洪范皇极内篇》原序中说：

> 河图体圆而用方，圣人以之而画卦。洛书体方而用圆，圣人以之而叙畴。卦者阴阳之象也，畴者五行之数也。象非偶不立，数非奇不行。奇偶之分，象数之始也。
>
> 体天地之撰者，易之象；纪天地之撰者，范之数。数者始于一，象者成于二。一者奇，二者偶也。奇者数之所以行，偶者象之所以立。故二而四，四而八，八者八卦之象也。一而三，三而九，九者九畴之数也。

蔡沈认为，河、洛互为经、纬，象、数殊途同归。"数之与象，若异用也，而本则一；若殊途也，而归则同。不明乎数，不足以语象；不明乎象，何足以知数。二者可以相有，而不可以相无也。"（《洪范皇极内篇》原序）

蔡沈继承其父的象、数传统，又以数学观点研究河、洛，将河、洛视为数的本原和万事万物的基本原则。其讲河、洛、象、数在于说明天地万物的形成变化规律及其动态结构，较《易学启蒙》以河、洛说明象数筮法来源更进一步。

蔡沈的"河偶洛奇"说，实际上是将《周易》的"一阴一阳之谓道"归为奇偶二数之道，以奇偶二数为中心创造了一个世界的动态结构模式，以偶数说明对立，以奇数说明转化，将世界的存在和变化归于奇偶二数的相互作用。蔡沈认为，世界的规律是通过数字的法则表现出来的，物质的变化规律可以用数学的方式计算和推测，他肯定了物质世界的变化存在着量的规定性。蔡沈认为，河图主阴阳，洛书主五行，他以"阴阳五行说"作为自然科学的理论根据，又通过河洛图式将"阴阳五行说"进一步规范化、逻辑化，使之成为明清以来自然科学家解释数学、天文、地理、音乐、物理、医学等理论的哲学依据。

三、四象：天地间物事皆成四片

北宋著名数学家、理学大师邵雍依据《周易·系辞传》"是故《易》有太极，是生两仪，两仪生四象，四象生八卦"的生成法，拈出"四象"，将天、地、人所有事物按"四象"归了类，建立了四分宇宙结构图式。程颢将这种方法称为"加一倍法"（《外书》十二），即在"二"的基础上加一倍。朱熹说得更透彻——"康节以四起数，叠叠推去，自《易》以后，无人做得一物如此整齐，包括得尽。想他每见一物，便成四片了""康节其初想只是看得太极生两仪，两仪生四象，心只管在那上面转，久之理透，想得一举便成四片。其法，四之外又有四焉""它分天地间物事皆是四""先生说邵尧夫看天下物皆成四片"（《朱子语类·邵子之书》）。所谓"以四起数"，就是在阴阳"二"的基础上又分为阴、阳、刚、柔，或者太阳、太阴、少阳、少阴。

"四象"系统原本是《周易》的一分为二系统，一般认为，它与《老子》的"一分为三"系统有区别。四象本于两仪，两仪本于太极。淳一未分之"太极"才是宇宙的本源。《易传》立足于"二"，以一阴一阳作为"易"之"道"，而邵雍意识到光有阴阳还不足以较精细地说明宇宙事物之间错综复杂的关系，还不足以分析事物之间复杂的结构、功能及分合状态。受大衍筮法余数七、八、九、六共四数的启发，邵雍提出"一分为四"的分类结构法，以"四"为基数层层划分事物之间的属性、关系，建构了一个"四分"天地事物的理论框架。

"四"的框架一经确立，虽不再做"二"的分类，但"四"的框架里蕴含了"二"的精神。

邵雍《皇极经世书·观物内篇》开篇就说：

> 物之大者，无若天地，然而亦有所尽也。天之大，阴阳尽之矣；地之大，刚柔尽之矣。阴阳尽而四时成焉，刚柔尽而四维成焉。夫四时四维者，天地至大之谓也……天生于动者也，地生于静者也，一动静交而天地之道尽之矣。动之始则阳生焉，动之极则阴生焉，一阴一阳交而天之用尽之矣；静之始则柔生焉，静之极则刚生焉，一柔一刚交而地之用尽之矣。动之大者谓之太阳，动之小者谓之少阳，静之大者谓之太阴，静之小者谓之少阴。

邵雍依据《周易·说卦传》"立天之道曰阴与阳，立地之道曰柔与刚"的原则，将阴、阳、柔、刚看成天地两仪所生成的"四象"，天地两仪又由太极所生，太极介于一动一静之间，动生成天，静生成地。天地各生四象，构成八卦。天之四象为日、月、星、辰，暑、寒、昼、夜，地之四象为火、石、水、土，风、雷、雨、露。然后，邵雍进一步一层一层地分化"太极"。

邵氏的宇宙结构图表为：

太极								
动				静			
天				地			
阳		阴		刚		柔	
太阳	少阳	太阴	少阴	太刚	少刚	太柔	少柔
阳中阳	阴中阳	阴中阴	阳中阴	刚中刚	柔中刚	柔中柔	刚中柔
日	月	星	辰	火	石	水	土
暑	寒	昼	夜	风	雷	雨	露
性	情	形	体	飞	木	走	草
目	耳	口	鼻	气	色	味	声
元	会	运	世	日	岁	辰	月
皇	帝	王	霸	书	易	春秋	诗
夏	春	冬	秋	礼	仁	智	义

邵雍的宇宙结构图

邵雍后学张行成对邵雍的宇宙结构图做了解释："性属阳气，当暑则发舒；情属阴血，遇寒则凝聚。昼动作则形开，夜安肆则体纵。雨润湿，故走者趋下；风飘扬，故飞者腾上。"然后从属性、体用上对天之体、地之体及动物、植物做了归类："寒暑，天之阴阳；性情，用之阴阳。昼夜，天之柔刚；形体，用之柔刚。雨风，地之阴阳；走飞，体之阴阳。露雷，地之柔刚；草木，体之柔刚。"他由此得出结论："变化不同，各从其类也。"（《皇极经世索隐》）这个结论是说事物的万象都是按照以类相从的原则一一对应的。上图是一幅简明的事物分类结构图。

然而事物还有它们错综复杂的一面。邵雍认为，事物有"本象"，还有"变象"。如天分阴阳，地分柔刚，但天也有柔刚，地也有阴阳。日、月、星、辰和火、水、石、土可以分别从属于阳、阴、刚、柔，这就是"天中有地，地中有天"。就八卦"本象"而言，乾为日，兑为月，离为星，震为辰，巽为石，坎为土，艮为火，坤为水；就八卦"变象"而言，乾为日，兑为星，离为月，震为辰，巽为石，坎为火，艮为土，坤为水。因此，我们不可拘泥。

邵雍认为，"夫分阴分阳、分柔分刚者，天地万物之谓也"，因此又以阴、阳、柔、刚为四象划分万物，并且以本象、变象以及性情、体用等有规则的组合来描述四象宇宙结构。

阳	阴	刚	柔
日	月	星	辰
火	水	石	土
日日	日月	日星	日辰
月日	月月	月星	月辰
星日	星月	星星	星辰
辰日	辰月	辰星	辰辰
飞飞	飞走	飞木	飞草
走飞	走走	走木	走草
木飞	木走	木木	木草
草飞	草走	草木	草草

四象宇宙结构图

四象宇宙结构图是一张有规则可循又不可穷尽的结构图，虽然这种程式化的规则以及由此而编造出来的词语有牵强附会、生搬硬套之嫌，但其同构性、对应性、相似性、系统性思想，表达了邵雍作为一个哲学家为"建立哲学的正确的方法"，"构成一套思想的框架"，"坚定不移地探求用那套框架来解释经验"（英国哲学家怀特海语）的努力。

第二章 穷宇宙造化之妙——象数派天道观

以"框架"来建构自己的宇宙观正是《周易》以来中国哲学家所孜孜以求的。虽然邵雍的"四分法"遭到后世一些思想家（如黄宗羲、黄宗炎兄弟）的激烈批评，但却被后世象数学家高度推崇。如张行成赞之"数象浩大，义理奥深""《观物篇》立言广大、措意精微如《系辞》，然稽之以理，既无不通；参之以数，亦无不合"（《皇极经世索隐》）。蔡元定则赞叹（康节先生）"自秦汉以来，一人而已耳"。

我们今天研究这个宇宙结构图式，如果按照实证科学的方法，所得结论无疑是否定的，甚至觉得它荒诞不稽。但如果用哲学的眼光，从系统论、全息论的角度做一分析则会发现，它实际上蕴含了一种宇宙绵延、时空一体、万物可分类却不可分割的哲学理念，这对处于当今科技昌明时代的我们换一种思维方式去认识世界或许有一些启迪作用。

第三章

人文情怀与生命境界——象数派人道观

第三章 人文情怀与生命境界——象数派人道观

《易传》是一部阐释天人之道的经典，事物之理与性命之理合一，天道与人道并重，在论述方式上，它或以天道推断人道，或以人道反证天道。一般认为，《易传》之后，象数派和义理派在天道与人道的重心上出现了偏移。唐代李鼎祚在《周易集解·序》中说：

> 自卜商入室，亲授微言；传注百家，绵历千古，虽竟有穿凿，犹未测渊深。唯王（王弼）、郑（郑玄）相沿，颇行于代。郑则多参天象，王乃全释人事。且《易》之为道，岂偏滞于天人者哉！致使后学之徒，纷然淆乱，各修局见，莫辨源流。天象远而难寻，人事近而易习，则折杨黄华，嗑然而笑，方以类聚，其在兹乎！

认为王弼的义理之学"全释人事"，"人事近而易习"；郑玄的象数之学"多参天象"，"天象远而难寻"。在对义理与象数的评价上，前一句话说明两派的特点是一重人事，偏于人道，一重天象，偏于天道；后一句话则带有褒象数而贬义理的感情色彩。尽管如此，但李鼎祚仍然强调"《易》之为道，岂偏滞于天人者哉"，即天道与人道不可偏滞，自然主义和人文主义应该互补、并重。

现代有学者指出，象数派的易学过分强调自然之理而忽视人文之理，蔽于天而不知人，长于天学而短于人学；义理派的易学过分强调人文之理而忽视自然之理，蔽于人而不知天，长于人学而短于天学。[①]

这是就一般情况而言的。如果就汉、宋象数派各自的学说特征及学术目的看，汉代象数派虽然偏重天文之学，"多参天象"，但目的却在于以天道论人道，以阴阳灾异论人事吉凶，以卦占定人伦、明王道、宣扬五常伦理，表现了强烈的人文关怀和政治理想；宋代象数派则更是参合天人，避免天学与人学相割裂的弊端，或由太极以立人极，或由物理、自然之理而论心学、性命之学，从而建构了一个宇宙与人文同构同序的理论图式，表达了鲜明的人文价值理想。因此，我们有必要从人道观角度对象数派进行深入的研究，以给象数派一个全面而公正的评价。

[①] 余敦康《象数易学发展史·序》，齐鲁书社，1998年。

第一节　借卦占以定人伦明王道

以孟喜、京房为代表的汉代象数派提倡"卦气说",大讲节气、物候、天文、历法,看起来他们只讲天道不讲人道,实际上他们是借天道而讲人道,也就是说,其讲天道是途径,讲人道才是目的。

从唐代僧一行《卦议》记载的有关孟喜易学的材料看,孟喜只讲了卦爻配四时节气,没有讲人事伦常。不过,孟喜在易学上是一个"改师法"(皮锡瑞《经学通论·易经》)的里程碑式的人物,既对汉初儒家义理易学有所扬弃,又对战国取象占筮法做了修正。孟喜将当时的自然科学知识(天文、历法、物候等)融入易学,减少了易学的神秘色彩,增强了易学的人文理性。虽然孟喜也讲阴阳灾异,但因为吸收了当时的科学知识,所以已大大不同于占筮取象的主观性、任意性。虽然孟喜没有直接讲人事伦常,但从其以卦气解《易》的目的看,却是讲人事的吉凶祸福以及怎样避凶趋吉。

到了京房,则直接提出"易"的目的就是"考天时,察人事",就是"定人伦,明王道",不仅将"易"看成一种占筮之学,更看成一种天人之学。为了建立一种大一统的封建中央集权新秩序,京房提出需要"神道设教"以匡其主。《京氏易传》卷下说:

> 故易所以断天下之理,定之以人伦而明王道。八卦建五气,立五常,法象乾坤,顺于阴阳,以正君臣父子之义……六爻上下、天地阴阳、运转有无之象,配乎人事。八卦仰观俯察在乎人,隐显灾祥在乎天,考天时察人事在乎卦。

京房的易学突破了其师焦延寿以及其师祖孟喜(孟为焦之师)的筮法体系,不仅最大限度地吸收了干支、五行、历法、物候、天文、星象等当时已有的自然科学知识,而且创立了一套完整的由天时而考察人事的筮法体系，即融合了甲子五行、世应游归的八宫卦体系。在这套体系中，表示社会关系的六亲——父、子、兄、弟、夫、妇[①]，被归纳为五种关系，即生我、我生、克我、我克、比肩（不生不克）。具体地说就是，生我者父母（京房又称为"天地"），我生者子孙（京房又称为"福德"），克我者官鬼（京房又称为"鬼"）；我克者妻财（京房又称为"财"），比肩者兄弟（京房又称为"同气"）。受《淮南子·天文训》"子生母为义，母生子为保（宝），子母相得为专，母胜子曰制，子胜母曰困"的母子生克思想影响，京房对六亲与六爻的关系做了说明：

> 八卦鬼为系爻，财为制爻，天地为义爻，福德为宝爻，同气为专爻。（《京氏易传》卷下）

京氏对"六亲"的属性做了规定。所谓"系"即《淮南子》所说的"困"，是束缚的意思；"制"是制约的意思。"系"为被动，"制"为主动。"义"与"宝"皆说明相生。京氏以父母（天地）为"义"，《淮南子》以"子生母"为"义"；京氏以子孙（福德）为"宝"，《淮南子》以"母生子"为"保"（即"宝"）。

在京房看来，卦是本位，是"我"；爻是关系位。爻与卦的关系，无外乎"生我""我生""克我""我克""比肩"（同我）五种。这五种关系，实际上是五行相生相克思想的体现。京氏将卦和爻都做了"五行"的规定，这样"六亲"关系就自然地形成了。

以乾卦为例。乾卦为本位的"我"，在五行中属金，六个爻则视其所配地支的五行属性与它的关系而定，如第一爻为子，属水，子水与乾卦"我"金的关系是：我（金）生子孙（水），故第一爻为子孙，其他五爻依此类推：

乾金（我）

戌土——父母（天地—义爻）

申金——兄弟（同气—专爻）

午火——官鬼（鬼—系爻）

[①] 王弼《周易·家人》注："父父、子子、兄兄、弟弟、夫夫、妇妇，六亲和睦，交相爱乐。"

辰土——父母（天地—义爻）
寅木——妻财（财—制爻）
子水——子孙（福德—宝爻）

《周易》六十四卦三百八十四爻通过五行被一一配上六亲，构成了一个家庭、宗法、社会关系网。确立关系网是为了筮占的需要。京房冲破了《周易》卦爻辞所既定的吉凶规则，抛弃了文字的束缚，用自己发明的方法另外创造了一套吉凶规则。虽然这套规则有人为因素和程式化、僵化的缺点，但它强调事物之间的关系，凭借的是严密的逻辑推理，在思维方法上还是有一定合理性的。尤其，它关注人事吉凶，蕴含着趋吉避凶的思想，是有积极意义的。

此外，京房还把一卦六爻分成六等，各以人事比拟，初爻为元士，二爻为大夫，三爻为三公，四爻为诸侯，五爻为天子，上爻为宗庙。从六爻的"世应说"看，"世"与"应"是不确定的，不同的卦爻有不同的规定，而从元士到宗庙的等级是固定的，这样就可能元士居世、大夫居世、三公居世……从而构成复杂的关系，反映社会人伦中不同等级的不同作用及其相互关系。京氏正是以此注解《周易》卦爻辞的：如初爻元士居"世"，四爻诸侯在"应"，为"尊就卑"，因为元士为卑但为主，诸侯为尊反为辅。如四爻诸侯为阳爻，则"坚刚在上，阴气处下"（《京氏易传》姤卦注）；如四爻诸侯为阴爻，则"素尚居高，侯王无累"（《京氏易传》贲卦注）。上述注解表明了京氏正人伦、明王道、调节社会矛盾、追求政治秩序的人文理想。

事实上，京房不只是一个易学家、象数学家，而首先是一个儒者，有着强烈的人文情怀。京房的事迹被班固列入《汉书·儒林志》。京房因以阴阳灾异推论时政而受到皇帝赏识，但也正因以阴阳灾异劾奏权臣石显而遭谮害被处死。可见，他言阴阳灾异是手段，匡正时弊、推论时政才是目的。

第二节　五常伦理与政治神学

如果说京房将《易》看成"经天地、理人伦而明王道""立五常""顺阴阳以正君臣父子夫妇之义"的天人之学，表达了象数学家的人文精神，那么《易纬》则再一次强化了这一精神，进一步宣扬了儒家政治伦理主张，并企图将它变成一种神学宗教。《京氏易传》还属于经学范畴，《易纬》则具有神学特色。

《易纬》言九宫、卦气，不仅是时空合一理念的体现，而且是人伦纲常、治国安民政治理念的反映。

1."不易"的社会等级位序

《易纬》提出"三易"说，即变易、简易、不易。《易纬·乾凿度》认为："《易》者，易也，变易也，不易也。管三成为道德苞籥。"郑玄解释："易简一也，变易二也，不易三也。"（《易简》）易道兼有的这三义（意义），是道德的纲要和关键。

所谓"变易"指：

> 变易也者，其气也。天地不变，不能通气。五行迭终，四时更废。君臣取象，变节相和……君臣不变，不能成朝……夫妇不变，不能成家。（《易纬·乾凿度》）

《易纬》以气运、五行、四时的变化说明"易"的变化，又认为天地关系、君臣关系、夫妇关系均处于变易之中。其列举殷纣行酷虐、周文王讨伐、周武王灭殷推动历史发展的例子以说明人道变易的必然性。

所谓"简易",又称"易简",《易纬·乾凿度》的解释是:

> 通情无门,藏神无内也。光明四通,仿易立节……不烦不挠,淡泊不失。

"仿易",《周易正义·序》引作"简易",意为《易》的德行在于无心无为、清净淡泊。这种德行不仅作用于天道,照耀天地、分布日月星辰、运行四时五节、调列音律历法,而且作用于人道,作用于君主治理国家、统治天下。这一点在《易纬》提出的"不易"说中得以展开。

所谓"不易",《周易》并没有提到,为《易纬》首次提出。《易纬·乾凿度》的解释是:

> 不易也者,其位也。天在上,地在下;君南面,臣北面;父坐子伏,此其不易也。故易者,天地之道也,乾坤之德,万物之宝。至哉!易一元以为元纪。

可见,"不易"是针对天地的上下秩序和君臣、父子的社会地位而言的,主要指封建社会的等级秩序、尊卑地位是不容改变的。

从表面上看,"变易"和"不易"是一对矛盾,其实,在"理人伦而明王道"的总纲之下它们是统一的。"变易"是就改变纷乱的社会等级秩序而言的,"不易"是就维持正常的社会等级秩序而言的,因而"变易"和"不易"并不矛盾,只是立论的视角不同罢了。

《易纬》的"三易"说对后世影响很大,不论象数派还是义理派,大多采用此说。

就义理派而言,唐代孔颖达即将此说引入其《周易正义·序》中;宋代程、朱依《易》有"不易"说提出"阴阳定位""天不变,道亦不变"的形而上学,从而将儒家伦理本体化、形上化。

就象数派而言,采用"三易"说的主要是东汉的郑玄。郑玄系统地解释了《易纬》,对"三易"说做了发挥,认为"易道统此三事,故能成天下之道德"。五行迭终、四时更废的"变易"之道必然反映为社会进步、朝代变更的历史发展之道,"天道如之,而况于人乎?"尊卑贵贱的社会秩序、等级地位作为"不易"之道是"天地之元,万物所纪"。"天地阴阳,尚有先

第三章 人文情怀与生命境界——象数派人道观

后尊卑次序,而况人道乎?"

2. 八卦、九宫、五行数与五常伦理

值得注意的是,《易纬》及郑玄无论言卦气、爻辰还是九宫、卦位,目的都是正人伦、明王道,因而都配上了仁、义、礼、智、信五常,以说明一年气候的变化及九宫数理方位的变化皆体现了人伦之道。《易纬·乾凿度》说:

> 孔子曰:八卦之序成立,则五气变形。故人生而应八卦之体,得五气而为五常,仁义礼智信是也。

接着,它以《周易·说卦传》"帝出乎震"的位序(北宋邵雍称它为"后天文王八卦"位序)分别配上五常:东方震卦为仁,南方离卦为礼,西方兑卦为义,北方坎卦为信,中央为智。乾、坤、艮、巽四卦在四维,"夫四方之义,皆统于中央","中央所以绳四方也"。《易纬·乾凿度》总结说:

> 故道兴于仁,立于礼,理于义,定于信,成于智。五者道德之分,天人之际也,圣人所以通天意,理人伦而明至道也。

将仁、义、礼、智、信看成人伦纲常、治国之道。

《易纬》将易数——天地之数,以及卦爻数与九宫数、五行生成数结合起来,是对刘歆《三统历》"易数五行说"的发展。其九宫数按八卦的方位排列,在八方为八宫,在中央为中宫。其中,四正位左东为三、右西为七、上南为九、下北为一,分别为木、金、火、水,配上五德,分别为仁、义、礼、信;中宫为土,配智。九宫数图在宋代,被刘牧称为"河图",被阮逸、朱熹、蔡元定称为"洛书"。

郑玄进一步揭示了九宫数图的人伦意义,以"父母六子"之义解释九宫数的流转过程:"是以太一下九宫从坎宫始,坎,中男,始亦言无适也;自此而从于坤宫,坤,母也;又自此而从震宫,震,长男也;又自此从巽宫,巽,长女也;所行者半矣,还息于中央之宫;既又自此而从乾宫,乾,父也;自此而从兑宫,兑,少女也;又自此从于艮宫,艮,少男也;又自此从于离宫,离,中女也;行则周矣。"(《易纬·乾凿度》)这个流转过

091

程可简述为：

坎一中男→坤二母→震三长男→巽四长女→中五→乾六父→兑七少女→艮八少男→离九中女

为什么要从"中男"开始到"中女"结束？郑玄解释："因阴阳男女之偶为终始，云从自坎宫必先之坤者，母于子养之勤劳者；次之震，又之巽，母从异姓来，此其所以敬为生者；从息中而复之乾者，父于子教之而已，于事逸也；次之兑，又之艮，父或老顺其心所爱，以为长育多少大小之行已，亦为施此数者，合十五言有法也。"（《易纬·乾凿度》）说明从家庭伦理看，这个流转次序符合父母教养、子女代劳之理。

对五行生成数，《易纬》将《尚书·洪范》"一曰水，二曰火，三曰木，四曰金，五曰土"的五行次序改变为水、木、火、土、金的相生次序，以解释《周易》的"天地之数"。《易纬·乾凿度》说："天本一，而立一为数源，地配生六，成天地之数，合而成性，天三地八、天七地二、天五地十、天九地四，运五行，先水，次木生火，次土及金。"

郑玄依据《尚书·洪范》解释五行生成数："数者，五行佐天地生物成物之次也……而五行自水始，火次之，木次之，金次之，土为后。木生数三，成数八，但言八者，举其成数。"（《礼记正义·月令》引）又以五行生成数解释天地（奇偶）之数，"天地之气各有五。五行之次，一曰水，天数也；二曰火，地数也；三曰木，天数也；四曰金，地数也；五曰土，天数也。此五者阴无匹，阳无偶，故又合之。地六为天一匹也，天七为地二偶也，地八为天三匹也，天九为地四偶也，地十为天五匹也。"（《春秋左传注疏》引）

早于郑玄的扬雄即以五行生成数解天地数，并与五德相配——"三八为木，为东方，为春……性仁"，"四九为金，为西方，为秋……性谊（通'义'）"，"二七为火，为南方，为夏……性礼"，"一六为水，为北方，为冬……性智"，"五五为土，为中央，为四维……性信"。

五行生成数——天地阴阳数图在宋代，被刘牧称为"洛书"，被阮逸、朱熹、蔡元定称为"河图"。

将八卦方位、九宫数、五行生成数（天地阴阳数）与五常配合，图示如下。

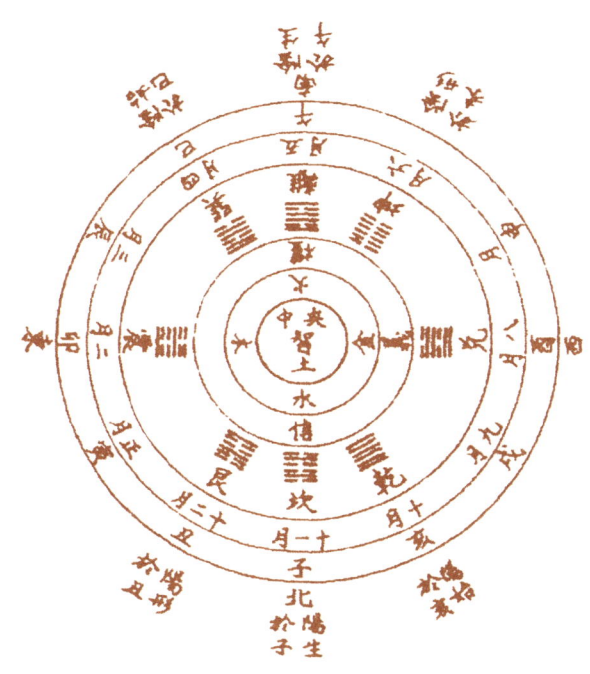

第三章 人文情怀与生命境界——象数派人道观

作为一部具有浓厚神学色彩的谶纬之书或政治神学之书，《易纬》与其他纬书一样，目的是宣传天人感应、阴阳灾异、等级伦常，以强化统治阶级的意志，维持并完善封建政治体制。这一点在上述"不易"之义与五常规定中已有说明。此外，《易纬》还提到一些图式，如河图、洛书与帝王、圣人受命图表等。

八卦、九宫、五行、五常图

《易纬》反复宣扬，在帝王、圣人兴起之时，天必降祥瑞，河图、洛书即一种祥瑞。《易纬·乾凿度》说："帝王始起，河洛龙马皆察其首。"《易纬·是类谋》说："河龙洛图龟书，圣人受道真图者也。""圣人起有八符，运之以斗，税之以昴，五七布舒，河出录图，洛授变书。"《易纬·乾凿度》说："圣人受命，瑞应先见于河。"《易纬》将河图、洛书看成王者受命的象征。但河图、洛书究竟是什么样子，《易纬》并没有说明。尽管《易纬》一面大谈河图、洛书，一面又大谈九宫数（图）、五行生成数（图），但并没有将两者结合起来。在《易纬》看来，帝王受命是天意，为此《易纬·乾凿度》《易纬·稽览图》还编造了一个帝王受命图表，该图表以易卦为次序，十二辟卦和六子卦表示在三万一千九百二十年中，帝王录图受命，易姓三十二纪（一本作"四十二轨"）。

河图、洛书和帝王受命图表、轨数，构成了一个比董仲舒的"天人感应说"更为精致、庞大的神学系统。它固然是为了迷信百姓而强化帝王受命的合理性、神圣性，但从另一个角度看，它对君主的权力意志又是一种制约和削弱，因为包括君主在内，所有人都必须按照八卦之气、九宫五行之数、盈虚生克之轨度行事，如有违背，必然灭亡，而灭亡之前同样也有征兆，那就是八卦之气不应。《易纬·是类谋》专门讲了八卦之气与朝代兴衰、君主兴废的必然联系，告诫君主，不可逆气而动，否则就会出现灾异，天下就不得太平，君主本人也会遭报应，从而以神学作为工具，劝勉君主行正道、治国平天下，也劝勉百姓遵循五德伦理、趋吉避凶。

第三节　从太极到人极

由天道论及人道、由人道反证天道的逻辑思路，宇宙论与人生论同构同序的哲学观念，经过汉代象数学家的推衍，得以进一步模型化。到了宋代，作为天道的"太极"和作为人道的"人极"被周敦颐巧妙地融入一篇二百六十多字的《太极图说》中：

无极而太极[1]。太极动而生阳，动极而静；静而生阴，静极复动。一动一静，互为其根。分阴分阳，两仪立焉。阳变阴合而生水火木金土。五气顺布，四时行焉。五行，一阴阳也；阴阳，一太极也。太极本无极也。五行之生也，各一其性。无极之真，二五之精，妙合而凝。乾道成男，坤道成女。二气交感，化生万物，万物生生而变化无穷焉。唯人也得其秀而最灵。形既生矣，神发知矣，五性感动而善恶分，万事出矣。圣人定之以中正仁义（圣人之道仁义中正而已矣）而主静（无欲故静），立人极焉。故圣人与天地合其德，日月合其明，四时合其序，鬼神合其吉凶。君子修之吉，小人悖之凶。故曰立天之道曰仁与义。又曰原始反终，故知死生之说。大哉易也，斯其至矣！（《周子

---

[1] 依据朱熹改定本，《宋史·周敦颐传》、朱震《汉上易传·卦图》等同此。朱熹以前的多种版本该句作"无极而生太极"或"自无极而为太极"。

第三章 人文情怀与生命境界——象数派人道观

全书》卷一）

通观这篇《太极图说》不难看出，《周易》作为主体思想，对周敦颐以太极图构建宇宙图景起了决定性作用。《周易》好比一根红线，把儒、道、释三家思想串在一起，《太极图说》反映了这个特点。这里既有儒家"中正仁义""立人之道曰仁与义"的思想，又有佛老二氏"无欲""主静""无极"的思想，周敦颐通过"易学"将三家巧妙地融合在一起，开创了宋明理学的先声，奠定了宋明理学的理论基础。

这是一幅优美和谐的宇宙人文模式图：

天道：无极→太极→阴阳→五行→四时→万物→人

人道：形神→五性→善恶→万事

在朱震所进的周敦颐太极图中，从上往下，首层图为"无极"图，具有"阴静"的特性。

第二层图为坎、离相抱图，中央小白圈为"太极"，太极居于无极之下，表示"无极而太极"，从无极到太极有一个时间过程，"太极"具有"阳动"的特性。而在朱熹改定的图中，"阳动"与"阴静"处于平行位置，分别置于第二层坎、离相抱图的左边和右边。左边"阳动"为二阳一阴（白黑白），表示阳中有阴。"太极"动首先生阳，但阳不是纯阳，而是含有阴的因素；动也不是纯动，而是含有静的因素。故左边的"阳动"为二阳一阴（白黑白）。阳动到极点便生静，静便产生阴，即左边的"阳动"转变为右边的"阴静"。同样，阴静也不是纯阴纯静，而是含有阳的因素和动的因素，故右边的"阴静"为二阴一阳（黑白黑）。阴静到极点复转为阳动。"一动一静，互为其根"，动静互为条件，互相依存，循环不已。"分阴分阳，两仪立焉。"阴阳两仪随太极的动静而产生，天地两仪也随之产生。"两仪"指天地，也指阴阳。

第三层图为五行图。阴阳二气的变化可产生五行之气，"阳变阴合"指阴阳二气相互作用、相互唱和，这就是朱震所进图中第二层与第三层交接之处的"阳动"小圈，虽只有"阳动"一小圈，实则"阴合"，即阴气与之配合，于是产生"五行"，即第三层五行图（又称"三五至精图"）。按"五行学说"，天的阳气变动生出水，地的阴气配合生出火，水火又归于土，土又产生金和木。五气顺布流行，并主管四时——木、火主春、夏，居左方；金、水主秋、冬，居右方；土居中央，而分主四时之末。土主四个季月，即三、六、九、十二月的末十八日，共七十二（4×18=72）日。五行既生，各含阴阳太极，"五行，一阴阳也；阴阳，一太极也。太极本无极也"。这是对上文从"无极"到"五行"的生成过程的逆向总结，也说明它们的根本性能是一致的。

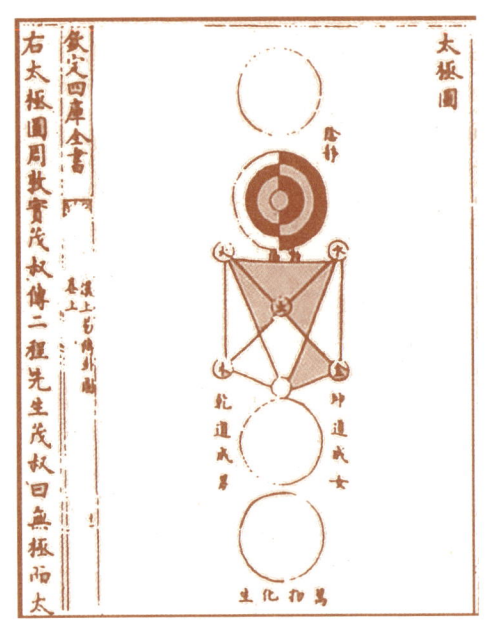

第四层图，"乾道成男"居左，"坤道成女"居右。这是由"无极之真，二五之精，妙合而凝"形成的，"二"指阴阳，"五"指五行，加上"无极之真"，共为八种要素，微妙地凝聚在一起而形成男女。乾阳之道成男，坤阴之道成女。乾主生成，坤主长育。"男""女"则分别是表示"天、日、春、夏、火、木、男"等阳性事物和表示"地、月、秋、冬、水、金、女"等阴性事物的合称。

周子太极图

最下一层图，"万物化生"，由男女二性相互交感而产生万物。"二气交感，化生万物，万物生生而变化无穷焉。"这里的男女二性已泛化为阴阳二气，二气的交感流变使万物的变化无穷无尽。

从"太极"到"万物"的生成顺序反映的是宇宙形成的过程，又隐含对人文世界最高价值根源的探讨。周敦颐巧妙地将"太极"和"人极"结合在一起，从"太极"本元回到"人极"现实，从自然宇宙回归人类精神道德世界，体现了一个儒家学者的人文关怀。人禀受阴阳之气而有形体和精神，禀受五行之气而有五常之性。五常之性相互感动则形成善恶。圣人应当"立人极"。所谓"立人极"，就是要"仁义中正""无欲""主静"。"仁

第三章 人文情怀与生命境界——象数派人道观

义中正"是儒家传统的道德精神，"仁义"沿用孔孟的原始义项，"中正"由《易传》引申而来，另"中"又出自《中庸》。周敦颐赋予"中"以人性意义，赋予"正"以道德意义（道德上的公正无私）。"仁义中正"源于二五之精，"仁"源于阳，源于木；"义"源于阴，源于金；"中"源于火；"正"源于水。它们又都源于"太极"。要实现"仁义中正"的道德标准，就要从修身做起。"君子修之吉，小人悖之凶。"修身的基本要求和重要方法就是"无欲"。只有"无欲"才能达到"静"的境界，而"静"正体现了"无极之真"。

圣人"立人极"还要效法天地、日月、四时、鬼神四合（即《周易·文言传》提出的"四合"："与天地合其德，与日月合其明，与四时合其序，与鬼神合其吉凶。"），要参合天道、地道、人道三极之道，即参合阴阳、柔刚、仁义之道。只有明白宇宙万物化生的法则、自然万物周而复始运动变化的规律，才能了解人类生死之谜。"原始反终"既是宇宙自然世界演变的大法则、大规律，也是人生人心世界演变的大法则、大规律。这正是《周易》的智慧之巅！

周敦颐太极图将"无极""太极""人极"的演化过程和人文意义世界的道德法则融为一体，将宇宙生成论、本体论与人生价值形而上学融为一体，揭示了由天道推衍人道又回归天道，由宇宙自然世界观照人文人伦世界又反观宇宙自然世界的生动、和谐、统一、简单的大规律。

周敦颐《太极图说》虽没有逐句解释《周易》，但却是对《周易》范畴命题的最凝练、最精彩的诠释和引申。其以《周易》"太极"为最高范畴，以阴阳、五行为引申范畴，并直接引用了《周易·文言传》的"四合"说、《周易·说卦传》的"三立"说及《周易·系辞传》的"原始反终"说。周敦颐解《易》，不仅采用形象化的图式，而且运用取象的方法，阴阳、五行、气都是"象"。周敦颐以这些特殊的"象"解说"太极"，并从"象"出发，在"象"的基础上论述"仁义中正"的"人极"之理。

第四节　作为人伦图景的河图洛书

"图书"之学原本是被宋代象数学家（无论刘牧的"图九书十"派还是阮逸、朱熹、蔡元定的"图十书九"派）用来解释《周易》进而建构宇宙图式的，因为宋代象数学家继承了汉代象数学家以天道论人道、以宇宙论人事的传统，所以河图、洛书又成为建构人伦、人生、人性的理论图式。

刘牧《易数钩隐图》在列出天地数生成图、四象八卦图之后，还画了一张"人禀五行图"（第三十三图），这张图实为刘牧"洛书"的雏形。图上方为四黑点，为离象也，在人为心，五常为礼；下方为五白点，为坎象也，在人为肾，五常为智；左边为五白点，为震象也，在人为肝，五常为仁；右边为四黑点，为兑象也，在人为肺，五常为义；中央为十黑点，分处南北东西则中央之土，在人为脾，在五常为信。刘牧认为，人具有五行之性，"至于人之生也，外济五行之利，内具五行之性"，五行之性为"木性仁，火性礼，土性信，金性义，水性智"。五行生成数图为龟负的洛书，龟为"圆首方足，最灵于天地之间者，蕴是性也。人虽至愚，其于外也，日知由五行之用；其于内也，或蒙其性而不循五常之教者，可不哀哉"，强调人应当遵循洛书五行——仁、义、礼、智、信五常之教。

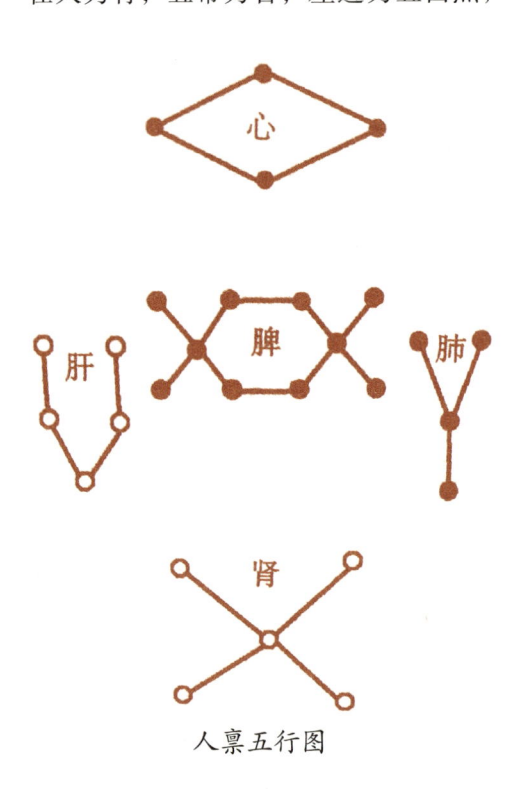

人禀五行图

第三章 人文情怀与生命境界——象数派人道观

刘牧对《易》六画（六根爻）而成卦做了解释，认为六爻蕴含天、地、人三才之道，《易传》谓上二爻为阴与阳的天之道，下二爻为柔与刚的地之道，中二爻为仁与义的人之道，实则上下四爻亦含人之理，圣人作《易》目的即顺性命之理，"若夫六爻皆有人事者，为人伦则天法地之象，故初上皆包人事之义耳"（《易数钩隐图》）。

河图、洛书不仅是刘牧用来表述阴阳二气、五行生成、时空过程、天地运动的图式，而且也是他用来阐述人事变化、人伦之德的图式。如在刘牧看来，"《书》之九畴，唯五行是包天地自然之数，余八法皆是禹参酌天时人事类之耳""至于通神明之德，与天地之理，应如影响"，认为天道与人事如同形与影、声与响的关系，"圣人之无心与天地一者也"。虽然刘牧很少直接论人道、人事，但从其对天道的论述中不难推出人道、人事。

到了南宋，尽管蔡氏父子与刘牧"洛十河九"的观点不同，但他们以河图、洛书为天道与人道共同图式的基本认识却是完全相同的。

蔡元定在与朱熹合著的《易学启蒙》一书中，以十数河图为五行生成图，体现五行相生的顺序；以九数洛书为九宫图，体现五行相胜的顺序。他们认为河洛之数是八卦的来源，包含天地之理，"其实天地之理一而已矣。虽时有古今先后之不同，而其理则不容于有二也"。这个"理"不仅是天地自然之"理"，而且也蕴藏人生人心之"理"。这个"理"就是河洛之"数"。对于这一点，蔡沈还进一步做了说明：

> 先君子曰：洛书者，数之原也。……上稽天文，下察地理，中参人事古今之变，穷义理之精微，究兴亡之征兆，微显阐幽，彝伦攸叙，秩然有天地万物各得其所之妙。（《洪范皇极内篇》原序）

天文、地理、人事合成一"理"，"天地之所以肇，人物之所以生，万物之所以得失者"，皆由"数"定。"数者，彝伦之序也""数者，礼之序也"，这个"数"就是人的伦常及礼仪的法则、次序，即人道。"是故欲知道，不可以不知仁；欲知仁，不可以不知义；欲知义，不可以不知礼；欲知礼，不可以不知数。"（《洪范皇极内篇》）由此可见，河洛之"数"实为天地、人伦之"道"的体现。

蔡沈引用邵雍的话："性者，道之形体也。道妙而无形，性则仁义礼智具而体著矣。""性"是"道"的体现,"道"是"性"的本体,这个本体是无形的,只有具备了仁、义、礼、智的本性,才能彰显出"道"的本体——"非性无以见道"。蔡沈解释了"道""理""数"的关系——"明理而后可与适道,守理而后可与治民,达理而后可与言数。非理之道,老佛之道也;非理之治,荒唐之说也;非理之数,京房郭璞之技也"。蔡沈认为,"理"是实践"道"的基础,也是谈论"数"的前提;这个"理"不是道家、佛家的"理",而是儒家的"纲常伦理";这个"数"不是京房、郭璞的"术数",而是仁、义、礼、智的"理数";只有明达了这样的"理数",才能"适道""见道"。

蔡沈所言之"数"指洪范数,实则包括河图洛书数、天地之数、五行之数以及皇极之数、九九圆数、方数、行数、积数等。

蔡沈是继邵雍之后,以洪范数、河图洛书数言人道、人伦、人性最系统、最深刻的象数学家。

第五节　先天心法与性命之学

　　一物其来有一身,一身还有一乾坤。
　　能知万物备于我,肯把三才别立根?
　　天向一中分体用,人于心上起经纶。
　　天人焉有两般义,道不虚行只在人。

这首诗是北宋象数派易学家邵雍写的,题目叫《观易吟》,收在《伊川击壤集》卷十五。这是一首既有博大、舒放的宇宙胸怀,又有高远、深刻的人生意境的诗作,是作者参透宇宙人生,观"易"见"道"的智慧流露。它把《易》的三才之道、天人之学归结到"一"和"心"这两个字上。天人合"一"、体用归"一"、乾坤见"一","一"就是"易",就是"道",就是乾坤之"理",而这个天人一统的"道"恰恰就在人的"心"中。

第三章 人文情怀与生命境界——象数派人道观

邵雍不仅是宋代象数派的代表，而且是"宋易"之区别于"汉易"的开风气式的人物。他不仅建构了一套缜密的、系统的宇宙论图式，而且将它合理而又自然地与人道观、生命观融为一体，从而形成了他的物理之学与性命之学合一的"先天易学"。

同为北宋理学派大师的程颢称赞邵雍之学为"内圣外王之道"。的确，邵雍的人文情怀和宇宙意识、安乐精神和真善境界，不仅对后世易学家、理学家产生了重要影响，而且对俗人也有着指导、借鉴的意义。

一、天人相为表里，推天道以明人事

天学和人学的问题是邵雍象数哲学的基本问题。邵雍在《皇极经世书·观物外篇》说："学不际天人，不足谓之学。"他把易学分为两类，一类是研究物的，即"天学"，又称"物理之学"；另一类是研究人的，即"人学"，又称"性命之学"。合而言之即"天人之学"。邵雍还用了两个概念："先天之学"与"后天之学"。"先天之学"是研究天道自然的，相当于"天学"；"后天之学"是研究人道名教的，相当于"人学"。

在对待天人的关系上，学术界一般认为，儒家偏向人道，道家偏向天道；义理易学派偏向人道，象数易学派偏向天道。我认为象数易学派并未割裂天人，而是天道与人道并重，邵雍即儒道互补（或内儒外道）、天人并重的集大成者。

天道与人道、天学与人学、先天的物理之学与后天的性命之学，被邵雍巧妙而自然地融进他的易学中。他在《皇极经世书·观物内篇》中说：

> 天与人相为表里。天有阴阳，人有邪正。邪正之由，系乎上之所好也。上好德则民用正，上好佞则民用邪。邪正之由有自来矣。
>
> 夫分阴分阳、分柔分刚者，天地万物之谓也；备天地万物者，人之谓也。
>
> 天地人物则异矣，其于道则一也。

邵雍引用《易传》"立天之道，曰阴与阳；立地之道，曰柔与刚"的"天道"观，将"天道"归结为阴阳、柔刚；同时继承并改造了《易传》"立人之道,曰仁与义"的"人道"观,将人道归结为"正邪","仁"与"义"均为"正"的范畴,与之相对的则是"邪"。在邵雍看来,人之正邪与天之阴阳、柔刚是互为表里的关系,虽然各自的表现千差万别,但都统一于"道"中。正邪来源于君主的好德、好佞,君主的好德、好佞又是天道崇阳、崇阴的折射。

就天道与人道的地位而言,从表面上看,邵雍似乎更重天道,他不仅将自己的著作称为"观物篇",以"观物"为认识天道的重要思维方法,而且将人看成物——"天"的一分子,认为"盈天地万物者唯万物"。实际上并不是这样的。邵雍推天道是为了明人道,从立论路径上看,他是先论天道后论人道,先论先天后论后天,先论物理后论性命。人道、后天、性命才是邵雍的立论目的,天道、先天、物理不过是邵雍的立论根据。用邵雍的话说,它们之间是"体用"关系,先天为"体",后天为"用",虽然后天从属于先天,但后天阐发的人性、人道却高于先天的物性、天道。(这里的"先天"与"后天"是相对关系,邵雍又把"先天"与"后天"统称为"先天之学"。)先天与后天是体用不离、相含相依的。"体"者言其对待,"用"者言其流行。"体用"是一个统一的天人之"道"的两个不同方面,同时又是一个统一的"道"的变化过程的两个不同阶段。

邵雍将宇宙演化的历史过程以唐尧时期为界分为两段,唐尧以前为先天,彼时是宇宙自然史时期,还没有人文、社会、主观等因素的参与,还没有人事之"用",只有天然之"体";唐尧以后为后天,彼时已有人文等因素的参与,有了人事之"用",进入了人类文明史时期。

根据这种划分,邵雍对儒家和道家做了评价,指出老子为得《易》之体,孟子为得《易》之用。

今人余敦康先生认为,道家的物理之学着重于研究宇宙的自然史,可称为"天学",对先天之"体"有独到的体会;儒家的性命之学着重于研究人类的文明史,可称为"人学",对后天之"用"阐发得特别详尽。老子有天学而无人学,孟子有人学而无天学。尽管老子和孟子学派、门户不同,分属道儒两家,仍是体用相依,并未分作两截,道家的"天学"与儒家的"人学"会通整合而形成一种互补性的结构,统摄于《易》之体用而归于一元。邵雍称物理之学即自然科学为"天学",性命之学即人文科学为"人学",在物理之学上推崇道家,在性命之学上推崇儒家,超越了学派门户之见,从儒道互补的角度来沟通天人,他的这个做法是和《周易》的精神相符合的。[1]

邵雍对"天"和"人"以及"天道"和"人道"做了多角度的界说,其《皇极经世书·观物外篇》说:

> 自然而然者,天也;唯圣人能索之。效法者,人也。若时行时止,虽人亦天也。
>
> 元亨利贞,变易不常,天道之变也;吉凶悔吝,变易不定,人道之应也。
>
> 天变而人效之,故元亨利贞,《易》之变也;人行而天应之,故吉凶悔吝,《易》之应也。
>
> 自乾坤至坎离,以天道也;自咸恒至既济未济,以人事也。
>
> 《易》之首于乾坤,中于坎离,终于水火之交不交,皆至理也。

他认为自然的、非人为的是"天",效法自然之道、参与人为意识的是"人"。就《周易》而言,上经言天道,下经言人事。元、亨、利、贞四德配春、夏、秋、冬四时,反映了天道四时以及自然万物的变易流行;吉、凶、悔、吝反映了人事的变化规律。天道和人事相互对应,"先天而天弗违,后天而奉天时"《周易·文言传》,奉天时则吉,违天时则凶,元、亨、利、贞四德各包含吉、凶、悔、吝四事,吉、凶、悔、吝四事又对应元、亨、利、贞四德。

邵雍在《皇极经世书·观物内篇》中从另一个角度归纳天道与人道:"夫分阴分阳、分柔分刚者,天地万物之谓也;备天地万物者,人之谓也。"阴阳、柔刚是天道本然的现象和规律,而领悟并运用这种规律的却是人。邵雍将"人"看成"万物之灵",认为天地宇宙之间充盈了万物,人是万物中有灵性的出类拔萃者,人灵于物;人中又可分出一部分最优秀的人,那就是圣人,圣灵于人。"人之所以能灵于万物者,谓其目能收万物之色,耳能收万物之声,鼻能收万物之气,口能收万物之味。"万物的色、声、气、

---

[1] 余敦康《内圣外王的贯通》,学林出版社,1997年,第220—227页。

味能被人的目、耳、鼻、口所感受，人具有其他事物（包括动物、植物）所达不到的灵性、智慧，接收宇宙信息的能力远远超过其他事物。不仅如此，人还能够顺应宇宙的运动变化。"夫人也者，暑寒昼夜无不变，雨风露雷无不化，性情形体无不感，走飞草木无不应。"而人中之"圣"又具有一般人所达不到的智慧，"然则天亦物也，圣亦人也……人也者，物之至者也；圣也者，人之至者也"。

邵雍对"人之至者"——圣人做了界定，《皇极经世书·观物内篇》说：

> 谓其能以一心观万心，一身观万身，一物观万物，一世观万世者焉；又谓其能以心代天意，口代天言，手代天功，身代天事者焉；又谓其能以上顺天时，下应地理，中徇物情，通尽人事者焉；又谓其能以弥纶天地，出入造化，进退今古，表里时事者焉。

这样的圣人，"察其心、观其迹、探其体、潜其用，虽亿万千年亦可以理知之也"（《皇极经世书·观物内篇》）。在邵雍看来，除了伏羲、黄帝、尧、舜、周文王、周武王、齐桓公、晋文公以外，只有孔子称得上"圣人"。孔子整理修订了《周易》《尚书》《诗经》《春秋》四部经典，邵雍将春、夏、秋、冬称为"昊天之四府"，将这四部经典称为"圣人之四府"，两者一一对应：《易》为春，为生民之府；《书》为夏，为长民之府；《诗》为秋，为收民之府；《春秋》为冬，为藏民之府。将四府交错组合，则有四四一十六种组合，如《易》与《易》《书》《诗》《春秋》组合，有生生、生长、生收、生藏四种组合。其余类推。邵雍认为，这四部经典是贯天人、通古今之作。

邵雍还将人类生理结构与物类形态结构做了比较，认为两者虽有区别，但又有对应关系。《皇极经世书·观物外篇》说：

> 天有四时，地有四方，人有四肢。
>
> 天地有八象，人有十六象，何也？合天地而生人，合父母而生子，故有十六象也。
>
> 人之骨巨而体繁，木之干巨而叶繁，应天地之数也。
>
> 人之四肢各有脉也，一脉三部，一部三候，以应天数也。
>
> 动者体横，植者体纵，人宜横而反纵也。

第三章 人文情怀与生命境界——象数派人道观

> 飞者有翅，走者有趾。人之两手，翅也；两足，趾也。
>
> 飞者食木，走者食草，人皆兼之而又食飞走也，故最贵于万物也。

不仅将人的四肢、十六象、一脉三部九候、形体特征等与天地之数相对应，而且将人与其他动植物进行比较，从而说明人禀天地之气生，是天地万物之中最聪明、最优秀的品种。

此外，邵雍还对人的五脏、六腑、五官、七窍的来源做了分析，《皇极经世书·观物外篇》说：

> 体必交而后生，故阳与刚交而生心肺，阳与柔交而生肝胆，柔与阴交而生肾与膀胱，刚与阴交而生脾胃。心生目，胆生耳，脾生鼻，肾生口，肺生骨，肝生肉，胃生髓，膀胱生血。
>
> 心藏神，肾藏精，脾藏魂，胆藏魄。胃受物而化之，传气于肺，传血于肝，而传水谷于脬肠矣。

认为人的五脏六腑由阴阳、刚柔交合而生，不仅人与天相对应，而且人体脏腑与外在器官、内在意志也一一对应。值得一提的是，这种对应与《黄帝内经》不同，《黄帝内经》主张心开窍于舌，肝开窍于目，肾开窍于耳与二阴，脾开窍于口，肺开窍于鼻；心藏神，肾藏志，脾藏意，肝藏魂，肺藏魄。邵雍可能另有所本。他将人视为宇宙天地的全息系统，以一身统贯三才之道。"神统于心，气统于肾，形统于首，形气交而神主乎其中，三才之道也。"（《皇极经世书》）此说是《易经》和《黄帝内经》"天人合一"思想的体现，是"人身小宇宙，宇宙大人身"的分层次描述。

二、穷理尽性以至于命：性命之学的建构

"性命之学"指邵雍所称的"人学"。邵雍是一个由道入儒、由儒入道、儒道通贯的学者，早年师从李之才学习物理之学、性命之学。其后，邵雍在阐明自然的物理之学上推崇道家，建构了一套带有浓厚道家色彩的推衍宇宙万物的物理学体系，从而获得了"观物之乐"；而在贵名教的性命之学上推崇儒家，建构了一套带有浓厚儒家色彩的宣扬人文价值理念的性命学

体系，从而获得了"名教之乐"。道家的物理之学与儒家的性命之学被邵雍归结于《易》中。邵雍认为，老子得《易》之体，孟子得《易》之用。在邵雍那里，《易》之体、用兼综道、儒，并没有像朱熹批评的那样"体用自分作两截"。在邵雍那里，在《易》的大"道"的统率下，儒、道二家之旨，物理与性命之学（即天学与人学），内圣与外王之功，被合理地、自然地统一起来，既没有逻辑矛盾，也没有斧凿生硬之嫌。可以说，邵雍是以《易》贯通儒、道[①]的重要代表人物。

"穷理尽性以至于命"是《周易·说卦传》对圣人作《易》下的命题之一，邵雍对此做了解释：

> 所以谓之理者，物之理也。所以谓之性者，天之性也。所以谓之命者，处理性者也。所以能处理性者，非道而何？（《皇极经世书·观物内篇》）

> 所以谓之理者，穷之而后可知也；所以谓之性者，尽之而后而知之也；所以谓之命者，至之而后可知也。此三知者，天下之真知也。（《皇极经世书·观物内篇》）

> 天使我有是之谓命，命之在我之谓性，性之在物之谓理。……理穷而后知性，性尽而后知命，命知而后知至。（《皇极经世书·观物外篇》）

所谓"性"指人性，所谓"命"指天命，所谓"理"指物理。这三者同归于《易》之大"道"，即阴阳变化之"道"、天人合一之"道"、太极一元之"道"……

显然，邵雍是参合了《周易》与《中庸》而得出这个结论的。《中庸》说："天命之谓性，率性之谓道，修道之谓教。"天能改人命，进而赋予人本性，遵循本性的自然发展而行动就是"道"。《中庸》说："道也者，不可须臾离也；可离，非道也。""道"是一个最高范畴，能够统领"性""命""理"于一体。邵雍说："《易》之为书，将以顺性命之理者，循自然也。"（《皇极经世书·观物外篇》）性命之理即自然之"道"，也就是《周易》之"道"。这个"道"是无处不在的。"道"在物则为"理"，在人则为"性"。"命"是由

[①] "易贯儒道"的观点，参见拙作《易道主干》。

第三章 人文情怀与生命境界——象数派人道观

天决定并赋予人而为人所具有的。

张行成对邵雍的"性命"学说做了阐释:"命者,天之理也。物理即天理。异观私,达观则公矣,公则道也。"(《皇极经世索隐》)性命、天理、物理都归结于"道"。所以邵雍说:"是知道为天地之本,天地为万物之本……天地万物之道尽之于人矣。"天地为万物之"道",通过人的性命之"理"而显现。"天使我有是之谓命,命之在我之谓性"(《皇极经世书·观物外篇》)中的"我",指有主体自我意识的人。

由此可见,邵雍的"性命"有广、狭二义:广义的"性命"包含天地万物,狭义的"性命"则专指人。邵雍说:"万物受性于天,而各为其性也。其在人则为人之性,在禽兽则为禽兽之性,在草木则为草木之性。"(《皇极经世书·观物外篇》)"天下之物,莫不有理焉,莫不有性焉,莫不有命焉。"(《皇极经世书·观物内篇》)这里的"性""命"以及"理"是广义的。就狭义的"性命"而言,邵雍认为人之"性"有两个特点:一是人性同于物性,"人之类,备乎万物之性"(《皇极经世书·观物外篇》),"唯人兼乎万物,而为万物之灵"(《皇极经世书·观物外篇》);二是人性高于物性,不仅表现为人有灵性、有智慧、有意识(所谓人为"万物之灵","无所不能者,人也",《皇极经世书·观物外篇》),而且表现为人有道德、有伦理、有价值理想(所谓"唯仁者,真可以谓之人矣",《皇极经世书·观物外篇》)。

人之"性"与"心""身""物""道"等范畴有密切的关系,邵雍在《伊川击壤集·序》中对此做了总结:

> 性者,道之形体也,性伤则道亦从之矣;心者,性之郭郭也,心伤则性亦从之矣;身者,心之区宇也,身伤则心亦从之矣;物者,身之舟车也,物伤则身亦从之矣。

"性"是"道之形体"。"道"在人为"性",在物则为"理"。"道"是无形的,而人"性"和物"理"则是"道"的显现,好比"道"的形体。"道"的外延和内涵都大于"性"[①]。"道"包括了人"性"和物"理",既含有自然

[①] 余敦康先生《内圣外王的贯通》第237页认为:"就外延而言,道大而性小,性从属于道;就内涵而言,则道小而性大,因为人之性除了同于自然的物之理外,还包含着极为丰富的人文价值的规定。"

万物的变易规律（"理"的内涵），又含有人的道德伦理、价值观念（"性"的内涵）。"道"是一个最高范畴，在"道"的统领下邵雍提出了四个命题："性"是"道"的形体，"心"是"性"的郛郭（城堡），"身"是"心"的区宇，"物"是"身"的舟车。就这四个命题的外延界定看，其关系是：

性＜心＜身＜物

"性"的范围小于"心"，因为"性"的本质为善，而"心"则包含了善与恶、正与邪，"性"居于"心"中却不能赅尽"心"；"心"的范围小于"身"，因为"心"只是"身"中众多器官的一种，"身"是"心"的寓所，"心"居于"身"中却不能赅尽"身"；"身"的范围小于"物"，因为人"身"只是万"物"中的一种，"身"居于万"物"之中却不能赅尽"物"。然而从内涵和地位上看，却恰恰相反：

性＞心＞身＞物

"性"作为"心"中善的本质，是最值得弘扬、修养的，其内涵最丰富，其地位最尊贵；"心"虽居于"身"中，但却为"身"之"君主"，可以主宰"身"；"身"虽属于万"物"，但"物"失去人"身"，没有主体参与，就变得毫无意义，因而"身"又是"物"的主宰。

邵雍表述这四个命题，一环紧扣一环，一层更进一层，将性命之学置于宇宙大系统中，通过对彼此关系的分析，突出了人性既高于物性又源于物性、既高于自然又源于自然的人文主义精神。邵雍接着又从认识论的角度对这几个范畴进一步做了阐释：

> 是知以道观性、以性观心、以心观身、以身观物，治则治矣，然犹未离乎害者也。不若以道观道、以性观性、以心观心、以身观身、以物观物，则虽欲相伤，其可得乎！（《伊川击壤集·序》）

邵雍所谓的"观"指主体对客体的一种认识活动。"观物"是邵氏认识客体世界的核心方法。这里邵氏强调以本层面之道、性、心、身、物分别"观"本层面之道、性、心、身、物，这样才能不损害对认知对象的客观、公正的理解，从而获得"两不相伤""情累都忘"的"观物之乐"。如果以上

第三章 人文情怀与生命境界——象数派人道观

层面去"观"下层面，则难免有情累之害。

对道、性、心、身、物等概念，朱熹做了解释："以道观性者，道是自然的道理，性则有刚柔善恶参差不齐处，是道不能以该尽此性也。性有仁义礼智之善，心却千思万虑，出入无时，是性不能以该尽此心也。心欲如此，而身却不能如此，是心有不能检其身处。以一身而观物，亦有不能尽其情状变态处，此则未离乎害之意也。"(《朱子语类》) 这段话从内涵和外延上对道、性、心、身这四个概念做了区分。虽然朱熹偏重于道德修养上的解释，与邵雍偏重于理性认识有所不同，但朱熹对这四个概念的界说还是基本合理的。

在人性论上，邵雍综合了道家的自然主义与儒家的人文主义，在中国哲学史上有重要意义。更值得一提的是，邵氏还从认识论上讲人性问题，他在《皇极经世书·观物外篇》中将"性"与"情"做了对比。

以物观物，性也；以我观物，情也。性公而明，情偏而暗。

任我则情，情则蔽，蔽则昏矣；因物则性，性则神，神则明矣。

知之为知之，不知为不知，圣人之性也。苟不知而强知，非情而何？失性而情，则众人矣。

有形则有体，有性则有情。

在这里，"性"与"情"是相对的。邵雍继承了李翱等人的性情对立、性善情恶观念。"以物观物"就是按照事物的本来面貌、顺应事物的自然本性去认识事物，不带个人主观好恶之情，因而公正而明白；"以我观物"就是按照主观意愿去认识事物，带有个人感情色彩，因而偏颇而暗蔽。"以物观物"既是事物的本性，又是人的本性。在认识活动中能够实事求是，知之为知之，不知为不知，这便是圣人而非众人的本性。

张行成发展了邵雍的"性""情"说："爱之欲其生，恶之欲其死者，情也。喜怒哀乐未发谓之中，发而皆中节谓之和者，性也。"张行成以《中庸》的"中和"说解释人之"性"。

邵雍从认识论上认为，只有主客合一、遵从客观本来面目又不掺杂主体的感情色彩，才是事物和人的本性，这种立论方式独特而巧妙。

邵雍的"性命之学"与他的"心学"有着密切的关系。"心学"是邵雍对自己易学哲学体系的称谓，"心学"包含了物理之学与性命之学。邵雍将"心"分成"天地之心"与"人之心"两大类，其中"天地之心"讲的是物理之学，"人之心"讲的是性命之学。就"人心"而言，邵雍又将它分为两类，即"众人之心"与"圣人之心"。

"众人之心"被邵雍称为"人心"或"人之心"。《皇极经世书·观物外篇》说："人居天地之中，心居人之中。"心是人的君主之官，是思维的器官，是人之所以区别于动物的关键所在（此"心"不是生理之"心"），"人之心"具有认识物类性情、形体的能力，具有主观能动的灵性（人为"万物之灵"）。《皇极经世书·观物内篇》说："凡言知者，谓其心得而知之也。""人之心"与"天地之心"有什么关系？《皇极经世书·观物内篇》做了比较："夫一动一静者，天地至妙者与！夫一动一静之间者，天地人至妙至妙者与！""天地至妙者"指"天地之心"，是"一动一静"的本然之理，是不受人的主观意愿干预的客观存在；"天地人至妙至妙者"指加上了人的主观之"心"而言，"人之心"在于"一动一静之间"，人心非动非静，但却主宰动静。人心是宇宙万物的本源。[①]能主观地感知自然、能动地改造自然并独立于自然是人心的本质特征。然而"众人之心"是兼指正邪、性情、善恶而言的，有邪、有恶即乱世之源，有情、有欲即昏蔽、不公之始。因此，真正肇始自然万物、能成为"天地之心"的"太极"者只有"圣人之心"。

"圣人之心"是一种无情、无欲、无邪、无恶的纯净之心，是众人之心中的精华，源于众人之心而高于众人之心。《皇极经世书·观物外篇》说："大哉！用乎。吾于此见圣人之心矣。"这个"圣人之心"即"人性"——人的纯洁、虚静的本性。邵雍对"圣人之心"做了描述："心一而不分，则能应万物。此君子所以虚心而不动也。"（《皇极经世书·观物外篇》）"无思无为者，神妙致一之地也。圣人以此洗心，退藏于密。"（《皇极经世书·观物外篇》）这说明圣人之心是静止、澄明、不起念头的。所谓"心一而不分"，张行成解释："心之神，其体本虚，不可分也。随物而起，泥物而著，心始实而分矣。"（《皇极经世观物外篇衍义》）因为"心"本体为虚，所以不可

[①] 蔡元定解释："一动一静之间者，非动非静而主乎动静，所谓太极也。"（《宋元学案·百源学案》）张行成解释："太极兼体动静，不倚一偏。"（《皇极经世索隐》）

分、不可动。圣人之所以能达到本性境界，是因为无思无为、洗心、退藏。这种"圣人之心"就是不动的"太极"。

邵雍的"心"从功用上可区别为两种：

一是作为本体的"心"。《皇极经世书·观物外篇》说"心为太极"，"万化万事生乎心也"，说明"心"是生成万事万物之本。然而，这个"心"到底指"天地之心"还是"圣人之心"？邵雍曾说"天地之心者，生万物之本也"（《皇极经世书·观物外篇》），可又说"身生天地后，心在天地前。天地自我出，自余何足言"（《伊川击壤集》）。既然"心在天地前"，就说明这个"心"不是"天地之心"，而是"人之心"（圣人之心），"天地自我出"的"我"即"人之心"。由此可见，这个宇宙本体的"心"即人之心——圣人之心。然而，"天地之心"与"圣人之心"实为一体。据邵雍之子邵伯温解释，"一者何也？天地之心也，造化之原也""天地之心，盖于动静之间，有以见之。夫天地之心，于此而见之；圣人之心即天地之心也，亦于此而见之"（《宋元学案·百源学案》）。由此可见，本然存在的客观之道（"天地之心"）是通过圣人的主观认识（"圣人之心"）才得以显示的，人与天地自然的沟通也是通过"圣人之心"这个中介才得以实现的，因而可以说，"圣人之心"即反映了"天地之心"，从而成为宇宙的本体。

二是作为法则的"心"。《皇极经世书·观物外篇》说："先天之学，心也；后天之学，迹也；出入有无生死者，道也。"这是以涵括天地万物之理的先天学法则为"心"，这个"心"指"心法"。邵雍认为："先天学，心法也。"（《皇极经世书·观物外篇》）这个"心法"就是一分为二、二分为四的法则，它既是八卦、六十四卦次序、方位图生成的法则，又是天地方圆、四时运行、人事变迁、万物推移的法则。"盖天地万物之理，尽在其中矣。"（《皇极经世书·观物外篇》）所谓"天向一中分体用，人于心上起经纶。天人焉有两般义，道不虚行只在人"（邵雍《观易吟》），是说天道变化与人心思维具有同一个法则。

朱伯崑先生认为，邵雍以其先天图及其变化的法则为出于心的法则，此种观点实际上是将易学的法则归于人心的产物。他之所以得出这一结论，就其理论思维而言，是因为将数学的法则，如他所说的一分为二、方圆之数的演算等等，看成头脑自生的、先验的东西。总之，邵雍认为数的变化和演算的规律性存在于思维自身之中，是从思维自身的活动中引出来的。[1]

综上所说可以看出，邵雍的性命之学——心学，是一个以象数（先天学）为心法，以心性为本体，集本体与法则为一体，视天地之心（天道）与圣人之心（人性）为一理的庞大的哲学体系。儒家的道德修养与道家的理性精神，儒家的人道观、价值观与道家的天道观、认识论，被邵雍十分巧妙、圆融无碍地贯通在"易"理之中，从而使邵雍"理学"在"北宋五子"中独树一帜。应该说，邵雍才是宋明理学中"心学派"的开创者。邵雍的心学与程颢的心学有同有异。其相同点是，都视天理与人心为一体，都以圣人之心为天地之心；其不同点是，邵雍偏向于冷眼观物，偏向于从认识论方面观照天人法则、体会圣人之心，而程颢则偏向于体仁识心，偏向于从价值论方面修养道德、诚敬体物、扩充圣人之心。当然，邵雍并没有取消道德修养，而是从另一个层面讲"养心""修身""主诚"。

三、修养功夫与生命境界

"若问先天一字无，后天方要着功夫。"这是邵雍《先天吟》诗中的两句。所谓"先天"，可看成邵雍的天学，即宇宙之学；所谓"后天"，可看成邵雍的人学，即性命之学、心性之学。人来到天地间之后就应该用"功夫"，这个"功夫"就是修养身心的功夫，正如邵雍另一首诗《天人吟》所说：

> 天学修心，人学修身。
> 身安心乐，乃见天人。

"修心"和"修身"都是人的行为。"修养"和"观物"被邵雍有机地结合在一起，"观物"偏向于主体对客体的认识，"修养"偏向于主体对主体的体验。"观物"的目的在于揭示天地万物的本质和规律，"修养"的目的在于构建人类的道德伦理和价值理想，从而达到窥开物理、照破人情的境界。邵雍以揭示天地万物之理的"观物"作为基础，以构建人文价值系统作为目标，又反过来，以"修养"为手段，以"观物"为目标，"观物"和"修养"互为因果、互相促动，从而展现了一种认识论与价值论合一不二的人

---

[1] 参见朱伯崑《易学哲学史》第二卷，华夏出版社，1995年，第165页。

第三章　人文情怀与生命境界——象数派人道观

生哲学。

"修养"和"观物"的关键在于"诚"。邵雍在《皇极经世书·观物外篇》中对此做了阐述：

> 先天学主乎诚，至诚可以通神明，不诚则不可以得道。
> 至理之学，非至诚则不至。
> 诚者，主性之具，无端无方者也。
> 为学养心，患在不由直道。去利欲，由直道，任至诚，则无所不通。天地之道直而已，当以直求之。

上述"先天学""至理之学""天地之道"皆指物理之学、宇宙之学。邵雍认为，要通晓"至理之学"，首先要有"至诚"之心。所谓"诚"，是主导人性的器具，但却"无端无方"，没有形体。"至诚""养心"的目的是"观物"，是通神明、求直道，即探求天地物理之道。由此可见，邵雍"养心"是为了理性地认识宇宙自然，而不是为了道德修养。然而邵雍并非不讲道德修养，而恰恰是通过"观物"而论道德修养。其《皇极经世书·观物外篇》说：

> 君子之学，以润身为本。其治人应物，皆余事也。
> 得天理者不独润身，亦能润心；不独润心，至于性命亦润。

所谓"润身""润心""润性命"，是《周易·系辞传》"圣人以此洗心，退藏于密"中"洗心"的近义语，邵雍将"润心""润身"作为君子的根本学问，作为得天理的根本要求。

邵雍对"观物"做了形象的说明。他在《观物吟》诗中，将"观物"比喻为以鉴（镜）照物："画工状物，经月经年。轩鉴照物，立写于前。鉴之为明，犹或未精。工出人手，平与不平。天下之平，莫若于水。止能照表，不能照里。表里洞照，其唯圣人。察言观行，罔或不真。尽物之性，去己之情……"他将心比喻为镜子，镜子能观、能知，而外物是所观、所知。镜子因制作精粗不同，有平与不平之分，因而所照之物常常会被扭曲。天下最平的是水，但水只能照表面不能照内在。能够既照表面又照内在的，

113

只有"圣人之心",因为"圣人之心"是去己之私情、尽物之本性的。圣人观物不是以心观物,而是以物观物。由此可见,邵雍"观物"是为了照见万事万物真实的、内在的本质。然而,要做到以物观物,就必须"去己之情",就必须修养道德,修心、修身。

因此,"观物"就不仅是认识的方法,而且也是修养的方法。由"观物"而"修养",要求心如明镜、心如止水,这是一种类似于禅宗修养心性的方法。但与禅宗追求明心见性的目的不同,邵雍是为了窥开物理、照破人情。由此,邵雍提出了"润心""虚心""诚心""去情""去私""无思""无为"等做法。他说:

> 无思无为者,神妙致一之地也。圣人以此洗心,退藏于密。(《皇极经世书·观物外篇》)

> 人心当如止水,定则静,静则明。(同上)

"心"是主体的感知器官,不能被污染和干扰,否则就难以"观物"。修养的功夫是"因物"而不是"任我"。邵雍在《皇极经世书·观物外篇》中说:

> 任我则情,情则蔽,蔽则昏矣;因物则性,性则神,神则明矣。

所谓"任我",就是凭自我意愿去做人、观物,心不虚静、有所感动("情"),其结果就是昏蔽而偏暗。所谓"因物",就是遵循事物本来的天性去做人、观物,不掺杂主观意志,直接与事理、物理合一,心静未发、无所感动("性"),其结果就是公正而神明。

至于修养的内容,邵雍在《皇极经世书·观物内篇》中提出了十六种"所修"。十六种"所修"来源于昊天四府与圣人四府:

> 昊天之四府者,春夏秋冬之谓也,阴阳升降于其间矣;圣人之四府者,《易》《书》《诗》《春秋》之谓也,《礼》《乐》污隆于其间矣。

> 春为生物之府,夏为长物之府,秋为收物之府,冬为藏物之府……《易》为生民之府,《书》为长民之府,《诗》为收民之府,《春秋》为藏民之府。

第三章 人文情怀与生命境界——象数派人道观

接着邵雍将作为昊天四府的四时与作为圣人四府的四经,按照"元、会、运、世"的组合法则,依次交相组合,一府而备四,四四十六,故得到十六种组合,它们是:以《易》开头与《易》《书》《诗》《春秋》依次组合,得到生生、生长、生收、生藏;以《书》开头依次组合,得到长生、长长、长收、长藏;以《诗》开头依次组合,得到收生、收长、收收、收藏;以《春秋》开头依次组合,得到藏生、藏长、藏收、藏藏。这十六种组合分别表示十六种"所修":

> 生生者修夫意者也,生长者修夫言者也,生收者修夫象者也,生藏者修夫数者也;长生者修夫仁者也,长长者修夫礼者也,长收者修夫义者也,长藏者修夫智者也;收生者修夫性者也,收长者修夫情者也,收收者修夫形者也,收藏者修夫体者也;藏生者修夫圣者也,藏长者修夫贤者也,藏收者修夫才者也,藏藏者修夫术者也。

这十六种所修同昊天四府与圣人四府的相配一样,难免有拼凑、拘泥之嫌。邵雍的目的是说明天道的否泰与人道的损益有一一对应关系。十六种所修已不仅是个人的修养行为,而且是社会的政治行为,还是历史的演变规律。所修的结果,从历史上看就是出现了皇、帝、王、伯:修意为三皇,修言为五帝,修象为三王,修数为五伯;修仁为有虞,修礼为夏禹,修义为商汤,修智为周发;修性为文王,修情为武王,修形为周公,修体为召公;修圣为秦穆,修贤为晋文,修才为齐桓,修术为楚庄。这说明历史上皇、帝、王、伯这四个阶段的演变,不仅仅是天道变化的结果,更是人主体自觉参与的结果,是修养功夫高下的体现。

邵雍还将这种组合分出"体"和"用":皇、帝、王、伯为《易》之体,意、言、象、数为《易》之用;虞、夏、商、周为《书》之体,仁、义、礼、智为《书》之用;文、武、周、召为《诗》之体,性、情、形、体为《诗》之用;秦、晋、齐、楚为《春秋》之体,圣、贤、才、术为《春秋》之用。十六种"所修"为圣人四府之"用",十六种"修者"为圣人四府之"体"。十六种修者同体而异用,同用而异体。如三皇同意而异化,五帝同言而异教,三王同象而异劝,五伯同数而异率;三皇同仁而异化,五帝同礼而异教,三王同义而异劝,五伯同智而异率……余皆类推。

象数易学

由此又引出"道、德、功、力"与"化、教、劝、率"八种政治原则和修养方式：

> 夫意也者，尽物之性也；言也者，尽物之情也；象也者，尽物之形也；数也者，尽物之体也。仁也者，尽人之圣也；礼也者，尽人之贤也；义也者，尽人之才也；智也者，尽人之术也。(《皇极经世书·观物内篇》)

> 尽物之性者谓之道，尽物之情者谓之德，尽物之形者谓之功，尽物之体者谓之力。尽人之圣者谓之化，尽人之贤者谓之教，尽人之才者谓之劝，尽人之术者谓之率。(《皇极经世书·观物内篇》)

在十六种所修中，意、言、象、数分别为尽物之性、情、形、体，仁、礼、义、智分别为尽人之圣、贤、才、术。尽物之性、情、形、体分别称为道、德、功、力，尽人之圣、贤、才、术分别称为化、教、劝、率。道、德、功、力同为体，化、教、劝、率同为用，体、用之间有变、有存。"体无定用，惟变是用；用无定体，惟化是体。"(《皇极经世书·观物内篇》)体用相依，虽分亦合，体用无定，变化随之。在个人修养与政治运作中，要适应天时变化，按照不同的需要，采取不同的方法，或由体以致用，或由用以成体。

邵雍将皇、帝、王、伯看成四种政治类型与修养类型，从等级上说，他们依次退化。第一等为"皇"，以道、德、功、力为化（变化），能尽人之圣，用无为，尚自然；第二等为"帝"，以道、德、功、力为教（教化），能尽人之贤，用恩信，尚谦让；第三等为"王"，以道、德、功、力为劝（劝勉），能尽人之才，用公正，尚用人；第四等为"伯"，以道、德、功、力为率（法度），能尽人之术，用智力，尚争霸。这四种人与昊天之四时相配分别为春、夏、秋、冬，与圣人之四经相配分别为《易》《书》《诗》《春秋》。

不少学者认为，邵雍的皇、帝、王、伯是一种一代不如一代的历史退化观。这种观点是有失偏颇的。通观《皇极经世书》不难发现，皇、帝、王、伯的政治局面并不是一种僵化的、一成不变的程式，不是一种由升而降的直线图式，而是一种有升有降的曲线图式。其决定因素是人而不是天。具体而言，其决定因素就是统治者修养的高低。如果修养高，则可以从"极乱"达到"极治"，可以逆行变化。邵雍说：

第三章 人文情怀与生命境界——象数派人道观

> 所谓皇帝王伯者,非独三皇、五帝、三王、五伯而已。但用无为则皇也,用恩信则帝也,用公正则王也,用智力则伯也。(《皇极经世书·观物外篇》)
>
> 自极乱至于极治,必三变矣。三皇之法无杀,五伯之法无生。伯一变至于王矣,王一变至于帝矣,帝一变至于皇矣。(《皇极经世书·观物内篇》)

统治者在修养上用"无为"则可以成"皇",用"恩信"则可以成"帝",用"公正"则可以成"王",用"智力"则可以成"伯"。如果一个"伯"改变他的修养行为,则经过"三变"可以达到"皇"的层次:一变而逆返到"王",二变而逆返到"帝",三变而逆返到"皇"。邵雍对从孔子到五代这一段历史有升有降、王伯交错的过程做了总结,张行成《皇极经世观物外篇衍义》则对此做了补充说明。

从统治者的修养看,如果其人尚行、尚义,则天下就治;如果其人尚言、尚利,则天下就乱。因为尚行则笃实之风行,尚言则诡谲之风行;尚义则谦让之风行,尚利则攘夺之风行。由此,邵雍热切地倡导君尚行、尚义,民笃实、谦让,并描绘了一幅由乱而治、由伯而皇的充满希望的社会政治图景。

这种社会理想的昭示,目的是敦促君民注重自身的道德修养。此外,邵雍还以自己的修行实践和人格魅力向世人展现了一种内圣外王、求真安乐的圣贤气象和生命境界。

在"北宋五子"中,只有邵雍将求真的"观物之乐"作为首位目标,其他四子则将求善的"名教之乐"作为首位目标。邵雍自号"安乐先生",并将自己的寓所命名为"安乐窝"。他反复强调"学不至于乐,不可谓之学",并将这种"乐"称为"天理真乐"。这种"乐"不仅是一种精神美感的享受,还是一种穷尽万物之理与性命之理时所达到的天人合一、主客合一的精神境界的享受。

邵雍的"以物观物"的安乐境界是一种"无我之境"。近代国学大师王国维从邵雍的观物学中分别出美学的"有我之境"与"无我之境":"有我之境,以我观物,故物皆著我之色彩;无我之境,以物观物,故不知何者为我，何者为物。"(《人间词话》) 邵雍不仅倡导"以物观物"的认识方法，而且追求"无我"的美的境界。这种境界是在对宇宙万物的理性认识中达到的，是穷尽天地阴阳造化之妙而获得的心理体验。邵雍写了一系列《观物吟》的诗篇，其中有两首是写观物之后的心情的：

> 物理窥开后，人情照破时，
> 情中明事体，理外见天机。(《伊川击壤集》)

> 物理窥开后，人情照破间，
> 敢言天下事，到手又何难。(《伊川击壤集》)

邵雍有着"包括宇宙，终始古今"的宽广胸怀和豪迈气势，朱熹赞叹他"天挺人豪，英迈盖世。驾风鞭霆，历览无际。手探月窟，足蹑天根。闲中今古，醉里乾坤"(《朱子大全》卷八十五)，多次称他为"人豪"。的确，邵雍既有"宇宙在乎手，万物在乎身"(《伊川击壤集·宇宙吟》)、"日月星辰高照耀，皇王帝伯大铺舒"(《伊川击壤集·安乐窝中一部书》)的宇宙意识、天地胸襟，又有"夏住长生洞，冬居安乐窝。莺花供放适，风月助吟哦"(《伊川击壤集·尧夫何所有》)、"长年国里花千树，安乐窝中乐满悬。有乐有花仍有酒，却疑身是洞中仙"的神仙自在、隐士快乐。

然而邵雍又绝不是一个只关心天地宇宙、不关心人文道德的避世高人，他的性命之学、心性之学表现出了深切的人文关怀，他的皇、帝、王、伯与十六所修表达出了厚重的社会责任感。他既有道家的坦夷旷达，又有儒家的中庸仁和。儒家的社会理想、价值观念，使他有了入人事之用的后天之学、性命之学；道家的生命境界、天道体认，使他有了明自然之体的先天之学、物理之学。儒家的伦理哲学、历史哲学与道家的宇宙哲学、生命哲学被邵雍和谐无碍地统一在"易道"之中，儒家的人文价值世界与道家的宇宙物理世界被邵雍自如无间地融合为一元太极世界。可贵的是，这种统一与融合，不但没有使他成为非儒非道的怪人，反而使他成为亦儒亦道的"人豪"，从而使他获得了"足蹑天根，手探月窟"的人格之美、生命之乐。

邵雍在"北宋五子"乃至整个中国传统文人名士中，有着独树一帜的思想体系和颇不多见的生命气象，值得我们深入研究和体认。

第四章
"象数"的内涵——
象数范畴论

第四章 "象数"的内涵——象数范畴论

"象""数"对称，最早见于《左传·僖公十五年》："龟，象也；筮，数也。""象""数"连用，大约出现在汉代，如《易纬·乾坤凿度》："八卦变策，象数庶物，老天地限以为则。"然而，作为龟象筮数的"象数"则应上溯到《易经》以前的远古时代。

我们有必要对"象""数"的来源和含义做深入的探讨。

第一节 卜筮与象数

就"象"与"数"的初始意义而言，"象"起源于卜，"数"起源于筮（"数"指筮数，不指数字）。占卜是中国上古社会比较重要的活动，至迟在公元前 3000 年就相当盛行了。迄今发现最早的占卜遗物是内蒙古巴林左旗富河沟门遗址卜骨，属鹿类动物的胛骨，有灼而无钻凿，据放射性碳素断代为公元前 3350 年左右。从山东、河南、陕西等地龙山文化遗址（公元前 2800 年至公元前 2300 年）发现的牛、鹿、羊、猪等胛骨卜骨，有的已被修治，有的已被钻凿，表明我国新石器后期占卜活动已相当流行。（《中国大百科全书·考古学》[①]）

在被大多数学者认定是夏代[②]文化遗存的齐家文化和二里头文化遗址，也都曾发现动物胛骨占卜实物。[③]齐家文化遗址出土的卜骨以羊的胛骨为主，一般都没钻没凿，只有烧灼的圆孔和痕迹；二里头文化遗址出土的卜骨以牛、猪的胛骨为主，上有灼痕。

[①] 本书所引《中国大百科全书》，为中国大百科全书出版社 1986 年版。
[②] 据《史记·夏本纪》和《竹书纪年》，夏代在历史上存在的时间约为公元前 22 世纪至公元前 17 世纪。
[③] 参见夏鼐《齐家期墓葬的新发现及其年代的改订》，载《中国考古学报》第三期，商务印书馆，1948 年；中国科学院考古所洛阳发掘队、二里头工作队《河南偃师二里头遗址发掘简报》，载《考古》1965 年 5 期、1974 年 4 期、1983 年 3 期；另参见《中国大百科全书·考古学》第 117、371 页。

象数易学

商代的占卜方法和所用材料均有一定改进，与早期只用火灼而不用攻治不同。商代武丁以后普遍流行攻治，先进行锯削处理，然后在背面（少量牛胛骨在正面）施以凿、钻；所用材料主要是龟腹甲（也有少量背甲）和牛胛骨。更重要的是，卜者占卜以后，会将所问之事刻记在卜骨上。

周代的占卜是对殷商占卜的继承，从周原出土的卜骨可见周人受殷人影响而同样以龟骨占卜并刻辞记事。值得注意的是，西周卜骨中发现了"筮数"。

一般认为殷人重龟卜（卜法），周人重筮占（筮法）。今有学者对此进行考辨，认为筮法不一定晚于卜法，筮法在原始文化中已存在，只是卜法所用龟骨便于保存，筮法所用蓍草不能保存而已。①

从先秦文献看，"卜""筮"并称者甚多。如《尚书·洪范》记载殷箕子答武王问：

七、稽疑：择建立卜筮人，乃命卜筮。

由此可见，殷人应当是卜、筮并用的。到了周代更是卜、筮并用。《尚书·周书·君奭》记载周公对召公的诰辞："故一人有事于四方，若卜筮，罔不是孚。"《周礼·春官宗伯·筮人》记载："凡国之大事，先筮而后卜。"

《周礼·春官宗伯》除载有专司筮法的"筮人"外，还载有大卜、卜师、龟人、占人等司卜法和筮法的职官，有的是兼司多种占法的，如大卜的职责就有三种："掌三兆之法"（卜法、龟甲占）、"掌三易之法"（筮法、筮占）、

龟甲图

"掌三梦之法"（梦占）。可见，殷周时代卜、筮同源、共用。

---

① 汪宁生《八卦起源》，载《周易研究论文集》第一辑，第98—99页。

第四章 "象数"的内涵——象数范畴论

如果将"易"看成筮法系统,那么筮占的历史甚至可追溯到上古时代。"易"属筮法系统,目前学术界已基本公认。《管子·山权数》说:"易者,所以守凶吉成败也。"郑玄说:"易者,揲蓍变易之数可占者也。"(《周礼·春官宗伯·大卜》注,载《十三经注疏》①,第802页)许慎《说文解字》解释"筮"字为"易卦用蓍也",已将"易"和"筮"连在一起。

而"筮"就古籍记述来看,其起源相传在神农时代,神农使"巫咸巫阳主筮"(《路史·后纪三》)。《太平御览》卷八十二引古书云:"昔夏后启筮,乘龙以登于天。"认为夏代已用筮法。而《周礼》记述的大卜"掌三易之法"的三易——连山、归藏、周易,也被认为分别是夏、商、周三代的筮法。郑玄《易赞》云:"夏曰连山,殷曰归藏,周曰周易。"②《国语·鲁语》韦昭注三易:"一夏连山,二殷归藏,三周易。"杜子春则认为:"连山伏羲,归藏黄帝。"③

今人陈来推测:卜法和筮法可能最初是不同地区的原始居民采取的不同占法,可能分别是渔猎民族的占法和农业、游牧民族的占法。而三代已是文明时代,因而夏的筮法可能已经不是一种原生的初级筮占,殷代筮法就更不可能是所谓的简单思维。④至于夏"连山"、商"归藏"筮法的具体情况,因缺乏可靠的材料而无法认定。

就卜和筮在决策中的地位而言,《尚书·洪范》说卜和筮并用("乃命卜筮"),《周礼》说"先筮而后卜",《礼记·曲礼》则说"卜筮不相袭"。直到春秋时代,卜人和筮人还在争高低,据《左传·僖公四年》记载,卜人主张"筮短龟长,不如从长"。

卜和筮在各种决策因素中是占主导地位的。《尚书·洪范》记述,大王决疑时要考虑五种因素——王、卿士、庶人、龟卜、筮占,而只要龟卜和筮占的结果是"从",则不管王、卿士、庶人的意见是"从"还是"逆",决策结果都是"吉";若龟卜和筮占一"从"一"逆",则内事"吉",外事"凶";若龟卜和筮占均"逆",即使其他意见皆为"从",也是守静"吉",

---

① 本书所引《十三经注疏》,为中华书局1980年影印本。
② 《周礼正义》卷四十七,载《十三经注疏》,第1930页。
③ 《周礼注疏》郑玄注引,载《十三经注疏》,第802页。
④ 《古代宗教与伦理》,三联书店,1996年,第81页。

动作"凶"。由此可见，卜筮的结果是起决定性作用的。

不仅如此，君王、大夫还经常参与卜筮活动。

《礼记·玉藻》记载：

> 卜人定龟，史定墨，君定体。

《周礼·春官宗伯·占人》记载：

> 凡卜筮，君占体，大夫占色，史占墨，卜人占坼。

郑玄注："体，兆象也；色，兆气也；墨，兆广也；坼，兆釁（xìn）也。"（载《十三经注疏》，第805页）意谓，卜兆既成，由君主察看并决定兆体形象，大夫察看兆纹色泽明暗，史察看兆的大裂纹，卜人察看大裂纹旁边裂坼的细裂纹。

卜法中烧灼龟甲、兽骨后出现的兆纹，就是"象"。象不仅仅指兆体之象，也包括上述"色""墨""坼"。《说文解字·卜部》释"卜"与"占"二字，"卜，灼剥龟也，象炙龟之形，一曰象龟兆之纵横也"，"占，视兆问也，从卜口"。

纵横的兆文就是"象"。据《尚书·洪范》记载，周朝初年箕子将龟兆喻为：

> 曰雨，曰霁，曰蒙，曰驿，曰克；曰贞，曰悔。凡七，卜五，占用二。

前五者是卜兆的形象，后二者是占用的卦象。[①] 对于五种卜兆的形象，伪孔传记载，"龟兆形有似雨者，有似雨止者""蒙阴暗""气络绎不连属""兆相交错"。大意为：

雨：像下雨一样的裂纹；

霁：像雨停止以后的裂纹；

蒙：暗蒙模糊的裂纹；

驿：时断时续的裂纹；

[①] 伪孔传："内卦曰贞，外卦曰悔。"见《尚书正义》，载《十三经注疏》，第191页。

第四章 "象数"的内涵——象数范畴论

克：纵横交错的裂纹。

从《周礼》和《礼记》的记载看，能察看得如此细微的，恐怕只有卜人。

"象"是卜人占卜活动的中心。观看龟甲、兽骨的质地、色泽以便选用，为"选象"与"观象"；烧灼龟甲、兽骨使之形成各种裂纹，为"取象"与"成象"；对烧灼之后形成的裂纹进行分析、判断，确定其吉凶，为"察象"与"断象"。占卜的过程始终离不开"象"，反映出古人以具有灵性的龟甲、兽骨来比附自然万物现象的神秘色彩和抽象、思辨思维的萌芽。

宇宙万物本来是多样的，事物的发展又是难以观测的，古人企图通过占卜、观象、察象、断象，以达到认识人事吉凶的目的。

再看筮法。筮法与"数"密切相关。揲蓍运算的过程是"数"（动词），揲蓍运算的结果是"数"（名词）。占筮所用的材料主要是蓍草（也可用木杆、竹竿等长形杆状植物），蓍草被认为有神性。《史记·龟策列传》说："蓍百茎共一根。又其所生，兽无虎狼，草无毒螫。"占筮的基本方法是将蓍按一定的规则进行运算，但初期的运算方法已不可考。

最早记载揲蓍运算法的是《周易·系辞传》的"大衍之数"章。但1973年出土的马王堆汉墓帛书《系辞》中却不见这一章文字，故有人认为这段文字当是汉儒补入的。此说尚有争议。[①] 从占筮的发展看，"大衍之数"揲蓍法已属相当完善的运算系统，是抽象思维和运算能力达到相当水平的产物，不可能代表早期筮法。

从民族学、民俗学、人类学材料看，简单的筮法在原始文明中已存在。汪宁生对西南少数民族中流行的数卜法进行调研，发现了一种以三个数字的奇偶排列来判断吉凶的方法。如凉山彝族的草占法，取一束草秆握于左手，用右手随意分去一部分，然后看左手所余数是奇是偶，如此三次，得到三个数字，即可判断吉凶。[②]

[①] 王葆玹《再论〈系辞〉太极与大衍之数诸问题》（载《国际易学研究》第二辑）认为"大衍之数"章与"天地数"文字当是汉儒补入，廖名春《帛书〈系辞〉与今本〈系辞〉的关系及其学派性质问题续论》（载《国际易学研究第一辑》）认为这些文字是《系辞》祖本所原有，帛书缺少这些文字当属抄写者的遗漏。

[②] 汪宁生《八卦起源》，载《周易研究论文集》第一辑，第98—99页。

象数易学

而《周礼》记载的"三易"筮法实际上是一种用"卦"的筮法，也是后期已经成熟的筮法。早期经历过有筮无卦的阶段，即直接用蓍草进行占算，以数（如奇或偶）决定吉凶。即使"三易"，其中"连山""归藏"的筮法也未能流传下来。

如将用"象"的卜法和用"数"的筮法进行比较，则可看出卜法所依据的"兆象"乃"自然成文"，而揲蓍成卦的"卦象"乃"人谋"的产物；"兆象"无逻辑意义，"卦象"依排列组合的数学法则而成，具有逻辑思想。筮法同卜法相比，理性主义因素增强了。[1]

《周易》揲蓍成卦，将"象"和"数"有机地结合在一起，不过此时的"象"和"数"已不是"兆象"和"筮数"（指早期筮数）的意思了。

第二节 《易经》中的象数

《周礼·春官宗伯》记载了与筮占有关的"三易""九筮"：

（大卜）掌三易之法，一曰连山，二曰归藏，三曰周易。其经卦皆八，其别皆六十有四。

筮人掌三易，以辨九筮之名。一曰连山，二曰归藏，三曰周易。九筮之名，一曰巫更，二曰巫咸，三曰巫式，四曰巫目，五曰巫易，六曰巫比，七曰巫祠，八曰巫参，九曰巫环，以辨吉凶。

"九筮"中提到的"巫更""巫咸"等人，郑玄注认为"巫"当为"筮"字，而后儒仍多读作原字。其实"九筮"就是"九巫"，九种筮法是以九位巫者名字命名的。从这段文字推测，这九种筮法应当与"易"有关，而"易"又是一种用"卦"的占筮法。

---

[1] 参见朱伯崑《谈儒家人文主义占筮观》，载《金景芳九五诞辰纪念文集》，第306—307页。

第四章 "象数"的内涵——象数范畴论

"三易"的"卦"是由卜象演变而来的卦象,"其经卦皆八,其别皆六十有四",说明"三易"有两种卦,一种是经卦共八个,一种是别卦共六十四个。但经卦和别卦的卦象是什么样子的,却没有特别说明。根据"三易"中唯一流传下来的《周易》可推知,《周易》的经卦是由阴爻和阳爻三次组合($2^3=8$)的八卦,其别卦是由阴爻和阳爻六次组合($2^6=64$)的六十四卦。《连山易》《归藏易》的经卦、别卦是否就是《周易》的经卦、别卦,已不可考。

据唐代贾公彦《周礼》疏:"此连山易,其卦以纯艮为首,艮为山,山上山下是名连山,云气出内于山,故名艮为连山……此归藏易,以纯坤为首,坤为地……故名为归藏也。"[1] 后世多以为《连山易》《归藏易》首卦分别为艮(山)卦与坤(地)卦。贾疏以艮为《连山易》首卦、坤为《归藏易》首卦,是在《周易》明确了八卦的基本取象(即乾为天、坤为地、艮为山等)的基础上,从"连山"和"归藏"的名称上做出的一种推测,因此并不能依此断定《连山易》和《归藏易》的首卦就是艮卦与坤卦。至于其他内容,后世之说,均为伪造。目前尚未发现任何有关文物、文献材料。

从唯一留存下来的《周易》内容看,不但卦爻之象已整齐化、规范化,而且出现了爻数,并附上了卦辞、爻辞。

一、卦象

《周易》的经文(《易经》)由卦爻符号、卦名、卦辞、爻题、爻辞组成。卦爻符号就是卦象,是《易经》的"象"系统,由六十四卦组成。每一卦都由阳爻━、阴爻╌╌六次组合而成(乾、坤二卦分别由纯阳爻、纯阴爻组成)。首卦为乾、次卦为坤,最后两卦为既济、未济。

关于《周易》六十四卦的来源问题,古今观点众多,所据不一。

《易传》有取象说、据数说、河图洛书说、揲蓍说,汉代以后有文字

---

[1]《周礼注疏》贾公彦疏,载《十三经注疏》,第803页。

象数易学

说①、测影说②、近代有男根女阴说③、竹节蓍草说④等。以上说法因缺乏必要的文献、文物证据，终难以令人信服。近代学者将视线集中到了古代占卜的龟甲上，企图从中找到卦爻的起源。上古占卜烧灼龟甲，察看龟甲烧灼的裂纹，定出吉、凶，又在卜骨上刻记所占事项及事后应验的卜辞。此法商代为盛。这与《周易》卦爻象、卦爻辞属于同一系统。

一些学者认为，古人从烧灼或刻画的兆纹上受到启发，作阴阳爻。屈万里认为：卜骨刻辞的顺序是由下而上的，恰与《易》卦爻画的顺序一样，卜龟的凿灼和兆纹都左右相对，其卜辞也往往左右对称，恰与《易》卦"反对"顺序相似；卜骨刻辞由下而上的顺序是渐变的结果，而《易》卦顺序是一蹴而就的；龟卜腹甲因中间一线而分左右两方是自然形成的，而《易》卦以"反对"为序是人为的，是模仿龟卜；甲骨文里，既没见到筮字，也没有八卦或六十四卦的影子，甚至没见一个"乾"或"坤"卦名；龟卜早于蓍占，《易》用蓍占，乃因袭龟卜；并判断《易》卦（八卦和六十四卦）源于龟卜，和卦爻辞同是殷代末年或周初的产物。⑤持相近观点者有余永梁、本田成之等。

随着20世纪中叶以来考古文物的新发现，该项研究有了突破性进展。

近年来考古文物大量出土，如陕西周原出土了西周初年的卜骨，湖北江陵天星观出土了战国楚墓竹简，安徽阜阳双古堆出土了汉墓竹简，湖南长沙马王堆出土了汉墓帛书等。在这些文物上也发现了"奇字"，这就为学者们对20世纪末发现的甲骨文、青铜器铭文上一些"奇字"重新进行考释提供了重要的借鉴材料。

---

① 《易纬·乾坤凿度》以八卦分别为天、地等八字，宋杨万里《易传》亦认为卦是伏羲初制之字。近人郭沫若、刘师培、胡怀琛等亦主此说。
② 《史记集解》引孟康："五星之精，散为六十四，记不尽。"近代有人依据汉魏晋象数派以日月五星注《易》，认为阳爻渊源于日象、阴爻渊源于月象。
③ 近代章太炎、钱玄同、郭沫若等人认为阴阳爻是古代生殖器崇拜的孑遗，阳爻源于男根，阴爻源于女阴。
④ 近代高亨认为阴阳爻是占筮所取竹节的象征，阳爻象征一节之竹，阴爻象征二节之竹。另有人认为阴阳爻源于蓍草的排列。
⑤ 屈万里《易卦源于龟卜考》，原载《"中央研究院"历史语言研究所集刊》二十七本，1956年，台北。

第四章 "象数"的内涵——象数范畴论

李学勤在 1956 年首次认为这些"奇字"是"九""六"等数字符号。[①] 张政烺 1978 年底在长春召开的古文字学术会上第一次具体解释了周原新出土卜骨上的记数符号就是八卦符号。后又依据周原、张家坡、四盘磨等卜骨和殷周卣簋等材料，系统考释出"奇字"就是数字卦，证明西周初年有六爻数字卦存在。[②] 张亚初、刘雨在 1981 年大量收集这方面的材料，发现在二十九件器物上，记有三十六条数字卦符号，这些符号广泛见于商和西周的卜骨、铜器、陶器上。这些符号有一个共同的特点——都是三个或六个数字的组合。张、刘认为它们就是占筮用的八卦（三个数字组合）、六十四卦（六个数字组合）的数字符号。这些材料上的数字主要有五个，即一、五、六、七、八。其中，奇数有三个，即一、五、七，但在每一个卦中，最多只同时出现其中的两个数；偶数有两个，即六、八，它们常同时出现。也就是说，它们严格遵循两奇两偶的规律。[③]

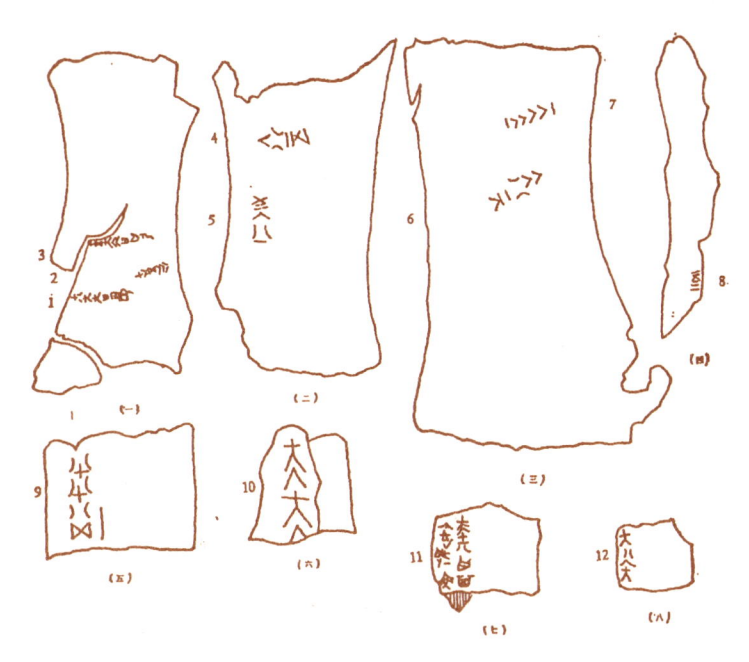

数字卦图

[①] 李学勤《谈安阳小屯以外出土的有字甲骨》（载《文物参考资料》1956 年第 11 期）认为："这种纪数的辞和殷代卜辞显然不同，而使我们想到《周易》的'九'、'六'。"
[②] 张政烺《试释周初青铜器铭文中的易卦》，载《考古学报》1980 年第 4 期。
[③] 张亚初、刘雨《从商周八卦数字符号谈筮法几个问题》，载《考古》1981 年第 2 期。

象数易学

与卦象来源问题密切相关的是卦象的作者与制作年代问题。传统一般认为是伏羲氏作八卦[①]，至于六十四卦则一般认为是八卦相重而来，有伏羲重卦、神农重卦、夏禹重卦、文王重卦等不同说法。近代考古文物的出土和学者的考释，推翻了传统观点。从数字卦的制作年代看，当为殷商和西周初年。从当时已有六数组合的卦看，六十四卦比八卦更早或至少同时。因而八卦、六十四卦的下限可定在周初（约公元前11世纪）以前，制作者是众多的卜者、筮者。

然而，事情并不这么简单，因为数字卦并不等于阴阳爻组成的易卦。易卦符号到底出现在数字卦之前还是之后？虽然从《周易》六十四卦排列的规律性、整齐性程度看，它应该是数字卦之后的产物，而且从至今出土的文物上还没有发现由阳爻"—"和阴爻"--"共同组成的三爻卦或六爻卦，但是否就可断言商周以前就没有三爻卦或六爻卦（当然不是指完整的六十四卦）？假设易卦是在数字卦之后产生的，那么数字卦又是如何演变成易卦的呢？数字卦的排列原则是两奇两偶，"六、八"两偶数可以同时出现在一个卦内。从这两个数的刻画上（"六"作"∧"，"八"作"><"），它们固然可以演变成"--"，但"一、五、七"（"一"作"一"，"五"作"×"或"⋈"，"七"作"+"）三个数中只有"一"与"—"同形，其他两个数是怎么也无法演变成"—"的。

尽管在"奇字"——"数字卦"演变成阴阳爻易卦的过程中，还有一些细节问题待解决，但总的来说，易卦从占卜而来的基本观点还是符合历史事实的。

从《易经》六十四卦的定形与次序的排定看，它已含有一定的理性思维因素。与龟卜所形成的自然兆象相比，卦象已发生性质上的改变。兆象不具有理性色彩，不具有逻辑思维因素，一切都凭灼烧之后的自然裂纹而定，而卦象则是一种经过了理性排列组合的产物。将卦象加上卦名、卦爻辞也不纯粹是占问的产物，其中还经过了整理、删减等加工环节，而这其中必然包含了加工者的观念和逻辑思维。

[①]《周易·系辞传》："古者包牺（伏羲）氏……于是始作八卦。"《史记·太史公自序》："余闻之先人曰：伏羲至纯厚，作易八卦。"《汉书·律历志》："伏羲画八卦。"古人多持此说。

二、爻数

《周易》经文中的"数"即爻数，由表爻性的数——"九""六"与表爻位的数——"初""二""三""四""五""上"两部分组成。从《左传》《国语》有关易占的二十余条筮例看，春秋时代人们尚未用"九""六"和"初""二"等表示一卦的阴阳爻和爻位，即未用爻题。那么《易经》为什么从下往上确定爻位数？为什么称阳爻为"九"、称阴爻为"六"？不妨先看一看后人的解释。

依据《周易·系辞传》"大衍之数"揲蓍法，经过分二、挂一、揲四、归奇"四营"而得到六、七、八、九这四个数，而这四个数中为什么只用"六""九"而不用"七""八"？就现存资料看，最早对此进行解说的是《易纬·乾凿度》：

> 阳动而进，阴动而退；故阳以七、阴以八为象。易一阴一阳，合而为十五之谓道。阳变七之九，阴变八之六。
>
> 易变而为一，一变而为七，七变而为九。九者，气变之究也，乃复变而为一。

郑玄对此做了解释：

> 象者，爻之不变动者……九、六，爻之变动者……阳动而进，变七之九，象其气息也；阴动而退，变八之六，象其气消也。（《易纬》）

清代姚配中引此段话，略有改动：

> 一变为七，是今阳爻之象；七变而为九，是今阳爻之变。八变而为六，是今阴爻之变；二变而为八，是今阴爻之象。（《周易姚氏学·赞元第一》）

此说的中心意思是：阳爻未变为七，已变为九；阴爻未变为八，已变为六。据此解说"阳动而进、阴动而退"尚可理解，但为什么一变不为三、不为五，而必为七？为什么偶数从八变起？这些仍然难以解释得通。

象数易学

唐代崔憬据此创"阴阳老少"之说:

> 九者,老阳之数,动之所占,故阳称焉。(《周易集解·乾卦》引崔憬说)

清代毛奇龄认为:"按老少之说,起于崔憬。谓乾为老阳,数九;震为少阳,数七;坤为老阴,数六;巽为少阴,数八。"(《仲氏易》卷三)崔憬的"阴阳老少"之说并未流传下来。

唐代僧一行从蓍策动静上对"老少"进行了解释:

> 以蓍策四十九数核之,老阳十三,余策三十六,为四九;少阳二十一,余策二十八,为四七;老阴二十五,余策二十四,为四六;少阴十七,余策三十二,为四八……揲蓍者,占卦之事;老少八九者,动静之分耳。(《仲氏易》卷三,引唐代僧一行说)

崔憬、僧一行的说法均因袭《易纬·乾凿度》而来。为什么说九、六为变、为"老"?七、八为不变、为"少"?《左传·襄公九年》记载穆姜之筮:"遇艮之八。史曰:是谓艮之随。"艮之随,初、三、四、五、上爻都变了,为什么说"之八"?照此便不能说明七、八为不变。

清代俞樾解释:

> 《说卦传》曰:"三天两地而倚数。"《正义》引郑注曰:"三之以天,两之以地。"窃谓九、六之数,起于此矣。乾卦三阳,阳之数三,三其三则为九,故九者,乾之数也;坤卦三阴,阴之数二,三其二则为六,故六者,坤之数也。以是推之:震、坎、艮,皆一阳二阴,其数七;巽、离、兑,皆一阴二阳,其数八。《易》用九、六,不用七、八者,用老不用少,统于尊也。(《群经平议》卷一)

俞樾的解释较为合理,九、六源于"三天两地",从乾、坤两个纯阳、纯阴卦而言,三个阳爻为九(3×3=9),三个阴爻为六(3×2=6),故以此作为阳爻、阴爻的代表数。但以此推出其他六卦为七、八,则反而制造了混乱,最后又归于"老少"问题,仍不得其解。

近人屈万里从龟卜上考察,发现殷人占卜所用的龟的腹部盾板(外皮)

第四章 "象数"的内涵——象数范畴论

的花纹,是中间一线直下,再横分为六排,左右两两对称。腹部甲壳(内壳)的花纹虽然也是一线中分的,但因为靠近腹甲的上端正中有一块"内腹甲",所以把这条直线给隔断了。腹甲内壳共有八块,与"内腹甲"共为九块。而盾板(外皮)的花纹,则六排平列。这说明有中("内腹甲")的是阳性的,无中的是阴性的。甲壳有中,而其数为九;盾板无中,而其数为六。它们恰好与代表阴阳的九、六之数相合。屈氏从而认为易卦九、六之数源于龟卜。①

屈氏的考证颇费苦心,可遗憾的是,他数盾板与数甲壳的标准并不一致,数甲壳是分开数的,有一块算一块;而数盾板却是合起来数的,将一排平列的两块算一块(如分开数,则有十二块)。这就难免有牵强凑数之嫌了。

从今人张政烺、张亚初等发现并整理的数字卦看,这种由一、五、六、七、八等五个数字组成的卦,在使用时是两奇两偶地配合,与"大衍筮法"四营之数六、七、八、九比较,前者没有九,却多出一、五,看来数字卦与易卦的成卦法可能是两个系统。如果从数字卦与易卦的比较看,《易》卦的阴爻应称"六"或"八"(断开变形即为 ▬),阳爻倒应称"一",但阳爻为什么称"九",仍是未解之谜。

与爻象源于龟卜"数字卦"的考证密切相关,若从龟卜数字卦角度考证"九""六"之数的来源,不失为一条切实的路子。但如果商、周时代即有了"九""六",那么为什么春秋时代的《左传》《国语》并没有"九""六"的记载?看来对这个问题的考察,还应该从卜法和筮法相结合的角度出发。从《易经》创作的时代②看,当时卜法与筮法经常混用,多种占筮法又并行不悖,《易经》的编撰者很可能吸取了其中某一种占筮法,并采用了其中的"九""六"之数,将其与从卜法而来的阴阳爻象相结合,并对六爻的次序做了规定,采用了从下往上依次排列的顺序,故将最下爻规定为"初",最上爻规定为"上"。《易经》卦爻辞在春秋时期已基本定形并

---

① 屈万里《易卦源于龟卜考》,原载《"中央研究院"历史语言所集刊》二十七本,1956年,台北。
② 关于《周易》经文创作的年代,近代多数人认为,其基本素材是西周初期或前期的产物,其编撰则出于西周中后期史官之手。

有一定影响力，但并未经典化、权威化，《左传》《国语》引用的少数卦爻辞与《易经》不同，尤其爻题尚未最后定形，所以《左传》《国语》中表示某一爻时还未采用"初九""初六"等术语，而是采用"×之×"的标记方法。① 由此可见，爻题数是在春秋后的战国时代形成的。

就"象""数"二字而言，《易经》文字中并未提及它们，但《易经》通篇用"象"、用"数"。而且《易经》已将卦象与爻数巧妙地结合在一起，爻题的数就是爻象，六爻总数就是卦象。这种"象""数"结合的形式是易学的基本特征。可以说，《易经》是中国文化"象数"思维的开创者。

第三节 《易传》中的象数

"象"是《周易》重要的构成因素，甚至成了"易"的代名词，这一点先秦文献已论及。《左传·昭公二年》记载"见《易象》与《鲁春秋》"，其中"易象"指的就是《周易》。孔颖达在此句下疏："《易》文推衍爻卦，象物而为之辞……是故谓之《易象》。"

对《周易》"象""数"全面地进行阐释的是《易传》（即《十翼》），其《系辞传》明确提出"易者，象也"的命题。经统计，《易传》中"象"出现485次（如除去《象传》中"象曰"之"象"则为42次），"数"出现15次。"象""数"在《易传》中的分布次数如下：

分布	彖传（次）	象传（次）	文言传（次）	系辞传（次）	说卦传（次）	序卦传（次）	杂卦传（次）	合计（次）
象	3	443	0	39	0	0	0	485
数	0	1	0	11	3	0	0	15

---

① 如"坤之剥"指坤上六爻，"乾之姤"指乾初九爻。

第四章 "象数"的内涵——象数范畴论

一、论象

1. 从"象"的含义论

《易传》中"象"的含义主要有三种，其一，卦象；其二，事象、物象；其三，取象。

（1）"象"为卦象

"象"为卦象。如：

> 顺而止之，观象也。（剥卦的《象传》）
> 圣人设卦观象，系辞焉而明吉凶。（《系辞传》）
> 是故君子居则观其象而玩其辞。（同上）
> 极其数，遂定天下之象。（同上）
> 圣人立象以尽意，设卦以尽情伪。（同上）
> 象者，言乎象者也。（同上）
> 成象之谓乾，效法之谓坤。（同上）
> 是故夫象，圣人有以见天下之赜，而拟诸其形容，象其物宜，是故谓之象。（同上）
> 以制器者尚其象。（同上）
> 八卦成列，象在其中矣。（同上）
> 象也者，像此者也。（同上）
> 是故《易》者，象也。象也者，像也。（同上）
> 八卦以象告，爻象以情言。（同上）

（2）"象"为事象、物象

"象"为卦所象征的万事万物之象（事象、物象）。如：

> （小过）有飞鸟之象焉。（小过卦的《象传》）
> 在天成象，在地成形。（《系辞传》）

象数易学

> 是故吉凶者，失得之象也。悔吝者，忧虞之象也。变化者，进退之象也。刚柔者，昼夜之象也。（同上）
>
> 见乃谓之象，形乃谓之器。（同上）
>
> 是故法象莫大乎天地……悬象著明莫大乎日月。（同上）
>
> 天垂象，见吉凶，圣人象之。（同上）
>
> 仰则观象于天，俯则观法于地（同上）

（3）"象"为取象

"象"为取象、象征。如：

> 鼎，象也。（鼎卦的《象传》）
>
> 拟诸其形容，象其物宜。（《系辞传》）
>
> 大衍之数五十……分而为二以象两，挂一以象三，揲之以四以象四时，归奇于扐以象闰，故再扐而后卦。（同上）
>
> 天垂象，见吉凶，圣人象之。（同上）
>
> 是故《易》者，象也。象也者，象也。（同上）
>
> 象事知器，占事知来。（同上）

《易传》言"象"，三层意思是有机结合在一起的，"卦象"是核心，"取象"是方法，"事象""物象"是"卦象"所象征的对象。

2. 从"象"的词性论

如果从"象"的词性上分析，"象"分两类，即作为名词的"象"和作为动词的"象"。

（1）作为名词的"象"

作为名词的"象"包括卦象、爻象及卦爻所象征的物象、事象，进而指一切现象、形象，即有形可见的具体器象和虽无形可见但可以感受的现象。《周易·系辞传》说："见乃谓之象，形乃谓之器。"可"见"之"象"与有"形"之"器"，都称为"象"。

（2）作为动词的"象"

作为动词的"象"，通"像"，指象征、比拟，指《周易》用卦爻等符号象征、模拟自然变化和人事吉凶。《周易·系辞传》所说的"是故《易》者，象也；象也者，象也""象其物宜""圣人象之"，其中的"象"（加着重号者）皆作动词。《周易·系辞传》还提出"法象"一词："是故法象莫大乎天地，变通莫大乎四时。""法象"，唐代孔颖达《周易正义》解释："谓卦为万物象者，法象万物，犹若乾卦之象法象于天下也。"此是将"法象"看成动词，即取法、取象。北宋张载《正蒙·太和》说："盈天地之间者，法象而已。"清初王夫之《周易外传》说："法皆其法，象皆其象，故曰大也。"此是将"法象"看成名词。就《周易·系辞传》本身而言，"法象"与"变通"相对为文，故以作为动词解为长。

如前所述，"卦象"是"象"的核心，是"易"的代名词。"易者，象也"之"象"就指卦象。卦象是《周易》及易学认知万事万物的中介。《周易》卦爻辞凡拟之以物时，一般初爻之辞皆取象于下，上爻之辞皆取象于上，中爻之辞皆取象于中。然而《周易》的取象方法已经亡佚，卦爻辞也经过了整理、删减，所以今人难以系统而自然地以卦象解经。汉代及后世学者对此虽多有探索，但都难免穿凿附会。

与"卦象"相对应的是"爻象"。"爻象"也有两层意思，一是指"爻符""爻画"，二是指爻所象征的事物。因爻只有两种，《易传》以"刚""柔"命名，即刚爻"—"和柔爻"- -"。

爻象还指爻位之象。《周易》各卦的《象传》由对卦象的解释和对爻象的解释组成，共有对卦象的解释64条，对爻象的解释386条，全是讲"象"的，即从"象"的角度，用取象、法象的方法解释卦辞、爻辞。

《易传》对卦爻象的解释有一个重要特点，即卦分阴、阳，爻分刚、柔，以"阴"与"阳"分析卦象，以"刚"与"柔"分析爻象。如《周易·系辞传》："阳卦多阴，阴卦多阳，其故何也？阳卦奇，阴卦偶。"认为卦中阴爻多、阳爻少者，为阳卦；反之，为阴卦。依此标准，则八卦中震、坎、艮为阳卦，巽、离、兑为阴卦。[①] 其原因是阳卦画数为奇数，阴卦画数为偶数。

---

① 朱熹《周易本义·系辞下》："震、坎、艮为阳卦，皆一阳二阴；巽、离、兑为阴卦，皆一阴二阳。"

朱熹解释:"凡阳卦皆五画,凡阴卦皆四画。"(《周易本义》卷三)此是以阳爻为一画、阴爻为二画进行计算的,基本符合《周易·系辞传》原意。《易传》以阴、阳论卦,主要表现在乾、坤二卦上。《周易·系辞传》说:"乾,阳物也;坤,阴物也。"乾阳坤阴是《易》之门户,是《易》之"道"的体现。《周易·系辞传》还将卦分为小大:"是故卦有小大,辞有险易。""齐小大者存乎卦。"所谓"小大"即指"阴阳"[1]。卦分阴、阳之后,万事万物即被划归阴、阳两类,如天、君、君子、大人、父、男人、奇数、刚、健、动划归乾阳,地、臣、小人、母、女人、偶数、柔、顺、静划归坤阴。其他六卦亦按阴、阳的属性、功能象征万物,如《周易·说卦传》以震、坎、艮三阳卦分别代表长男、中男、少男,以巽、离、兑三阴卦分别代表长女、中女、少女,并列举各自的多种物象。

《易传》将爻分为刚、柔两种。《周易·说卦传》:"发挥于刚柔而生爻。"《周易·系辞传》将六爻的功用做了界说:

> 二与四,同功而异位,其善不同:二多誉,四多惧,近也。柔之为道,不利远者;其要无咎,其用柔中也。三与五,同功而异位:三多凶,五多功,贵贱之等也。其柔危,其刚胜邪?

其中提到了"柔""刚"。"二"与"四"位如柔爻居之,则"其要无咎";"三"与"五"位如柔爻居之则"危",如刚爻居之则"胜"。各卦的《彖传》《象传》则主要以刚、柔及其关系来解释卦爻辞。如蒙卦,其《彖传》以"刚中也"解释"初筮告","刚中"指刚爻居坎卦中位;其《象传》以"刚柔接也"解释九二爻爻辞"子克家","刚柔接"指二爻刚爻与五爻柔爻相应。

二、论数

1. 从"数"的次数论

《易传》言"数"共有15处(次)。

---

[1] 朱熹《周易本义·系辞上》:"小谓阴,大谓阳。"

君子以制数度。(节卦的《象传》)

极数知来之谓占。(《系辞传》)

天数五，地数五……天数二十有五，地数三十，凡天地之数五十有五。(同上)

大衍之数五十……(同上)

二篇之策，万有一千五百二十，当万物之数也。(同上)

参伍以变，错综其数。(同上)

极其数，遂定天下之象。(同上)

古之葬者……丧期无数。(同上)

参天两地而倚数。(《说卦传》)

数往者顺，知来者逆，是故《易》，逆数也。(同上)

以上15处中，除"君子以制数度""丧期无数"两处不指"易数"外，其他均指"易数"。而就"数"本身词性而言，除"数往者顺"之"数"为动词外，一般都为名词。"极数""倚数""逆数"中的"数"则可作名词、动词两解。

"参伍以变，错综其数""极其数，遂定天下之象""极数知来之谓占""参天两地而倚数"，说明"数"可以定卦象，推衍"数"可以预知未来。

2. 从"数"的范围论

易数的范围很广，主要有大衍之数、策数及天数、地数。

（1）大衍之数

据《周易·系辞传》说："大衍之数五十，其用四十有九，分而为二以象两，挂一以象三，揲之以四以象四时，归奇于扐以象闰，五岁再闰，故再扐而后挂。……是故四营而成易，十有八变而成卦。"

大衍之数为五十（一说五十五），抽去一（一为太极），实际用四十九。四十九根蓍草通过分二（象天、地两仪）、挂一（象天、地、人三才）、揲四（象四时）、归奇（象闰）四营（四个过程）、三变（重复三次）之后，

139

得到九、八、七、六四数，根据后世一般解释，九为老阳，八为少阴，七为少阳，六为老阴，根据"老变少不变"原则，以九、六为阳爻和阴爻的记数。这样就定出一爻，如此重复六次，共十八变（三变乘以六次）而得出一卦六爻。

朱熹另创"挂扐法"，用勒于左手指间的蓍草余数，以定阴、阳、老、少之数。三变后挂扐数为五、四、八、九，以其中含几个四来定奇偶，五、四为奇数（只含一个四），八、九为偶数（各含两个四）。此法与原意不甚吻合。

（2）策数

策数就是蓍草的根数，一根蓍草就是一策。《周易·系辞传》："乾之策二百一十有六，坤之策百四十有四，凡三百有六十，当期之日。二篇之策，万有一千五百二十，当万物之数也。"

这是紧接着"大衍之数"而言的。为什么乾的策数为二百一十六，坤的策数为一百四十四？

三变之后，若所余蓍草为三十六策，则出老阳一爻（$36÷4=9$，九为老阳）。乾卦有六个阳爻，共二百一十六（$36×6=216$）策，故曰："乾之策二百一十有六。"若所余蓍草为二十四策，则出老阴一爻（$24÷4=6$，六为老阴），坤卦有六个阴爻，共一百四十四（$24×6=144$）策，故曰："坤之策百四十有四"。乾、坤共为三百六十策，为一年的日数。

二篇之策为什么是一万一千五百二十？"二篇"指《周易》全书（分上下两篇），共六十四卦、三百八十四爻，其中阳爻一百九十二，阴爻一百九十二。若以老阳和老阴策数计算，老阳每爻为三十六策，一百九十二爻共有六千九百一十二（$192×36=6912$）策。老阴每爻为二十四策，一百九十二爻共有四千六百零八（$192×24=4608$）策。阴、阳爻策数相加，共有一万一千五百二十策。若以少阳和少阴策数计算，少阳每爻为三十二策，少阴每爻为二十八策，各乘以一百九十二爻，分别得六千一百四十四（$192×32=6144$）策与五千三百七十六（$192×28=5376$）策，共得一万一千五百二十策。两种方法得到的策数相同，这个策数代表世界万物之数。

（3）天数、地数

《周易·系辞传》说："天一，地二；天三，地四；天五，地六；天七，地八；天九，地十。天数五，地数五，五位相得而各有合。天数二十有五，地数三十。凡天地之数五十有五，此所以成变化而行鬼神也。"

在十以内的自然数中，奇数为天数，偶数为地数。天数之和为二十五（1+3+5+7+9=25），地数之和为三十（2+4+6+8+10=30），天地数之和为五十五。天地之数是成就万物变化的神妙之数。因这一段话是在"大衍之数"前面说的，所以有人据此认为天地之数即"大衍之数"。也就是说，"大衍之数"为五十五。我认为"大衍之数"为五十是符合易理的，因为按后面所言"其用四十有九"，说明抽掉了一根，而"一"为太极，《周易·系辞传》说："是故《易》有太极，是生两仪，两仪生四象，四象生八卦。"其过程正是：

1→2→4→8

如果"大衍之数"为五十五，则所抽去的不用之数就是六，就不是太极之数"一"。那种认为六为一卦之爻数（六爻）的理解不仅牵强，而且与整个揲蓍法不符。

第四节　易学中的象数观

历代易学家都在《易传》的基础上对"象数"概念做解释，并逐步将它从一个筮法范畴提升到一个哲学范畴。

一、象数派论"象数"

汉代孟喜、京房开创了以象数解《易》的象数派，但对"象数"范畴并没有做系统的论述，对"象数"的认识，基本上没有超出《易传》水平。如京房认为，"象"即"卦象"，"卦象"是"考天时，察人事""通乎万物"的依据，既具有象征"天地日月星辰草木万物"的功用，又可"运转有无""定吉凶，明得失，降五行，分四象"。数即奇偶之数，是用以象征上下四方、日月出入、"内外承乘"（《京氏易传》卷下）、阴阳变化的。

《易纬》认为"形及于变而象，象而后数"，并将"数"看成与"象"一样是阴阳"进退""五行迭终，四时更废""变节相和"的象征，进而扩大了数的范围，将九宫数、五行数引入"易数"（《易纬·乾凿度》）。"象数"在汉易中已开始由筮法范畴过渡到哲学范畴。

宋代象数派对"象数"范畴做了系统的论述，对"象数"的认识比汉代象数派有了很大进步，最终将其提升到哲学范畴。

邵雍认为："象也者，尽物之形也；数也者，尽物之体也。"（《皇极经世书·观物内篇》。）象数的目的是穷究万物的形体，"象起于形，数起于质"（《皇极经世书·观物外篇》）。象源于有形之物，数源于有体质之物。他还将象数分为"内象内数"与"外象外数"，认为"易有内象，理致是也；有外象，指定一物而不变者也""自然而然不得而更者，内象内数也；他皆外象外数也"（《皇极经世书·观物外篇》）。所谓"内象内数"，指内在的理数、不可变更的运动法则；所谓"外象外数"，指外在的具体事物以及其变化的形迹。邵雍将"象"扩大到一切有形可感的事物，将"数"看成万事万物的内在度量规则，并规定了万事万物的各种"数"。

张行成作为邵雍后学，基本上继承了邵雍的观点，认为"数者，动静变化，攸阴忽阳，一奇一偶，故有数也，有数之名，则有数之实；象者，实也，气见则为象，凝则为形"（《皇极经世观物外篇衍义》卷八）。张行成认为数是由于阴阳二气的动静变化而产生的，而象则是气的表现。"形"和"象"有所区别，"形"指有形之物，"象"则既指有形之物，又指无形但可以感受之物，如阴阳二气。

南宋蔡沈对象数做了新的解释，以"象"为易之卦象，以"数"为畴之五行数，"卦者，阴阳之象也；畴者，五行之数也"（《洪范皇极内篇》），"体天地之撰者，易之象；纪天地之撰者，范之数"（《洪范皇极内篇》序）。蔡沈认为"数"和"象"又有动静体用的区别，"数者，动而之乎静者也；

象者，静而之乎动者也。动者，用之所以行；静者，体之所以立"（《洪范皇极内篇》）。他还对"数"做了与前人不同的界定：

> 数者，礼之序也。
>
> 数者，彝伦之序也。
>
> 数者，尽天下之事理也。
>
> 数者，圣人所以教天下后世者也。

赋予"数"以伦理次序之内涵、尽理教民之功用。

明代来知德在对"象"的解说上有创新。他说"象犹镜也，有镜则万物毕照"（《周易集注·系辞下》），认为"象"是万物的镜子，这是就卦象的功能而言的。他还将"象"扩展到万事万物之象，"象也者像也，假象以寓理，乃事理仿佛近似而可以想象者也，非造化之贞体也"（《周易集注·系辞下》）。来知德阐明了卦象与万物本来之形象是仿佛、近似的摹写关系，并将事理也归于"象"的范畴。

方孔炤、方以智父子对"象数"做了系统的论述，认为"象"既为卦爻等符号之象，又为宇宙万物一切现象；"数"既为奇偶之数，又为一切事物的度数：

> 两间物物皆河洛也。人人具全卦爻，而时时事事有当然之卦爻，无非象也。卦爻命词所取之象，此小象也……总之，无所非象，而圣人亦时有不取；无所非义，而圣人亦时有不宣。盖缘爻触变而会通之，随人征理事耳。（《周易时论合编·凡例》）

"无非象"针对卦爻而言，指人人、物物、时时、事事没有不符合卦爻及河洛之象的；"无所非象"针对万物之现象而言，指宇宙万事万物都是有表征的，都是有现象的。卦爻象、河洛图象所表征的"象"既包括有形的象，如天、马、龙、玉等，又包括无形但可感的象，如风、气、寒、圆等，甚至包括无形无感的事理、义理，如健、顺、刚、道德、福祉、安宁、敦厚等。而圣人所取之象即卦爻命词中的象，只是很少的一部分，是"小象"；无处不有、无处不立、无处不是的象，才是"大象"。此"象"即指现象。

对"数",方氏父子做了界说:

数本天之度也。(《周易时论合编·图象几表·极数概》)

数者,气之分限节度也。(《周易时论合编·说卦传》)

凡不可见之理寓可见之象者,皆数也。(《周易时论合编·系辞上传》)

方氏父子认为,"数"是度量事物及事理的,"数"是用来表征事物运动变化的道理的,"万事万理以数为征"(《周易时论合编》),事物的"深几"变化之理蕴藏在"象数"中。方氏将"象数"看成事物的现象度数,将之提升到哲学范畴。

方氏还提出了"虚空皆象数,象数即虚空"(《周易时论合编·跋》)的命题,认为虚空的世界即象数的世界,天地之间无处不有象数,实际上是否定了虚无世界的存在。方氏认为,此象数为宇宙万事万物的现象度数,而卦爻象数与河洛象数则是事物象数的"表法"。

二、义理派论"象数"

以抽象、概括的意义代替具体物象对《周易》进行解释的易学流派为义理派。魏晋王弼是义理派的创立者。义理派关注的是事物的德性、本质,因而对"象数"的认识与象数派不尽相同。

王弼视"象"为"意"的工具——"夫象者,出意者也""象者,意之筌也""象生于意,故可寻象以观意"(《周易略例·明象》)。王弼认为一味执着于"象"这个工具,就会影响到对"意"的把握,所以主张"忘象"而"得意"。

唐代孔颖达是义理派与象数派的调和者。在"象数"问题上,孔氏认为"象"为卦象,而卦象又能"备万物之形象"(《周易正义·乾卦》疏),"万物之象在其八卦之中也"(《周易正义·系辞下》疏),将卦象看成对万物之象的模拟。孔氏这一观点与象数派一致。孔氏还认为卦象涵盖了万事万物之理:"夫八卦备天下理者,前注云备天下之象,据其体;此云备天下之理,据其用也。言八卦大略有八,以备天下大象大理,大者既备,则小者亦备矣。"(《周易正义·系辞下》疏)孔疏以象为体、以理为用,认为卦象既模拟物象又模拟义理,物象是根本,义理基于物象之上,并进一步将"象"分为实象、假象,以符合物象实际情况者为实象,以不符合者为假象,"虽有实象、假象,皆以义示人,总谓之象也"(《周易正义·乾·象辞》疏)。孔氏认为"象"的功用是"以义示人""明义""明人事"。孔氏还认为"数"为蓍数,"数从象生,故可用数求象"(《周易正义·说卦》疏);数为奇偶之数、天地之数、阴阳之数,"阳奇阴偶之数成就其变化……而宣行鬼神之用"(《周易正义·系辞上》疏),奇偶数代表了阴阳象。孔氏认为"象数"来源于"太虚自然",因而有"太虚之象""太虚之数"。此"太虚"指无形体、无造作的阴阳二"气",故其具有"至精至变"的功用。孔氏认为"由其至精,故能制数;由其至变,故能制象"(《周易正义·系辞上》疏),象数是由气的至精至变而产生的。

宋代义理派易学家对"象数"的内涵和功用做了新的诠释。程颐认为象数是"理"的显现,"有理而后有象,有象而后有数。易因象以明理,由象而知数,得其义则象数在其中矣"(《二程集·河南程氏文集》卷九《答张闳中书》)。程氏认为义理是第一位的,象数是义理的显现。"至微者,理也;至著者,象也。体用一源,显微无间"(《河南程氏文集·易传·序》)。程氏认为象是用,理是体;象是显著者,理是微隐者,两者是融合在一起的。这与象数派以及孔疏以象为体、以理为用的观点恰好相反。程氏认为"数"是"气"运行的度数,是由"气"形成的,"有理则有气,有气则有数。行鬼神者,数也。数气之用也"(《程氏经说》),并认为奇偶、九六、天地等数是变化的度数,是对阴阳卦象与气象的标度。

张载认为"象"由"气"而来:"有此气则有此象……有气方有象,虽未形,不害象在其中。"(《横渠易说·系辞下》)与程颐不同的是,张载认为"象"不是因"理"而来的,而是因"气"而来的,甚至认为"象"即"气":

凡象,皆气也。(《正蒙·乾称》)
象若非气,指何为象?(《横渠易说·系辞下》)

张载还首次对"象"与"形"做了区别,认为"象"指未成形或无形的事物,"形"指能用肉眼观察的、有形状的事物。他还提出无"形"而有

"象"的观点，认为"形"和"象"可以互相转换。他所指的"象"是从卦象和物象中概括出来的关于事物存在的概念。他主张"数"是"象"成立后逐渐形成的，"象"未形成时无"数"可言："夫混然一物，无有始终首尾，其中何数之有？然言者特示有渐耳。"(《横渠易说·系辞上》)他认为天地之数的排列依赖于天地之象，并且天地之数是为了成就和推行阴阳之气而已。张载认为"数"是后于"气""象"的产物。

南宋初年杨万里本于程氏易学，指出"象"为事理的表现："象者何也？所以形天下无形之理也。"(《诚斋易传·乾》)他认为"理"是无形的，"人不可得而见"，而"圣人见天下有至幽至赜之理"，但无形之理可表现为有形之象："何谓象？物有事有理，故有象。事也理也犹之形也，象也犹之影也。"(《诚斋易传·系辞》)他以形、影比喻理、象，并不是说"理"是有形的，而是说"理"是根本，"象"只是"理"的影子。他认为"数"也是表现"理"的一种形式，"天地之道不在数也，依于数而已"。"数"是"天地之道"的一种依托或工具，是在"理"之后才产生的。

朱熹对"象""数"的含义做了界说："盖其所谓象者，皆是假此众人共晓之物，以形容此事之理，使人知所取舍而已""所谓数者，只是气之分限节度处，得阳必奇，得阴必偶，凡物皆然，而图书为特巧而著耳"(《朱子语类》卷六十七)。朱子以"象"为取象，动词义；又以"象"为卦象、万事万物之象，名词义。"象者物之似也。"(《周易本义·系辞上》)其以"数"为阴阳二气的量度。在"象"与"理"的关系上，其主张"象"因"理"而生，"盈乎天地之间，无非一阴一阳之理，有是理，则有是象""盖有如是之理，便有如是之象"(《朱子语类》卷六十七)，认为"象"与"理"是体用关系，"理"为体，"象"为用。其在解释程颐"体用一源，显微无间"时说：

> 其曰体用一源者，以至微之理言之，则冲漠无朕，而万象昭然已具也；其曰显微无间者，以至著之象言之，则即事即物，而此理无乎不在也。(《周子全书》卷二引)

从理的方面说，则理体中有象用，"先体而后用"；从象的方面说，则显象中有微理，"先显而后微"。可见，"象"是"理"的显现和功用。"数"

同样也是"理"的显现,"易不过只是一个阴阳奇偶,千变万变则易之体立。若奇偶不交变,奇纯是奇,偶纯是偶,去哪里见易"。数的交相变化体现了阴阳变化之"理"。在"象"与"数"的关系上,朱熹主张先象后数:"有如是之象,便有如是之数""有是象,则其数便自在这里"(《朱子语类》卷六十七),而象数又是本于"一阴一阳之理"而产生的。

清代王夫之对"象数"的论述,在义理派中独具特色。他认为"象"是"易之全体","象,阴阳奇偶之画,道之所自出,则易之大指不逾于此也"(《周易内传·系辞上》)。在"象"与"理"的关系上,他主张"象""理"统一说,认为"无象外之理""无象外之道","象"和"道"(理)并非父子关系,不是"理"生"象",它们不是两个实体,"不曰道生象而各自为体,道逝而象留。然则象外无道"。他认为"道"(理)与"象"是同一实体的两个方面,"相与为一",同实而异名,并从不同角度对象、数与理的关系进行论述:

由理之固然者而言,则阴阳交易之理而成象,象成而数之以得数。由人之占易者而言,则积数以成象,象成而阴阳交易之理在焉。(《周易内传·系辞下》)

阴阳变通而成象则有体,体立而事物之理著焉,则可因其德而为之名。(同上)

王夫之认为,或先有阴阳交易之理而后成象,或先有阴阳变通之象而后理著。前者本于程颐"有理则有象"说,后者本于象数派"有象则有理"说,看似矛盾,其实两者是一体关系,只是观察角度不同。王夫之提出"象者,理之所自著也"的命题,认为"天地之化理,人物之情事所以成万变,而酬酢之道"(《周易内传·系辞下》)皆呈效于"象"中。理显于象,象中有理,两者不可分离,象又与气密不可分,不能象外求理,这又是张载"气象合一"以及来知德等元明清象数派"舍象不可言易"思想的发展。王夫之虽然说过"即象以见理"(《周易外传·系辞下》),但并不是以"象"或"理"为第一位,而是以合一的"理象"或"象理"(蕴含理之象)为第一位。

"数"在王夫之看来也是"理""道"的显现,"道之见于数者,奇偶而已"(《周易外传·系辞下》)。他认为,《易》之数在于奇偶数之分合,数之相合表示"天地之德合";数后于象,"象成而数之以得数"(《周易内传》),

"物生而有象，象成而偏数"(《周易外传·乾》)；但数与象又是一体关系，无数外之象，无象外之数，象与数审视的角度不同，"易之所可见者象也；可数者，数也"(《周易内传·系辞上》)。王夫之在《周易外传·说卦传》中对"象"与"数"做了系统的分析：

> 象自上昭，数由下积。夫象数一成，咸备于两间，上下无别也，昭积无渐也，自然者无所谓顺逆也。而因已然以观自然，则存乎象；期必然以符自然，则存乎数……象有大小，数有多寡。大在而分之以知小，寡立而合之以为多……故象合以听分，数分以听合也……是故畴成象以起数者也，易因数以得象者也。

王夫之认为，象与数无先后、顺逆之别，象自上垂，数自下积，是人对事物本然状态的观察。因循"已然"而观察"自然"，则依靠"象"；期望"必然"以符合"自然"，则依靠"数"。也就是说，"象"是可见可感的已然之迹，从"象"上可以考察事物的本然状态、本然之理；"数"是表达物象的数目，从"数"上可以了解到符合事物本来面貌的变化发展的自然规律。

王夫之认为，"象数"有两层含义，一指卦象、易数，二指现象、度数。前者用来考察、表达物象的符号、数目，后者指客观事物所具有的形象及量的规定性。前者是人为的"象数"，后者是自然的"象数"，前者来源于后者，"期必然以符自然"，前者不能违背后者。

综观象数派与义理派对"象数"的论述可以看出，他们既有相同点又有不同点。

相同点为：两派都将"象数"从卦象、易数扩展到万事万物的现象与度量，认为前者是对后者的模拟，后者是前者所象征的对象。他们逐步将"象数"从筮法范畴上升到哲学范畴。两派对"象数"的内涵、功能的认识基本相同。

不同点为：象数派认为象数是第一位的，象数先于义理，象数蕴含义理；义理派认为义理是第一位的，义理先于象数，象数本于义理。两派在象数与义理的关系上有根本不同，这也正是两派之所以成为两派的根本原因。

第四章 "象数"的内涵——象数范畴论

第五节 象数与术数

一、术数源流

"术数"又称为"数术",这个词最早出现在西汉[1]。作为我国古代各种"术"中的一种,作为一门可以操作的技术,"术数"是以"数"为工具进行吉凶预测的,它与巫术、兵术、权术、医术、房中术、养生术一道构成了中国的"方术"。

术数的功用主要在于预测、推断人事吉凶、国运兴衰,并解说各种奇异的自然现象、社会现象,这一点同巫术基本相同。只是"术数"关注的对象、操作的工具都是"数"。

"数"原本是用于计量的。《汉书·律历志》说:"数者,一十百千万也,所以算数事物。"但在古人的观念中,"数"还有一个更为重要的功能,那就是"通神"。这一点中西方基本相同。

在西方,"数"被赋予和谐功能、神学功能等。毕达哥拉斯学派将数看成万物的范型和本原,是"和谐"的。正如卡西尔所说,数被"毕达哥拉斯学派赋予和谐的那种功能。它是众多混合因素的统一,是不可协调因素间的协调一致;它充当神奇的纽带。这纽带与其说是把万物联结起来,不如说是使万物与灵魂达到和谐"[2]。在卡西尔看来,"数是决定神话世界结构的第三大重大形式主题",数与空间、时间构成"神话形式理论的基础",

---

[1]《黄帝内经·素问·上古天真论》有"法于阴阳,和于术数"句。据笔者考证,《黄帝内经》的成书年代在西汉《史记》和《大戴记》之后。关于"术数"一词,刘歆《七略》作"术数",《汉书·艺文志》作"数术"。其后一般写作"术数",如《清史稿·艺文志》《四库全书总目》均作"术数"。
[2] 卡西尔《神话思维》,黄龙保等译,中国社会科学出版社,1992年,第169页。以下引文见该书第158—169页。

"数通过知觉使万物符合于心灵，使万物可知，使万物彼此可比"，"数成了使世俗与神圣、可死与不朽彼此沟通，使它们构成世界秩序之统一的伟大调节者"，"数成为精神领域和人类自我意识结构中的本质力量。它证明自身是一种将多种意识力量联结成网的纽带，它把感觉、直觉和情感等领域结成一个统一体"。

在我们的祖先看来，"数"是一个"先天地而已存，后天地而已立"的神灵之物，"数"是限定一切事物的法则，"万物莫逃乎数也"。相传，神是用"数"来表达它的意志的，"神虽非数，因数而显"（《周易正义》引顾懽语）。"数"可以显神，可以通神，人与神之间就是通过"数"来沟通的。《周易》正是这样一部通过"数"来探知万物变易规律或者说天神意志的书。"易，逆数也。""逆数"就是对"数"的推衍、逆测。

随着人类文明进程的推进，"数"被逐渐抽象化，但同时又被附加上各种特定的文化思想观念。这就是"数"的另一重要功能，即述理功能。

《说文解字》对"一"至"十"这十个数字的解释就说明了这一点：

一，惟初太极，道立于一。造分天地，化成万物。

二，地之数也。

三，数名。天、地、人之道也。

四，阴数也。象四分之形。

五，五行也。从二。阴阳在天地间交午也。

六，《易》之数，阴变于六，正于八。

七，阳之正也。从一，微阴从中衺（音 xié）出也。

八，别也。象分别相背之形。

九，阳之变也。象其屈曲究尽之形。

十，数之具也。一为东西，丨为南北，则中央四方备矣。

《说文解字》指出"数"具有阴阳的理念、五行的理念。此外，"数"还具有吉凶的理念。某个数显吉显凶取决于特定的文化观念和文化氛围。如在古代建筑中一般以奇数为吉、以偶数为凶。汉代以后的住房大多以奇数开间，古塔层次也多为奇数。《易传》规定，奇数为阳、偶数为阴，阳尊阴卑，所以汉以后崇阳抑阴成为风气。而在婚礼择日中，人们却喜欢用

第四章 "象数"的内涵——象数范畴论

偶数，取成双成对之意，五月、七月、九月这三个月被看成不宜成婚的凶月。

在"数"的计量、通神、述理三大功能中，计量性功能逐渐减弱，通神性、述理性功能逐渐增强。这样"数"就被披上了一层神秘的面纱。"数"的述理性成为人类早期象征哲学的又一体现，而"数"的通神性则使"数"成为古代各种占卜术的重要工具，使"数"充当了占卜预测的主角，以至于各种通神预测的技术被直接称为"数术"。

汉代刘歆在《七略·术数略》中将术数分为天文、历谱、五行、蓍龟、杂占、形法六类。班固《汉书·艺文志》沿用了这种分类法。他在数术类总序中说：

> 数术者，皆明堂羲和史卜之职也。史官之废久矣，其书既不能具，虽有其书而无其人……盖有因而成易，无因而成难，故因旧书以序数术为六种。

《汉书·艺文志》著录数术书一百九十家，二千五百二十八卷。这是对"数术"所做的最早的系统阐述和分类。[①] 这六种"数术"分别被界定为：

> 天文者，序二十八宿，步五星日月，以纪吉凶之象，圣王所以参政也。
>
> 历谱者，序四时之位，正分至之节，会日月五星之辰，以考寒暑杀生之实。
>
> 五行者，五常之形气也……其法亦起五德终始，推其极则无不至。而小数家因此以为吉凶，而行于世，浸以相乱。
>
> 蓍龟者，圣人之所用也。《书》曰："女则有大疑，谋及卜筮"。

[①]《史记·日者列传》曰："试之卜数，中以观采。"司马贞索隐："卜数，犹术数也。"《史记》只数"卜数"未言"术数"。《汉书·艺文志序》："太史令尹咸校术数。"颜师古注："占卜之书。"《汉书·艺文志》首次系统阐释"术数"。《后汉书·方术传》："极数知变，而不诡俗，斯深于数术者也。"《资治通鉴·汉纪》："成帝河平三年，太史令尹咸校数术。"《文选·马融长笛赋序》李善注："汉书曰：术数者，皆羲和卜史之职。韦昭曰：历数，占术也。"

151

象数易学

杂占者，纪百事之象，候善恶之征。

形法者，大举九州之势之以立城郭室舍形，人及六畜骨法之度数、器物之形容以求其声气贵贱吉凶。

在这六种数术中，前三种即天文、历谱、五行，最初都是用于推往知来、占断吉凶的，所以归入"术数"类。

天文"以纪吉凶之象"，即从星事的"凶悍"判断、决定国家政令。与现代天文学不同，古代天文学观察天象的目的是预测国运、人事的吉凶。"天垂象，见吉凶，圣人象之。"（《周易·系辞传》）古代天文学是与占星术糅合在一起的，《汉书·艺文志》著录的该类著作均以"星""宿""日""月"等命名。

"历谱"包括"四时""分至""日月五星""寒暑杀生"等内容，是一切占测吉凶术的基础，"凶阨之患，吉隆之喜，其术皆出焉"（《汉书·艺文志》）。这种术数被《汉书·艺文志》称为"圣人知命之术"，"故圣王必正历数，以定三统服色之制，又以探知五星日月之会"。这类历谱往往附有吉凶宜忌的内容。历忌活动可上溯到尧舜时代的"择吉月日"（《史记·五帝本纪》）。《汉书·艺文志》著录的最早的历谱有《黄帝五家历》《颛顼历》等。《后汉书·律历志》将历法的社会功能归纳为六种——"夫历有圣人之德六焉"。归结起来，即"大业载之，吉凶生焉。是以君子将有兴焉，咨焉而以从事，受命而莫之违也"。可见，历谱（历法）具有决定大业、预测吉凶的重要作用，君子必须遵循历谱行事而不可违背。

"五行"首见于《尚书》，其《洪范》篇说："初一曰五行，次二曰敬用五事……"。"五行"是天赐给禹"洪范九畴"中的第一类，《洪范》解释："五行，一曰水，二曰火，三曰木，四曰金，五曰土。"《汉书·艺文志》说："言进用五事以顺五行也。"利用五行以占测吉凶，至迟在春秋时期就已经开始，《左传》多次记载以五行来占卜的故事，如晋国的史墨在八次活动中，就有六次与五行占测有关，分别载于昭公二十九年至三十三年（五次）、哀公九年（一次）。[①] 战国时代邹衍利用五行相胜原理建立"五德终始"说，以推断帝王的兴衰。"术数家"也因此成为吉凶占术者，并大行于世。

---

① 史墨的另两次活动为昭公二十九年的讲礼、昭公三十二年的占星。

第四章 "象数"的内涵——象数范畴论

《汉书·艺文志》所列的后三种数术，则明显是占断吉凶的方术。

蓍龟，颜师古注："言所为之事有疑，则以卜筮决之也。龟曰卜，蓍曰筮。"蓍龟即卜筮，是最早的占术，《汉书·艺文志》著录了蓍龟十五家，其中包括《龟书》《夏龟》等龟卜法和《蓍书》《周易》《大筮衍易》等蓍占法。

杂占，指以占梦为首的其他类占法。《汉书·艺文志》说："众占非一，而梦为大，故周有其官。"《周礼·春官宗伯》载"大卜"，即掌三兆、三易、三梦之法。三梦之法包括致梦、觭梦、咸陟。《诗》载各种梦，"著明大人之占，以考吉凶，盖参卜筮"（《汉书·艺文志》）。《汉书·艺文志》在"杂占类"著录了十八家，有占梦、变怪、祅祥、禳祀、求雨、候岁等。

形法，指相宅、相人、相地、相器物之形貌，进而相气神以断吉凶的方术。《汉书·艺文志》著录了《山海经》《国朝》《宫宅地形》《相人》《相宝剑刀》《相六畜》等书名。

《汉书》著录《艺文志》后，在正史中，《隋书》《旧唐书》《新唐书》《宋史》《明史》《清史稿》中著录有《艺文志》（《隋书》《旧唐书》称《经籍志》），《隋书·经籍志》"子部"无"术数"类，"术数"类书归于"五行"，天文、历数已单列（兵书中亦稍有论及术数者）。

《隋书·经籍志》五行类序：

> 五行者，金木水火土五常之形气者也……是以圣人推其终始，以通神明之变。为卜筮以考其吉凶，占百事以观于来物，睹形法以辨其贵贱。

《隋书·经籍志》收录"五行"类书名二百七十二部，其中包括历书、风角、九宫、太一、遁甲、元辰、六壬、周易占、易林、堪舆、禄命、分野、星占、梦占、相书等。由此可见，有关天文、历数之类的书已经分化，其中一部分以"所以察星辰之变，而参于政者也""所以揆天道，察昏明，以定时日，以处百事，以辨三统，以知厄会，吉隆终始，穷理尽性，而至于命者也"（《隋书·经籍志·子部》"天文""历数"类《序》）为主，一部分以"占百事以观于来物"为主。不过，从所著录书名看，这种分工还不很明显，"天文"类与"五行"类多有重复，"天文"类书绝大部分仍是星占书。这三类书加起来，共有四百多种。

《旧唐书》《新唐书》均沿《隋书·经籍志》体例，将"术数"类书归入"五行"类，另列天文类、历算类。《宋志》除沿《唐志》列"五行"类外，还增列"蓍龟"类，"五行""蓍龟"两类收书近千种。《明志》亦将"术数"归于"五行"类，收书一百零四种、八百六十一卷。《清志》列"术数"类，"术数"下又分七小类：数学、占候、相宅相墓、占卜、相书命书、阴阳五行、杂技，收书五十余种。

《隋书》及以后的《艺文志》《经籍志》均采用经、史、子、集（甲、乙、丙、丁）四分法，"术数"类图书均归入子部，但一般不称"术数"而称"五行"（只有《清志》仍称"术数"），而将《汉书·艺文志》中属于"术数"的天文、历数分开单列，亦归入子部。

《四库全书总目》称上述图书为"术数"类，归入子部，并对"术数"做了分类：

> 物生有象，象生有数，乘除推阐，务究造化之源者，是为数学。星土云物，见于经典，流传妖妄，寝失其真，然不可谓古无其说。是为占候。自是以外，末流猥杂，不可殚名。史志总概以五行，今参验古书，旁稽近法，析而别之者三：曰相宅相墓，曰占卜，曰命书相书。并而合之者一，曰阴阳五行。杂技术之有成书者，亦别为一类附焉。

由此可见，"术数"类图书有多种分类方法。按流行说法，术数类图书分为数学、占候、其他（"末流"）三类，《四库全书总目》将其重新分为相宅相墓、占卜、命书相书三类，并将这三类合并为阴阳五行一类，而实际上收书时则综合分为六类，共收书五十部：

① 数学之属，十六部，包括《太玄》《元包》《潜虚》《皇极经世书》等；
② 占候之属，二部，包括《灵台秘苑》《开元占经》；
③ 相宅相墓之属，八部，包括《宅经》《葬书》《青囊奥语》等；
④ 占卜之属，五部，包括《灵棋经》《易林》《京氏易传》《六壬大全》《卜法详考》；
⑤ 命书相书之属，十四部，包括《李虚中命书》《星命溯源》《三命通会》等；
⑥ 阴阳五行之属，五部，包括《太乙金镜式》《遁甲演义》《禽星易见》

第四章 "象数"的内涵——象数范畴论

《星历考原》《协纪辨方书》。

从历代史志和《四库全书总目》对"术数"的分类来看,"术数"的确是一种复杂的方术,历代审视的角度不同,不但所做出的分类不同,而且对术数的总体界定也有出入。归结起来,"术数"有广义和狭义之分。

广义的"术数"包括天文、历法、数学以及各类占测吉凶的方术;狭义的"术数"专指占测吉凶的方术,不包括天文、历法。前者以《汉书·艺文志》为代表,后者以《隋书·经籍志》及以后史志、《四库全书总目》为代表。从历代对"术数"的界定中不但可以看出"术数"的天文、历法功能的转变,也可以看出"术数"的流变过程。

《四库全书总目·子部·术数类》说:"术数之兴,多在秦汉以后。"如将蓍龟列入"术数",则"术数"起源甚早。《史记·龟策列传》说:

> 自古圣王将建国受命,兴动事业,何尝不宝卜筮以助善。唐虞以上,不可记已。自三代之兴,各据祯祥。涂山之兆从而夏启世,飞燕之卜顺故殷兴,百谷之筮吉故周王。王者决定诸疑,参以卜筮,断以蓍龟,不易之道也。

又说:

> 闻古五帝、三王发动举事,必先决蓍龟。

由此可见蓍龟之法被上古帝王所重视的程度。

再看"易"系统。最早的"易"本为占术,易卦符号与龟卜、蓍占有密切的关系,只是秦汉后多与阴阳五行相结合,以至于《四库全书总目》说,术数"要其旨,不出乎阴阳五行,生克制化,实皆《易》之支派,傅以杂说耳"。

不论"术数"的种类和分类方法怎样复杂,其根本目的都是占断吉凶祸福,其操作依据、基本原理都与卦象、阴阳五行有关。

以《汉书·艺文志》分类为据,分析"术数"各类的形成及其与"象数"的关系可以看出,蓍龟就是卜筮,时间最早。卜龟形成"象",占蓍形成"数",它们是"象数"的最早阶段。天文、历谱、五行晚于蓍龟,而与《周易》的易占形成的时间大体相近,是与易占并行的占测术。其中,天文

155

所依据的"天象"，历谱、五行所依据的"历数""五行数"，也可属于广义的"象数"范畴。杂占的情况比较复杂。其中，梦占至迟在周代已经盛行，其他则在汉代及其后逐渐流行。形法也主要流行于汉代及其后。

《四库全书总目》六类术数及其著录的书籍基本上都是汉代以后（含汉代）出现的。彼时"象数"与"术数"开始分途，以卦爻代表的"象数"逐渐被象数家阐释为探讨宇宙自然万事万物运行变化规律的符号。而术数家则借用《周易》的一些符号、概念、术语，专门推断人事的吉凶祸福。从汉代以后，"术数"沿着占卜的路子一直延续下来。

二、象数与术数

从前文的源流分析中可以看出，在汉代以前，"象数"和"术数"还没有正式分化，"术数"的名称还没有出现。

在《周易》以前，"象数"是由卜筮形成的，即龟象、筮数，"象数"实质上是占术的物化。《易经》中的"卦象"与"爻数"也与占筮密不可分，彼时"象数"的主要功能是占问。

《易传》开始用理性的、哲学的语言解释《易经》，但仍保留筮法的内容（如"大衍之数"）。正如朱伯崑先生所说："《易传》中有两套语言：一是关于占筮的语言，一是哲学语言。"（朱伯崑《易学哲学史》第一卷）《易传》是通过筮法讲哲学的。彼时的筮法与汉以后的"术数"并不相同。

从汉代开始，"象数"和"术数"开始分途，"象数"指"象数学"，"术数"指运用"数"推算人事吉凶的技术。

所谓"象数学"，有两种形态，一是经学形态，二是哲学形态。

先看作为经学形态的象数学。

经学形态的象数学即象数易学，以象数为本位，采用取象取数的方法阐释《周易》经传，以回答象辞相应之理。它属于易学范畴，而易学又是经学的一种，因而它们构成了"经学＞易学＞象数易学"的层次关系。象数易学的目的是解释《周易》经传，研究对象是《周易》卦爻象与卦爻辞，研究方法立足于"象"和"数"，从"象数"出发，寻找卦爻象数所象征的事物之象，然后反过来解释卦爻辞，认为卦爻辞与卦爻象之间有必然的逻辑关系。为了解释《周易》，象数易学扩大了取象取数的范围，增加了大量物象、事象，并发明了各种象数图式，如卦变图、河图洛书、先天图、太极图等。（参见第一章）

再看作为哲学形态的象数学。

哲学形态的象数学以象数范畴为核心探讨宇宙自然规律、建构世界统一模式。它在解释《周易》经传的基础上，关注各类象数符号的哲学意义，除了《周易》卦爻象数符号外，它更关注五行符号及其数学运算程式。阴阳（卦爻）、五行（河洛）是象数学的核心内容，象数学的目的是利用阴阳五行象数符号和图式解说、推衍、模拟宇宙万物的存在形式、结构形态、变化规律。阴阳五行又是以"气"为理论核心的，气与阴阳五行是古代自然哲学的基础。

"象数学"在古代与"数学"[①]较接近，并被归入"术数类"。《四库全书总目·子部·术数类》对"数学"的界说为：

> 物生有象，象生有数，乘除推阐，务究造化之源者，是为数学。

《四库全书总目》在"数学"类中收入了《太玄》《潜虚》《元包》《皇极经世书》《易学》《天原发微》《大衍索隐》《三易洞玑》《易象图说》等十六部、一百四十七卷。实际上，这些作品是据《周易》阴阳奇偶之数来探究、推阐天地造化的本源，而不仅仅是对一人一事的机械、牵强的推断，实即"象数学"，而不应归为"数学"（"术数"）类。

作为哲学形态的象数学研究的对象，"象数"不是单一的、单纯的人或事物的符号度量模型，而是涵括了天、地、人即宇宙万事万物的符号度量模型。象数学自然也不是将具体的、单纯的一事一物的形态结构和运动变化作为研究对象，而是对整个宇宙自然、人类历史社会、人生过程与生命规律做宏观的、整合的、动态的研究。象数学将宇宙自然的规律与人的生命规律看成合一的、相应的、互动的关系，其符号模型既适用于天、地，也适用于人。象数学研究的终极目标就是不断探索、修正这种适用于天、地、人的统一的象数符号模型。

[①] "数学"一词，古今含义不同，古代的"数学"与"象数学"相近，现代意义上的"数学"在古代称为"算学"。

经学形态与哲学形态的象数学虽然侧重点不同（前者重在解经，后者重在论道），但两者是不可分割的。历代史志及目录书往往在象数学图书的归类上没有明确的界限，把本应归入经部易类的图书，如《京氏易传》《皇极经世书》等，归入子部术数类，对此应该加以辨析、梳理。

本章所要探讨的是"象数学"（包括错归入"术数"类的象数学书）与"术数"的区别。这种区别主要表现在以下几个方面。

1. 目的与功用不同

"象数学"的目的是解释《周易》经传，并通过解释《周易》经传来阐明天地万物统一之道；"术数"的目的是占断吉凶。虽然京房与《易纬》的象数学也言阴阳灾异，其他象数学著作也言吉凶祸福，但其所言与《周易》有内在的关系，一般以《周易》卦爻辞的吉凶为吉凶，是对《周易》卦爻辞的解释。汉代象数学著作，如孟喜《易章句》、京房《京氏易传》、郑玄《周易郑康成注》（南宋王应麟辑本）、荀爽《周易荀氏注》（清马国翰辑本、孙堂辑本）、虞翻《周易虞氏义》（清张惠言辑本）等，都是解经著作。

如《京氏易传》解乾卦：

> 乾，纯阳用事，象配天，属金，与坤为飞伏，居世。易云：用九，见群龙无首，吉。九三，三公为应，肖乾乾夕惕之忧，甲壬配外内二象。积算起己，巳火至戊辰土，周而复始……

可以看出，这里用了取物象、五行、飞伏、世应，以及甲子、五星、卦气、六亲等体例和方法来解释卦爻辞。虽然其在《周易》筮法中引入了占候、阴阳灾异等内容，但目的是解释《周易》卦爻辞，并以卦爻辞的吉凶为基准。

宋代象数学虽然一般不逐句解注《周易》，但是它以《周易》术语、卦象、易数的阐释、发挥为出发点，借助各种图式，建立了以图书、象数为范式的世界结构、变易理论体系。如邵雍的先天易学即以"先天八卦图""先天六十四卦图"为范式。他认为这些图式"盖天地万物之理尽在其中矣"（《皇极经世书·观物外篇》），并用这些图式来推测自然和人事的变

第四章 "象数"的内涵——象数范畴论

化,将《周易》"太极生两仪"序列看成宇宙万物演变的过程,以"太极"为天地万物的本源,进而将先天学说用于解释人类社会的发展历史。

而"术数"的目的只是占断事物的吉凶,而不是解释《周易》经传。如"火珠林"法虽然也采用纳甲、纳子、八宫、五行、六亲等体例,从表面上看与京房学说无异,而实际上"火珠林"已完全撇开《周易》卦爻辞,其判断吉凶的依据只是纳甲、八宫程式的运算,而与卦爻辞的吉凶悔吝毫无关系。其他如"奇门""六壬""太乙"等均不是解释《周易》经传的,而是占断吉凶的。

如果说汉代象数学以解释《易》之"文"为目的,偏重于解释《易》之经文,那么宋代象数学则以解释《易》之"道"为目的,偏重于解释《易》之传文。虽然解《易》无法绕开占筮、术数的内容,但从汉代开始,象数易学与节气、物候、历律、天文等相结合,就已从不自觉到逐步自觉地借助卦爻符号探讨宇宙万物变易的总体规律。而到了宋代,象数易学更是自觉地以探讨万物之理、性命之理为己任,因此象数学所讲的"预测"是对宇宙、自然、人类、人生的总体、宏观的预测,是以探究万事万物变易规律——"道"与"理"为出发点和归宿的。

而"术数"则借助卦象、易数、五行等既定模式预测一事一物的吉凶祸福,并不以探讨宇宙万物变化之道为出发点和目的。"术数"只关注操作方法和技术,而不关注学理,各类术数均是借用五行、干支等象数模型、概念、法则进行人事吉凶祸福的推衍及运算的。

检讨各史志对"术数"的分类可以看出,《汉书·艺文志》术数六类中的"天文""历谱"从《隋书·经籍志》开始就单独分开,说明其功能已发生变化,并逐渐成为自然科学的一部分。而"五行"则成为"术数"的代称,说明各类术数均以"五行"为理论基础。

《汉书·艺文志》中的"蓍龟""杂占""形法"是对卦象、五行、易数的定向运用。汉以后陆续出现的火珠林筮法、太乙、六壬、奇门、梅花易数、四柱命理、风水堪舆、紫微斗数等,都是利用"象数学"概念、范畴、符号以及方法以占断命运吉凶为目的的"术数"。

"象数学"与"术数"的目的不同,功用自然也不同。"术数"的功用比较单一,就是占测未来吉凶,而"象数学"的功用则比较广泛。"象数学"

主要有如下功用：

（1）解释经文

"象数学"以《周易》卦爻象、卦爻辞为研究对象，企图寻找卦爻象与卦爻辞之间的内在联系，包括阐释卦爻辞的吉凶悔吝。虽然"象数学"也言吉凶、祸福，但却没有脱离卦爻辞的吉凶，不是另起炉灶。这一点，汉代象数学比较明显。宋代图书派象数学虽多有创造，但没有脱离更不违背《周易》象数原理。就此而言，《四库全书总目》将《京氏易传》归入"术数"类是不当的，而《汉书·艺文志》没有将它归入"术数"类而归入"六艺"中的"易"类是恰当的。

（2）阐发义理

"象数学"是借《周易》的卦爻以及阴阳五行（气）等象数符号来阐发宇宙自然万物之理，即阐发宇宙生命的大道理、大规律。这一点，主要体现在宋代象数学上。先天象数派的特点即以图书、卦爻象数解说宇宙生命规律，建构宇宙世界图景，以《皇极经世书》为代表，而《四库全书总目》却将此书归入"术数"类，这是不妥当的。邵雍自己就是反对"术"而崇尚"理"的。他说："天下之数出于理，违乎理，则入于术。世人以数而入于术，故失于理也。"（《皇极经世书·观物外篇》）"物理之学或有所不通，不可以强通。强通则有我，有我则失理而入于术矣。"（《皇极经世书·观物外篇》）邵雍视《周易》为穷理尽性之书。所谓"理"，一为"物理"，一为"性命之理"，两者又是互通的。朱熹称《皇极经世书》为"推步之书"，"能包括宇宙，终始古今"。[1]

《皇极经世书》的"理"为宇宙万物变化的大道理，其预测未来事物变化依据的就是这个大道理、大规律，而不是"小术"。为探究这个"理"，邵雍创造了数学推衍法则"元、会、运、世"，实是对阴阳卦象变易法则的借用和发挥。依据阴阳变易规律预测事物未来大趋势与依据"支离附会"[2]的

---

[1] 朱熹《朱子诸子语类》，上海古籍出版社，1992年，第154、158页。
[2] 方以智《物理小识·象数理气征几论》："其言象数者，类流小术，支离附会，未复其真，又宜其生厌也。"

法术占测人事的吉凶，是"象数学"与"术数"在预测方面的根本区别。

（3）影响科技

"象数学"与早期的科技是息息相关的。《汉书·艺文志》"术数"类所载的"天文""历谱"实际上是对"象数"（干支、五行）的应用。古代观测天文、制定历法是以干支、五行为工具的。古人为了认识星辰和观测天象，就把天上的恒星几个几个地组合在一起，于是就有了"三垣二十八宿"。二十八宿分为四象。比二十八宿更早的是十二地支，十二地支也是观天象而产生的，将其用于划分天区则为"十二辰"，用于划分黄赤道带则为"十二次"。天象与地理对应起来，为"分野"。这些都体现了象数的分类思想。历律的制定也与象数思想有关。其他如中医藏象经络学说、道家丹道炼养原理等，都与"象数"密不可分。当然，这里的"象数"指包含了干支、五行的广义的"象数"。至于卦象、易数与天文、历律、中医、丹道的结合，则是从汉代开始的。象数思维是中国古代自然科学、生命科学的基本思维方式。

2. 内涵与外延不同

"象数学"是以象数为理论核心阐释《周易》以及有关天、地、人三才和宇宙万物的存在方式、表现形式、运动变化度量和规律的基础理论系统，而"术数"则是预测人事寿夭祸福、推测未来吉凶宜忌的实践操作方法，两者内涵不同。

作为理论基础的象数学，其概念、符号、法则、公式不仅仅为术数所采用，而且也为古代哲学、自然科学所采用。作为思维方法学，象数学不仅影响对人事未来的推断，而且影响对自然宇宙大规律的整体探讨与把握。而"术数"只涉及具体的人与事，往往将描述大道理的象数概念与法则机械地、微观地套用在一人一事的具体推测上，因而往往是生搬硬套、牵强附会的。

"象数学"的外延比"术数"的外延广，包括卦爻象数、五行干支、河图洛书、太极图以及一切以探求宇宙自然变化大道为目的的、系统的符号图式和理论系统。而"术数"主要运用阴阳五行模式，只包括用来占测人事吉凶的方术，如易占、相术、奇门、太乙、六壬、元辰、堪舆等。"术数"只涉及占理，而"象数学"则涉及学理，包括天人之理、万物之理、性命之理，等等。

以上从目的与功用、内涵与外延等方面分析了"象数学"与"术数"的差异。如果就"象数"（不是"象数学"）与"术数"而言，其关系则比较复杂。

《易传》以前所言的"象数"主要指龟象筮数、卦象爻数，是用以占卜吉凶宜忌的，因而功能实同于汉以后的"术数"；《易传》所言"象数"已从一个占筮范畴上升到一个哲学范畴，不仅指易象、易数，而且指它们所象征的万事万物之象数，即现象、度数；其后"象数"的含义主要有两种，一指符号的象数，二指事物的象数。其符号的象数（如卦爻、五行、河洛等），亦为"术数"所运用，因而符号的象数既是"象数学"的内容，又是"术数"的内容，只是"象数学"用以解经论道，而"术数"用以占断吉凶祸福。

厘清"象数学""象数"与"术数"的区别，探讨"象数"的哲学与科学意义，对于甄别与扬弃传统文化是有意义的。

第六节　象数与义理

一、义理是易学"意义"与"道理"的动态系统

作为易学两大要素之一，义理指易学的经义名理、哲学思想，是易学文字系统的主要功能。与象数一样，义理也是一个动态的概念，其含义因时、因人而异。但其基本特征可限定为阐释《周易》的含义和道理。也就是说，义理是表示事物属性、功能、品德的抽象意义和表达事物本质规律

的道理。

《周易》经文的"义理"是通过卦名和卦爻辞表现的，主要阐发卦爻象数所象征的物象、事理和吉凶悔吝，因而其"义理"以占筮之理为主，兼含哲理观念。

卦名是对易卦"义理"所做的高度概括，是对易卦"义理"所做的第一次解读。卦名的由来是综合的、多渠道的，体现的是命名者对卦爻的不同理解，有的人偏于符号的象征意义，有的人偏于符号的实在意义（如占卜的具体事件）。"取象"说与"取义"说并不矛盾，"取象"凸显的是卦爻象代表的实在事物，"取义"凸显的是卦爻象代表的抽象意义，两者是有联系的。如"☰"卦，取"天"的物象，又取"刚健"的意义，所以不以"天"命名，也不以"健"命名，而用"乾"这个含义丰富的词命名。"☷"卦，既代表"地"的实物，又代表"顺"的意义，却不以"地"或"顺"命名，而用"坤"命名。

卦爻辞是对卦爻象的第二次解读。卦爻辞通过对一卦、一爻的解释，表达吉凶悔吝的行为价值观念。卦爻辞分为象占之辞、叙事之辞、占兆之辞三类（《周易探源》），涉及狩猎、旅行、经商、战争、饮食、农牧等西周早期及以前的社会生活各层面，反映西周早期及以前的人的普遍思想观念。卦爻辞对吉凶悔吝做价值判断，对事物发展趋势做行为判断，体现了作者对客观事物的总体认识水平及对预测、决策的认识水平。卦爻辞与卦名共同组成了易学第一级"义理"系统。

《易传》是易学的第二级"义理"系统，其中，《彖传》《象传》《文言传》通过对各卦爻的具体解读表明了作者的宇宙论认识及伦理观念，而《系辞传》《说卦传》《序卦传》《杂卦传》则是对《周易》卦爻象、卦爻辞所做的系统解读。解释与评论系统地表明了作者的理论思辨水平。

《易传》的"爻位说"是对卦爻象数体例的最大发明，重在说明占筮吉凶之理。同时，又开始因之而阐明阴阳交替的哲理。其《系辞传》则重在借象数而论宇宙交替之哲理。总的来说，《易传》的"义理"以哲理为主、占理为辅，其《说卦传》言八卦"乾为健、坤为顺、震为动、巽为入、坎为陷、离为丽、艮为止、兑为说（悦）"，即系统地阐述了八卦的属性、功用之"义理"。

两汉象数派通过"象数"来阐述天文、物候与阴阳灾异之"义理"。

魏晋玄学义理派以老庄玄学阐发"易"之义理，王弼、韩康伯的义理主要是老庄之理。

宋代图书象数派意在以河图、洛书阐发道家炼丹、儒家人伦之义理。二程、张载以儒家思想解《易》，借《易》建构理本论体系，其义理为：随时变易以从"道"，"道"就是阴阳卦象和物象变化的法则。二程、张载进而论述顺从天理、安义顺命、进德修业的人生哲学。朱熹综合象数与义理，丰富发展了理本论体系，以太极阴阳变化之理说明自然社会的联系与变化及宇宙社会的生成形式，把"理"看成宇宙天地万物的本原和总则，将易学之"理"转变为理学之"理"，将易学宇宙生成论体系转变为理本论体系。

明清义理派基本继承了宋代义理之学。

易学义理是建立在卦爻象数基础上的，是对卦爻象及卦爻辞的解读。

如果说《易经》偏向于表"义"，那么《易传》和后世"易学"则偏向于说"理"。当然"义"与"理"是密切相关、有机联系的。成中英先生认为，"义"是一种主观认识的秩序和目的，其主体的意向很浓；"理"是客观的真实世界的秩序法则，为人的理性的心灵所发现和体现，具有客观的内涵。"理"本来是指一物体模式，但其含义却逐渐蜕化为物所必须遵循的法则，也是物之所以为物、事之所以为事的根本依据及理由。"理"有规律性、根本性的特点，而宋明理学更有工整性。某一事、某一物都有它们各自的"理"，但此理与彼理又是相关的，故又称为"一理"，这就是朱熹"理一分殊"的说法。"理"可视为兼具客观性、主体性、根源性、规则性、整体性的真实，是"义"所开拓、所理解的对象，也可以说是"义"的基础或"义"概念的有效性的来源。①

如果分而言之，则"义"指在解读卦、爻、象、数关系中赋予的意义及提炼的概念；"理"指将卦、爻、象、数意义及概念进一步发挥为命题和判断，赋予它整体、系统的道理。

其实，"义"和"理"的关系是我中有你、你中有我的关系。"理"是"义"的基础和发展，"义"是"理"的前提和来源，两者互为显隐。"义"

---

① 《周易象数义理》，载《易经应用大百科》，东南大学出版社，1994年。

中有"理"，"象数"中也有"理"。从《易经》到《易传》，"理"的成分逐渐增强，到《易传》的《系辞传》，很明显形成了易学理论和宇宙生命变化理则的最完整的体系，它不仅是《易经》《易传》哲学宇宙论与方法论的综合展开，而且成为以后"义理"发展的根据。

二、象数为《周易》之体，义理为《周易》之用

在《周易》中，"象数"主要指卦爻象和阴阳奇偶之数，"义理"主要指卦爻辞和十翼（经、传）的文义和道理。

卦爻象数的起源大大早于卦爻辞。传统认为，伏羲作八卦，文王演为六十四卦，而《易传》则为孔子所作，这就是《汉书·艺文志》的所谓"人更三圣，世历三古"说。对此，后世陆续有人否定。据《周礼·春官·宗伯》记载："（太卜）掌三易之法，一曰连山，二曰归藏，三曰周易。其经卦皆八，其别卦皆六十有四。"《连山》《归藏》《周易》分别为夏、商、周之《易》，可能八卦、六十四卦在三代即已形成，而《连山》《归藏》均已失传，对其卦象与《周易》卦象是否相同已不可考。从近代陆续出土的周初文物来看，周初已有六十四卦。六十四卦卦象的产生应该比现存《周易》卦爻辞早，一者上三代之《易》中已有《连山》《归藏》的卦象，二者从《左传》《国语》记载的筮例中有的卦爻辞与今本不尽相同可知，《周易》卦爻辞的定形是晚于卦爻象的。

卦爻象数符号是因何而作的呢？现在主要有两种观点，一种主张因占筮而作，另一种主张因义理而作。前者认为《易》是占筮书，卦爻象自然为卜筮而设；后者认为《易》是哲学书，卦爻象理应为义理而设。从人类文明形成史看，人类文明是从巫术文化向人文文化发展的，卦爻象是在巫术文化时代产生的，理当为卜筮的需要而设，然而同时它又是表情达意的。《周易·系辞传》说："圣人立象以尽意，设卦以尽情伪，系辞焉以尽其言。"朱熹解释："言之所传者浅，象之所示者深。"（《周易本义》）意即为了深刻地"尽意""尽情伪"，所以设卦立象。

卦爻象数的内涵——义理，是由卦爻辞、《易传》逐层揭示的。我认为卦爻辞和卦名是对卦爻象数的第一次解释。有人将卦爻辞也归入象数，称

为"卦辞之象""爻辞之象",如宋代项安世说"凡卦辞皆曰象,凡卦画皆曰象"(《周易玩辞》),我不同意这个观点。卦爻辞和卦名只是偏重于取象角度,即揭示卦象的象征意义角度来表情达意、判断吉凶。卦爻辞包括自然变化之辞、人事得失之辞和吉凶占断之辞,已涉及鬼神崇拜、人生态度、伦理观念和世界观。朱伯崑先生认为卦爻辞反映了天道和人事具有一致性、人的生活遭遇可以转化、对人的行为应进行劝诫的世界观[①],可见卦爻辞已开始从哲理角度对卦爻象进行诠释。至于"卦名"同卦爻辞的内容之所以有一定的联系,即或从象征物象或从象征事理给卦象命名,是因为卦名作者对卦象进行了解释。

实际上卦爻象数符号在其制作定形过程中已隐藏着作者的理性思维。从六十四卦系统看,阴阳爻奇偶对立,二画经过六次排列组合成为六十四(2^6=64)个不重合的卦象,六十四卦有三十二个对立面,六十四卦的卦序"二二相偶,非覆即变",以乾、坤为首,既济、未济为尾,蕴含着深刻的哲理。《周易·系辞传》在说明卦象的产生时说,八卦是仰观俯察,宏观考察了天文、地理、人事后产生的,八卦的作用是"以通神明之德,以类万物之情"。卦爻辞只是开始初步涉及这种哲理,还带有浓厚的宗教巫术色彩。

作为第二次系统诠释卦爻象数和卦爻辞的《易传》,则使《易》的象数开始由迷信转化为理性,由宗教转化为哲学。当然《易传》的义理还没有彻底从宗教迷信中摆脱出来。朱伯崑先生曾反复强调《易传》中有两套语言,一套是哲学语言,另一套是筮法语言,这是很有见地的。《易传》的最大贡献就是其哲学语言,它将卦象所蕴含的哲理做了挖掘,并以此为基础加以发挥。《周易》卦象被看成认识世界万物的本性及其变化规律的最高"义理"。《周易·系辞传》说:"《易》与天地准,故能弥纶天地之道。""范围天地之化而不过,曲成万物而不遗,通乎昼夜之道而知。""夫《易》,广矣大矣……以言乎天地之间则备矣!"《易传》借用卦爻象,又吸收了儒、道、阴阳各家的观点,将《易》之哲学义理发挥得十分高妙。

象、数和义、理具有互含、互动、互为显微的关系,象、数中含有义、理,义、理也离不开象、数。言义、理可以"忘象",但没有"扫象",否

[①] 参见朱伯崑《易学哲学史》第一卷,华夏出版社,1995年,第17—20页。

则就不是"易学"了。《周易》的卦爻象数是《周易》的根基和出发点，而涵括占筮与哲学的义理则是其功用与归宿。卦爻象数用于论吉凶悔吝，则其义理具有占筮色彩；用于论天道人事，则其义理具有哲学色彩。"象数"是《周易》象征的符号模式，是《周易》之体；"义理"是《周易》象征的巫术、哲理的内涵，是《周易》之用。"象数"是外显的，但其蕴含的"义理"却是隐含的。"象数"和"义理"体用合一、不可割裂。以"象数"为体、以"义理"为用，以"象数"为形式、以"义理"为内涵，是"易学"的基本特征。

三、象数派与义理派的偏向与互补

象数派和义理派的真正形成是在汉魏。西汉孟喜创"卦气说"，以六十四卦配四时、十二月、二十四节气、七十二候，使八卦之象、奇偶之数与气候变化相配合，以解释《周易》原理、说明阴阳灾异。京房创"八宫卦说"，将六十四卦按八宫次序重新排列，各宫分为上世、一世至五世、游魂、归魂八个卦，各配以天干，每卦六爻各配以地支，八宫卦爻又与五行相配，以解释《周易》，将《周易》筮法引向占候之术，完成了汉代象数派的基本体系。

西汉末年，谶纬流行。《易纬》将孟喜"卦气说"、汉代"阴阳五行说"和董仲舒"今文经学"的神学目的论融为一体，将《周易》神秘化、理论化，提出"九宫说"，八卦被配上九数（五居中不配卦）、分居九位，再配上五行、十二月节气以及五常之品德。《易纬》还提出"爻辰说"，按六十四卦次序，每对立两卦共十二爻配十二辰，代表十二个月，以计算年代、解说《周易》。《易纬》经郑玄的发挥更加完备、琐细。汉末荀爽创"乾升坤降说"，以爻位升降解说《周易》；虞翻主"卦变说"，以卦变、旁通、互体、半象解说《周易》，成为汉代象数派解《易》的代表。汉易至此，已走向烦琐之途。

魏晋王弼一反象数派解《易》之风，主张"得意忘象"，创义理派。他以老庄玄学观点解《易》，重视无形的义理，鄙视有形的象数。至此象数、义理两派正式分途。

象数易学

唐代易学以总结前人成果为主。孔颖达《周易正义》偏于义理，李鼎祚《周易集解》偏于象数。前者采王弼、韩康伯注，推崇玄学义理，又兼采京房、郑玄象数派易注；后者汇集汉易虞翻、荀爽等三十余家象数派注释，亦兼采王弼、韩康伯义理派注释。

宋代象数派代表陈抟、邵雍推崇河图、洛书，宣扬"卦变说"，倡导"先天学"，使宋代象数学发生了重大变化，无论内容还是形式都与汉代象数学大异其趣。宋代象数派不仅解《易》，而且解说宇宙形成、变化及构成模式，探求天地万物的本原和规律。义理派作为宋学主流，其因《易》以明道。程颐易学以"天理"为最高范畴，奠定了宋明理学的理论基础；张载易学以"气"为最高范畴，创立了气学派。南宋朱熹、杨万里、杨简分别从理学、史学、心学角度对《易》加以推阐，使宋易义理派成为一股强劲的学术潮流，历元、明、清数代而不衰。元、明、清易学基本上是对汉、宋象数派和义理派的延伸与发展。

那么是否象数派与义理派相互对立而截然分流呢？事实并非如此。

先看象数派。汉代象数派，其言卦气、纳甲、八宫、五行、爻辰、卦变，仍有哲学义理方面的意义。卦爻象数被看成涵括了自然界和人类社会的世界模式，汉代象数派通过"卦气说"建立起一个以阴阳五行为框架的宇宙哲学体系，在宣扬天人感应、占候之术的同时，也阐述了《周易》变易之理，初步探讨了世界的普遍联系、世界的本原及其发展变化的规律。宋代象数派创造了新的象数形式，其目的是阐述义理。图书象数派将宇宙万物，包括天文、气候、音律、历法、地理、丹道、人事等，巧妙、和谐地融为一体。周敦颐对太极图的解说，提出了修养成圣的理论方法，是新儒家的奠基之作，为儒家宇宙论提供了完整的体系。邵雍的先天象数学，阐述天地万物的生成变化，并以此为"心法"，由个人之心推及宇宙之心。他创造的"元、会、运、世"的运算方法，意在说明宇宙历史的周期变化。邵氏以其象数学为中心，推衍出一套关于宇宙运动变化的哲学体系，成为新儒家代表人物之一。

再看义理派。王弼倡义理，是不是就彻底推翻象数呢？历史上有"王弼扫象"一说，其实王弼并未"扫象"，而是"忘象"。他强调的只是不要机械地、支离地寻找一字一词的卦象依据，而要透过卦象从整体上寻找深

第四章 "象数"的内涵——象数范畴论

刻的义理,从而揭示卦爻象及卦爻辞的真正内涵。他认为:"夫象者,出意者也;言者,明象者也。尽意莫若象,尽象莫若言。言生于象,故可寻言以观其象;象生于意,故可寻象以观其意。意以象尽,象以言著。故言者,所以明象,得象而忘言;象者,所以存意,得意而忘象。"(《周易略例》)他在"意""象""言"这三者关系上,主张由"意"生"象"、由"象"生"言"。因为"意"是根本,所以要"得意"就要先"忘象"。王弼实际上并没有根本否定卦爻象和卦爻辞(言),他反对的只是汉代象数派的烦琐和拘泥,他说汉象数易学"而或者定马于乾,案文责卦,有马无乾,则伪说滋漫,难可纪矣。互体不足,遂乃卦变;变又不足,推致五行。一失其原,巧愈弥甚。纵复或值,而义无所取"。(《周易》王弼注)他反对强求卦象以附会《周易》经义,认为卦象的象征意义是特定的,其象征的事物是广泛的,"是故触类可为其象,合义可为其征"。(同上)如乾为健,其义不可改,但乾既可象天,又可象马、君、首,只要符合"健"义,则可触类而取。他强调的是卦象象征的意义而不是象征的物象。他不仅没有抛开《周易》卦爻象数,而且还发明了很多象数条例,然后借此阐明自己的玄学义理。如其"一爻为主"说,认为一卦六爻中有一个为主的爻,即"卦主",具体地说,有"一阴主五阳""一阳主五阴""主卦之主""成卦之主",并从筮法解释推导出"一以统众"说,认为"一"是天地万物的根本原理,"一"就是"无"。再如"初上不论位"说,认为任何一卦初爻与上爻均无确定的阴阳本位,均不言"得位""失位",并由此引申出事之始终先后,有时为阳,有时为阴,不是固定不变的,即"尊卑有常序,终始无常主"。他还借解乾、坤两卦提出乾坤用形、乾健坤顺为天地之德行的观点,借解"大衍之数"提出以不用之"一"为太极、为"无"的本体观。由此可见,王弼不是"扫象",而是揭示并发挥"象"的义理。

宋代义理派代表程颐就"象"与"理"的关系提出了一个著名的命题:"体用一源,显微无间。"(《伊川易传·序》)他认为"理"是《易》之体,"象"是《易》之用,"理"是隐微的,"象"是显著的,二者交融为一,不可分离。他主张先有"理"而后有"象",由观览其"象"而领悟其"理",并在解《易》卦爻象及卦爻辞的基础上提出其博大的理学体系。他唯一的哲学著作就是他的《伊川易传》。尽管我不赞同理为体、象为用的观点(我主张象为体、理为用），但程氏体用合一、理象不分的观点极有见地，是应充分肯定的。

集宋代理学之大成者朱熹则是综合"义理"与"象数"的典范。他认为《易》"只是一个空底物事"（《语类》卷六十六），"古人淳质，初无文义，故画卦爻以开物成务"（同上），"《易》本卜筮之书……想当初伏羲画卦之时，只是阳为吉、阴为凶，无文字……后文王见其不可晓，故为之作彖辞。或占得爻处不可晓，故周公为之作爻辞。又不可晓，故孔子为之作十翼，皆解当初之意"（同上），指出卦爻象数为先，本为占筮而设，后世逐渐从卦爻象中讲出一番哲理来。他还说"先见象数，方得说理，不然，事无实证，则虚理易差"，主张象数为先，义理为后，从《易传》开始"犹就卜筮上发出许多道理"，"反复都就占筮上发明诲人底道理"（同上）。他还认为，"卦爻阴阳皆形而下者，其理则道出"，即卦爻象数为形而下之器，义理为形而上之道。他在《易九赞》中提出"理定既实，事来尚虚""稽实待虚，存体应用"，以卦爻象所说之理为实、卦爻象所说之事为虚，认为卦爻象具有抽象意义（理）和具体意义（事），应该掌握卦爻之抽象义理，从卦爻象辞的个别事项中归纳出类义理——抽象义理。从理本论立场出发，朱熹又认为"有是理，则有是象；有是象，则其数便自在这里"（《朱子语类》卷六十七），即先有阴阳之义理，后有《周易》之象数，赞同程颐理为体、象为用的观点，认为"先体而后用"，这体现了其理学派易学的特征，也表现了其对"象数""义理"关系的矛盾认识。

就融合"象数""义理"而言，其较早倡导者是北宋司马光，他在《温公易说·易总论》中说："或曰：圣人之作易也，为数乎？为义乎？曰：皆为之。二者孰急？曰：义急，数亦急。"南宋王应麟继承此说，提出："然义理、象数一以贯之，乃为尽善。"（《困学纪闻》卷一）

总之，汉魏以后易学"象数""义理"的发展是不平衡的，象数派偏象数，重在发明各种象数体例；义理派偏义理，重在宣扬各自的哲理、伦理思想。虽如此，然其均是"偏向"而没有"偏废"，言象数者未废义理，言义理者未废象数，至宋代已出现合流、互补趋势，只是元、明、清直至近代未能很好地发扬这一传统。从本质上看，无论象数派还是义理派，实际上都在假借象数阐发义理，即"假象以寓意""假象以明理"，只不过各自阐发的"义理"有所不同而已。

通过上述分析，我们可以得出这样的结论：

"象数"是"义理"的基础和前提，"义理"是对"象数"的解读和发挥。

易学中无论象数派还是义理派，都具有通过解读"象数"来表达和生发"义理"的特点。如果舍弃"象数"专论"义理"，那就不是"易学"。

第七节　小结

上古、《易经》与《易传》、汉代至清代对"象数"的认识，有一个发展的过程。上古、《易经》中的"象数"是一个筮法范畴，《易传》开始将它提升到易学范畴（介于占筮与哲学之间），历代易学家将之提升到哲学范畴（在术数中仍是占筮范畴）。

一、象数的内涵

历代各家对"象数"内涵的界定，大体可分为以下几说：

第一，象数为龟象、筮数。

第二，象数为卦象、爻数。

第三，象数为解释卦爻辞和卦爻象所取的物象、事象及数量。

第四，象数为各种解《易》论道的图形、符号。

第五，象数为宇宙万物所表现的形象、现象、量度。

其中，龟象、筮数是《易经》之前的占筮产物，不在本书的讨论范围内。卦象爻数是"象数"的定形以及后世象数符号的基础。如果将第二与第四义、第三与第五义合并，那么象数就有两层含义——第一层（第二、第四义）指符号象数，即人为象数；第二层（第三、第五义）指事物象数，即自然象数。

象数易学

1. 符号象数

符号象数是以卦象、爻数为代表，包括各种阐释《周易》的符号、数量和图式，从宇宙自然一切有形现象和度量次序关系中高度抽象概括出来又可模拟、象征、推演宇宙万事万物的符号数量模型。

象数具有固定性、权威性、普遍性特征。象数是以符号表示的，本身没有说明任何意义，这就需要用文字语言——"辞"来解读。象数是一种固定的不可更改的程式或模型，它本身的稳定性是与它的权威性和普遍性分不开的，这是在后世的不断解读中形成和赋予的。而不同时代、不同人的解读又是不同的，因而赋予象数符号的意义也必然多种多样。象数的这种特性，正是历代几乎所有的哲学家都要借《易》——象数以阐发自己哲学思想的重要原因，也是象数的普遍意义之所在。

卦爻象数在《易经》中作为占筮范畴，其功能在于占断吉凶。《易经》卦爻辞多用"吉""凶""悔""吝""无咎"等占断术语。《左传》《国语》中记载了二十二条古占例，大多引证了《周易》经文或其他占筮书进行占断，其中有一爻变、数爻变、六爻皆不变等不同情况。

符号象数从《易传》开始作为易学及至哲学范畴，其功能发生了根本改变。《易传》还没有将筮法与哲理截然分开，它把卦爻象数的功能归纳为明吉凶、断疑惑、通神明之德、类万物之情、穷理尽性、立三极之道。其中，占筮功能与论道功能之间有内在的联系，后者是前者的理性发展。

在哲学范畴，符号象数的主要功能在于模拟、推演、阐释宇宙存在、变化的规律，即论道。这种功能从《易传》开始，经汉象数学的应用和发挥，到宋明达到高峰。

2. 事物象数

象数除了表示卦象、爻数以及后世的象图、数图之外，还表示宇宙自然万事万物所表现的形象和量度（包括一切表现形式和数量次序关系）。这就是《易传》所说的"见乃谓之象，形乃谓之器""在天成象，在地成形"。这是对上古三代以龟兆、筮数为"象数"认识的继续和发展。一切有形或无形但可感、有度可量的东西都是"象数"。如萧吉《五行大义·序》说：

> 若夫参辰伏见、日月盈亏、雷动虹出、云行雨施，此天之象也；二十八宿、内外诸官、七曜三光、星分岁次，此天之数也。山川水陆、高下平凹、岳镇河通、风回露蒸，此地之象也；八极四海、三江五湖、九州百郡、千里万顷，此地之数也。礼以节事、乐以和心、爵表章旗、刑用革善，此人之象也；百官以治、万人以立、四教修文、七德阅武，此人之数也。

萧吉所说的"象数"涵盖了天、地、人所显现的一切现象和度数。它是符号象数产生的根源和表征的对象。

历代易学家均以卦爻象征的事物为"象数"，其中不少人将万事万物的有形或无形但可感受的现象以及次序、度量皆称为"象数"，这种"象数"是实在的、存有的，故称为"事物象数"。

符号象数与事物象数之间有密切的关系，符号象数是事物象数的表现方式，事物象数是符号象数所象征、比拟的对象；符号象数来源于事物象数，事物象数表述于符号象数。

二、象数与术数

"象数"与"术数"是两个容易混淆的概念，因而有必要加以区别。

"术数"（或"数术"）一词最早出现在西汉，是一种以"数"为工具用于占断吉凶祸福的技术。在古代，"数"有计量、通神、述理三大功能，其通神、述理功能的增强即形成"数术"。汉代刘歆、班固将"术数"分为天文、历谱、五行、蓍龟、杂占、形法六类，并做了界说，其后在正史的其余六种《艺文志》或《经籍志》中，《隋书》《旧唐书》《新唐书》无"术数"类，"术数"类书归入"五行"类，天文、历数已单列；《宋史》除列"五行"类外，还增加了"蓍龟"类；《明史》亦将"术数"归于"五行"类；《清史稿》列"术数"类，下分七小类。史志中"术数""五行"类书均归入子部。《四库全书总目》称"术数"，亦归子部，分为数学、占候、相宅相墓、占卜、命书相书、阴阳五行六类，共收书五十部。

"象数学"和"术数"的形成与分途是在汉代。"象数学"有两种形态，一种是经学形态，另一种是哲学形态。"象数学"与"术数"的主要区别在于：

① 目的与功用不同。"象数学"的目的是解释《周易》经传，"术数"的目的是占断人事吉凶。"象数学"除解《易》外，还有阐发义理、影响科技的功用，而"术数"只占断吉凶。

② 内涵与外延不同。"象数学"是以象数为核心阐释《周易》以及宇宙事物存在方式、变化规律的理论系统，"术数"是预测人事吉凶的实践操作方法；"象数学"包括卦爻、五行、干支、河图洛书、太极图等象数符号及解《易》体例，"术数"包括利用阴阳五行而创造的太乙、奇门、六壬、堪舆、相术、命理等方术。

三、象数与义理

"象数"和"义理"作为易学的两大要素，是两个有着密切关系的动态系统。在《周易》中，"象数"为卦爻象与卦爻数，"义理"为卦名、卦爻辞所反映的意义系统。在"易学"中，出现了象数派与义理派的分立。象数派重在发明卦爻象数的体例、运算方式，往往与自然科学结合得较为密切；义理派重在发挥卦爻辞和传文所蕴含的哲理、伦理，往往与人文科学结合得较为密切。

"象数"和"义理"是"体用一源，显微无间"的关系，"象数"为体，"义理"为用。虽然象数派和义理派各有所侧重，但都未将"象数"和"义理"割裂开来。实际上，两派都通过解读"象数"来表达"义理"，只是各自表达的"义理"有所不同罢了。

第五章
对宇宙本源的探索——象数本体论

第五章 对宇宙本源的探索——象数本体论

象数派易学家在对待象数的先后关系以及象数与理气的关系等问题上，各自有着不同的认识，从而在象数易学内部形成象学与数学两个流派，在哲学上形成象本论与数本论两种倾向。

近代哲学大师熊十力认为"本体"（《体用论》）有四义：

① 本体是万理之源、万禧之源、万化之始；

② 本体即无对即有对，即有对即无对；

③ 本体无始无终；

④ 本体显为无穷无尽之大用。

本章中"本体"一词主要采用第一个意义，即"本源"的意思。

汉代象数学家在"象"与"数"的先后关系问题上，还没有系统地、自觉地展开讨论，但从象数派解读《周易》卦爻象与卦爻辞的方法看，其基本上都着眼于卦象的分析，有时虽采用爻数分析法，但爻数实际上就是爻象，"数"与"象"并不是分立的，其"象"可以涵盖"数"，因而其思想基本上可看成象本论。

宋代象数学家开始了象学与数学的分立，从而形成了象学派与数学派。王称《东都事略·儒学传》说："陈抟读易，以数学授穆修，修授之才，之才授雍。以象学授种放，放授许坚，坚授范谔昌。"此处"数学"指以阴阳奇偶数为主的图式，"象学"指以乾、坤卦爻象为主的图式。然而，不能单纯依据是以卦爻象图式还是以奇偶数图式解《易》来划分象学派和数学派，而应该从对待"象""数"的先后问题以及以何为易学乃至宇宙本原的立场来区分象学派和数学派。主张"象在数先"、以"象"为易学乃至宇宙之本原者，为象学派；主张"数在象先"、以"数"为易学乃至宇宙之本原者，为数学派。前者注重卦象分析，后者注重易数分析。以此为标准，检讨两宋及元明清象数学家，李之才、周敦颐、朱震、俞琰、来知德、方以智，属象学派；刘牧、邵雍、张行成、蔡元定、蔡沈、雷思齐，属数学派。在易学哲学上，象学派提出象、气合一的"气本论"，数学派提出理、数合一的"数本论"。

第一节　象本论

一、象与数

西汉象数派开创者孟喜将卦象看成《易》的根本，认为卦象已包含天文、物候、历法等原理。反过来说，就是天文、物候、历法等知识可以用卦象来说明，卦象被当成物象的依托。孟氏《易章句》已佚，因而无法了解他在象与数问题上的观点，只能从唐代僧一行的记述中做出推测——从孟氏对卦象的强调中虽不能反推出其以卦象为宇宙之根本的本体论，但至少可反推出其以卦象为易学本原的思想。

焦赣《易林》之词（四言韵语）多由卦象得出。这一点，近代尚秉和先生做了研究：

> 余独以为焦氏林词多至四千余，其必有物焉，以主其词。不然，以一卦为六十四词，虽善者不能也，乃日夜覃精而求其故，求之既久，然后知其本于易象。（《焦氏易诂》卷一）

尚氏从《易林》中发掘了一些失传的取象方法和所取物象，并做出结论："《易林》系辞无一字不根于象。"虽然此说过于绝对，但认为《易林》以"象"为依据的观点是符合《易林》系辞特征的。在《易林》看来，万事万物都取法于卦象，卦象是系辞的出发点和本体。

焦赣的学生京房继承孟、焦以象解《易》的传统，认为"象"是《易》的根本，《易》是明大道的：

> 夫易者，象也。爻者，效也。（《京氏易传》卷下）
> 言日月终天之道。（同上）
> 故《易》所以断天下之理，定之以人伦而明王道。八卦建，五气

第五章　对宇宙本源的探索——象数本体论

> 立，五常法象乾坤，顺于阴阳以正君臣父子之义……考天时、察人事在乎卦。（同上）

认为卦象是断定、建立、考察天、地、人三极之道的依据。

在"象"与"数"的问题上，京房主张"象"生"数"，认为："奇偶之数取之于乾坤。乾坤者阴阳之根本。"（《京氏易传》卷下）在他看来，易数也是一种"象"。他将数分为奇偶两类："一三五七九，阳之数；二四六八十，阴之数。"（《京氏易传》卷下）这两类数，其实就是阳与阴，就是乾与坤。他认为卦爻策数，"定天地万物之情状，故吉凶之气顺六爻，上下次之，八九六七之数，内外承乘之象，故曰兼三才而两之"（《京氏易传》卷下）。六十四卦、三百八十四爻、一万一千五百二十策，既是数，也是象；既来源于"八九六七之数"，又代表"内外承乘之象"。他还假借孔子的话进一步论述了"象"与"数"的关系：

> 孔子曰："阳三阴四，位之正也。"三者东方之数，东方日之所出。又圆者，径一而开三也。四者西方之数。西方日之所入。又方者径一而取四也。言日月终天之道，故易卦六十四，分上下，象阴阳也。（《京氏易传》卷下）

所谓"阳三阴四"，郑玄认为是指阳、阴之正位而言[1]。按京房本意，"阳三阴四"当指日之出入、天圆地方而言，即天三地四是日月运行的轨道。卦爻奇偶之数来源于天地阴阳之数，而天地阴阳之数又来源于天地阴阳之象。不仅卦爻象数有内在的联系，而且天地、方圆、日月等物象与度数之间也有密切的关系，物象中有数的规定性，度数又是物象的量化。

东汉荀爽、虞翻在象与数先后关系问题上没有进行系统的论述，只是在创立解《易》体例时，对卦象多有发明，荀爽创乾升坤降说，虞翻创乾坤变六子卦、十二消息卦变杂卦说，不自觉地将卦的生成问题引向宇宙的生成问题，在解乾、坤两卦时，不自觉地涉及万物本体问题。如荀爽《九家易解》曰：

> 乾者，纯阳，众卦所生，天之象也。观乾之始，以知天德。（《九

---

[1] 依郑玄说，一为阴之初生，三为阳之正位；二为阴之初生，四为阴之正位。

家易解》）荀爽曰谓分为六十四卦，万一千五百二十策，皆受始于乾也，策取始于乾，犹万物之生禀于天。（《周易集解》卷一《乾卦》引）

坤者，纯阴。配乾生物，亦善之始，地之象也。（《九家易解》）荀爽曰谓万一千五百二十策，皆受始于乾，由坤而生也。策生于坤，犹万物成形出乎地也。（《周易集解》卷一《坤卦》引）

荀爽以乾、坤为万物生成之本。当然，这种认识是建立在卦象生成基础之上的。荀爽认为六十四卦本源于乾、坤两卦，乾、坤两个基本卦的爻位互易可产生其他卦。乾、坤为六十四卦之本体，其卦象为《易》之本体。

在宋代，象学派与数学派开始真正分立。宋初易学家李之才主"卦变说"，有变卦反对图和六十四卦相生图传世[1]，被称为"象学先天卦变图"[2]。因其著佚失，故其对象与数的关系有无论述已不可知。周敦颐的易学虽亦属于象学[3]，但亦未论及象与数的关系。

南宋朱震在象与数的先后问题上做了明确的论述，认为先有象而后有数。象包括卦象、爻象以及包括数在内的万象：

易含万象，策数乃数之一，又有爻数、卦数、五行、十日、十二辰、五声、十二律、纳甲之数，不可一端。（《汉上易传·系辞》卷七）

朱震将各种数都纳入象的范畴——"乾奇坤偶者，象也"（《汉上易传·系辞》卷七），认为象与数只是观察的角度不同。他在《汉上易传·序》中总结易学的五种体例为动爻、卦变、互体、五行、纳甲。他认为：

凡此五者之变，自一二三四言之谓之数，自有形无形言之谓之象，自推考象数言之谓之占。

这里提出的象与数合一的观点与他的象在数先的观点其实并不矛盾。朱震还认为，在象之前有气，并将象看成"气象"。

---

[1] 李之才卦变图载朱震《汉上易传·卦图》。
[2] 宋代林至《易裨传》外篇说："长场郭氏序李氏象学先天卦变图曰：陈图南以授穆伯长，伯长以授李挺之，挺之以授尧夫。"
[3] 冯友兰《中国哲学史新编》第五册第51页称：周敦颐太极图"是象学的一个标本"。

元代俞琰主"取象说"，从象学立场阐释邵雍易学，而不赞成张行成数学立场，反对河洛之数学，认为河洛之数学乃"汉儒之说臆说耳，非圣人之本意也"（《读易举要·河图洛书之附会》）。象、数与理又是统一的，"大抵象隐于理，理寓乎数，贯理数为一，则举此可以知彼，离而二之，则虽欲兼通，不可得也"（《读易举要》卷三）。

在宋元，象学派与数学派相比，后者占了上风，而到了明清，象学派则逐渐占了上风。明清象学派以来知德、方氏父子为代表。

来知德在象与数的关系问题上主张"有象即有数"（《周易集注·原序》）。他提出取象、错综、爻变、中爻四条原则以解《易》，实质上均归结于"象"。他将"象"的范围大大扩展了，认为一切都从属于"象"。

圣人立象，有卦情之象，有卦画之象，有大象之象，有中爻之象，有错卦之象，有综卦之象，有爻变之象，有占中之象。（《周易集注·易经字义·象》）

方孔炤、方以智父子在象与数的关系问题上主张象与数合一，认为一切象都有数的规定性，一切数都是象之分合。"象之分合即数也"（《周易时论合编·系辞上传》），"一切阴阳五行皆有度数，而变在其中"（《周易时论合编·系辞下传》），而象与数仍有先后之分：

理藏于象，象历为数。（《周易时论合编·图象几表·河图洛书旧说》）

因象有数，有数记之，而万理始可析合，则象数乃破执之精法。（《东西均·象数》）

认为象的层次清楚可数即为数。方以智还在《东西均·象数》中引用黄道周的话"积爻为象，因象立数"，主张象在数先，数因象而立。

以"象"为第一位、以"数"为第二位，是象学派的共同观点。其象本论只是对易学而言，即在象、数以及辞、理中"象"是最根本、最重要的，但象学派还没有将"象"直接当作宇宙的本体、本根。以"象"为宇宙本体是象学派通过对"象"的解读来完成的，即将"象"解读为"气"，然后将易学"象本论"上升为哲学"气本论"。

二、象与气

站在象本论立场，以"二气"解说《周易》卦爻象以及经传文，是汉、宋象数派（主要是象学派）的一大特点。象学派最终形成以"气"为宇宙本体的气本论思想，从而完成将易学象本论上升为哲学气本论的过程。《易传》虽提出"一阴一阳之谓道"的哲学命题，但还没有系统地以阴阳二气解《易》[①]。在易学史上，以"气"解《易》、以"气"为本是由后世象数派中的象学派开创并完成的。

1. 两汉象（数）学派

（1）孟京学派

孟喜易学被唐代僧一行评价"其说《易》本于气"（《新唐书》卷二十七上），可见孟氏是从"气"出发解说《周易》的，这个"气"主要指阴阳二气以及气候、节气之气。

京房明确提出"阴阳二气"说，将《易传》阴阳从卦爻属性的《易》范畴提升到哲学的"气"范畴。他在《京氏易传》中解释乾卦：

> 二气阳入阴、阴入阳，二气交互不停，故曰生生之谓易，天地之内无不通也。

他在解释坤卦时说：

> 坤，纯阴用事……阴中有阳，气积万象，故曰阴中阴。阴阳二气，天地相接，人事吉凶，见乎其象，六经适变，八卦分焉。阴虽虚，纳于阳位称实。(《京氏易传》卷中《坤卦》)

他以阴阳二气解乾坤二卦，认为纯阳中蕴含阴象，纯阴中蕴含阳象，阴阳二气交合而产生万物：

[①]《易传》提到"气"字共五次，分别为：乾卦《文言传》，"同气相求""阳气潜藏"；咸卦《象传》，"二气感应以相与"；《系辞传》，"精气为物"；《说卦传》，"山泽通气"。

第五章 对宇宙本源的探索——象数本体论

> 乾坤二象，合为一运，天入地交泰，万物生焉。（《京氏易传》卷中《泰卦》）
>
> 阴生阳消，阳生阴灭，二气交互，万物生焉。（《京氏易传》卷上《井卦》）

乾坤二象——阴阳二气被京房看成生成万物的本根。京房认为八卦"象"的变易就在于阴阳二气的交互作用。"气"是其易学哲学的最高范畴。

京房对六十四卦卦象和卦爻辞的解释，都是从二气变易的原则出发的，如其解释否卦：

> 否，内象阴长，天气上腾，地气下降，二象分离，万物不交也……气分气候三十六，阴阳升降，阳道消铄，阴气凝结，君臣父子各不迫及。（《京氏易传》卷上《否卦》）

文中"二象"即指"阴阳二气"，他从气的分离来说明否卦为凶。

其他如他解释解卦"阴阳积气，聚散以时……积气运动，天地剖断"，解释晋卦"阴阳返复，进退不居，精粹气纯，是为游魂"，解释家人卦"火木分形，阴阳得位，内外相资，二气相合"，都用了术语"气""二气"，即使未用术语"气"，但只要言"阴阳"，一般都指"阴气、阳气"。京氏将《周易·系辞传》"一阴一阳之谓道"的命题理解为"阴阳二气"即为道：

> 阴阳之体，不可执一为定象。于八卦，阳荡阴，阴荡阳，二气相感而成体，或隐或显。故《系》云，一阳一阳之谓道。（《京氏易传》卷上《丰卦》）

京氏不仅以"气"解"象"，还以"气"解"数"，如其论述"大衍之数"时说："凡五十其一不用者，天之生气，将欲以虚来实，故用四十九焉。"（《周易正义·系辞传》引）其以"不用"之"一"为"以虚来实"之"气"。

以阴阳二气解《易》是京氏解释卦爻象辞的基本原则。由于《周易》经传既论三极之道，又论吉凶悔吝，所以"二气说"既被用以说明天地阴阳二气的变易过程，进而说明天地万物以"气"为本，又被用以说明人事吉凶，进而说明灾异或灾变。

（2）《易纬》与郑玄注

西汉末年成书的《易纬》作为象数派解《易》的汇编[①]，虽然没有明确论述"象"与"气"，但其解《易》也是坚持气本论立场的，并且在象数易中第一次系统地提出宇宙生成论，并隐含宇宙本体论思想，对后世影响深远。

《易纬·乾凿度》从"气"的角度提出"太易""太初""太始""太素"四阶段说：

> 昔者圣人因阴阳定消息，立乾坤以统天地也。夫有形生于无形，乾坤安从生？故曰有太易，有太初，有太始，有太素。太易者，未见气也；太初者，气之始也；太始者，形之始也；太素者，质之始也。气形质具而未离，故曰浑沦，浑沦者，言万物相浑成而未相离。视之不见，听之不闻，循之不得，故曰易也。易无形畔，易变而为一，一变而为七，七变而为九。九者，气变之究也。乃复变而为一，一者，形变之始。清轻者上为天，浊重者下为地。物有始有壮有究，故三画而成乾。乾坤相并俱生。物有阴阳，因而重之，故六画而成卦。

朱伯崑先生认为，这段话有两套语言，一是讲筮法问题，即卦象的形成；二是借筮法表达作者的世界观。[②]就世界观而言，作者提出了宇宙形成四阶段说：太易—太初—太始—太素，四个阶段是以"气"为依据来划分的。"太易"是未见"气"者，郑玄注："太易之始，漠然无气可见者。"太易之后的三个阶段，是"气"形成之后的状态，《易纬》用一、七、九分别代称，郑玄注："太易变而为一，谓变为太初也；一变而为七，谓变为太始也；七变而为九，谓变为太素也。"这是从"气"的生成运行过程进行解释的。

"太易"不是《易传》所说的"太极"，"太极"在此四个阶段中相当于第二阶段的"太初"，或此后三阶段"气形质具而未相离"的"浑沦"。《易纬·乾坤凿度》对"太易"和"太极"做了比较："太易始著，太极成；太极成，乾坤行。"郑玄注："太易无也，太极有也。太易从无入有""太易气

[①]《易纬》与孟京象数易学在象数问题上基本上都是以象为本、象数统一论者。
[②] 参见朱伯崑《易学哲学史》第一卷，华夏出版社，1995年，第166页。

第五章 对宇宙本源的探索——象数本体论

未分,太极气始见"。

《易纬》是以无"气"的"太易"还是以有"气"的"太极"为宇宙万物的本原?《易纬·乾坤凿度》说:"老神氏曰:性无生,生复体。天性情,地曲巧,未尽大道,各不知其自性。"郑玄注:"天地未分之时无生。生与性天道精,还复归本体,亦是从无入有……立乾坤二体,设用张弛,究天性与情,晓地曲育巧成之道。"所谓"性无生"即指未见气、形、质的太易阶段,"生复体"指气、形、质开始具备的"一"即太极阶段。太易是"性",太极"一"是"体",太极"一"体与乾坤"二"体的"体"是指有气、形、质之"体"。郑玄还首次提出"本体"一词,本体即指这个"体":"还复归本体,亦是从无入有。"这个"本体"即"有"即"一",即"太极",在这个有气、形、质和"本体"之前还有一个无气、形、质的"太易"。《易纬·乾坤凿度》曰:"有形始于弗形,有法始于弗法。"郑玄注:"有形之类生于无形者也。"

《易纬》和郑玄以"无"——"太易"为第一阶段、为生"有"——"气"的源头的思想,显然受了《老子》"道生一,一生二,二生三,三生万物"及《淮南子·天文训》"道始生虚廓,虚廓生宇宙,宇宙生气"的影响,同时又企图将道家思想与《易传》"易有太极,是生两仪"思想相融合,于是出现了一些矛盾之处。如:既以气见的"太极"为"一"为本体,又以无气、无形、无质的"太易"为"太极"之前的状态;既认为气、形、质具而未离的"浑沦"即"太极"生成于无气、形、质的"太易",又认为"太易"生成于浑沦的太极元气。如《易纬·乾坤凿度》曰:"天门辟元气,易始于乾也""乾坤对,太易兴"。《易纬》言"乾坤"主要指阴阳二气。

"元气"一词始见于《淮南子·天文训》:"宇宙生元气。"汉人多言"元气",刘歆《三统历》将"太极"解释为"元气":"太极元气,函三为一。"(《汉书·律历志》)太极为"中央元气",涵融了天、地、人三统。《易纬》将气、形、质三个阶段分别命名为太初、太始、太素,统称为"浑沦",实源于太极元气说。郑玄注"太初者,气之始"曰:"元气之所本始。""一主北方气渐生之始。"郑玄以"元气"、北方始生之气解释"太初""太极"。《易纬·乾坤凿度》进一步从"函三为一"原理解说"混沌"太极之气:

一大之物目天,一块之物目地,一炁之块名混沌。一气分万霭。

是上圣凿破虚无，断气为二，缘物成三，天地之道不绝。

郑玄注："一混一气一大俱物，不知何物，以名目为之。圣人言先天也，物先者也。地者下，物后也。"一气遮蔽不明、未分化之状名"混沌"；由气断而为二，分出阴阳二气，形成天地；再分出万物，就成了天、地、物三分状态。这种"气"的化生之道是永不停息的。

"卦象"与"气"被《易纬》看成有密切联系的，甚至一体的关系，如《易纬·乾坤凿度》说："上古……变气为易，画卦为象。"郑玄注："庖氏画卦……朴淳散成气，气实成物，物成性定，理之然。"这里虽没有明言卦与气的关系，但两者所处地位相当，都是生成"易"和"象"（物象）的因素。该篇所谓的"天门辟元气，易始于乾也"，将元气与乾卦之象并列而论，另从《易纬》通篇论述中，可见"卦象"被解读为"气"——包括"元气""阴阳二气""五行之气""九宫之气"等。而"气"又被当成"物象"的一种，因为"气"虽无形但可以感觉。

（3）东汉象数派

东汉马融、荀爽，三国虞翻，晋代干宝等象数派易学家，继承孟京学派以"气"解《易》的方法，吸取孟京学派"卦气"学说，对《周易》的象、辞及传文进行了解释。唐代李鼎祚《周易集解》保留了该派解《易》的部分资料。如其解乾卦初九爻"潜龙勿用"以及爻辞《文言传》：

> 物莫大于龙，故借龙以喻天之阳气也。初九，建子之月，阳气始动于黄泉，既未萌芽，犹是潜伏，故曰潜龙也。（马融注）

> 称龙者，假象也。天地之气有升降，君子之道有行藏。（沈驎士注）

> 位始故称初，阳重故称九。阳在初九，十一月之时，自复来也。初九甲子，天正之位，乾元所始也。（干宝注）

> 气微位卑，虽有阳德，潜藏在下，故曰勿用也。（荀爽注）

以上都是从"气"的立场出发的，或以初九爻的爻象为"气微""阳气始动"，或与天文物候之气相联系，以初九爻的爻象为"十一月""建子之月",此时阳气来复。以"气"解卦爻象、卦爻辞是东汉、三国、两晋象数派的特征,此期义理派也经常以"气"解《易》,但没有像象数派那样成系统。

此外,象数派还以"气"解《易传》,本书仅列其对卦象、爻象的部分解说如下:

> 天有阴阳二气,地有刚柔二性,人有仁义二行,六爻之动,法乎此也。(陆绩注"六爻之动")
>
> 始谓乾禀元气,万物资始也。(《九家易解》注"乾知大始")。
>
> 一谓乾元,万物之动,各资天一,阳气以生。(虞翻注"天下之动贞夫一者也")
>
> 夫纯阳,天之精气;四行,君之懿德。(干宝注乾"君子行此四德者")
>
> 乾气至坤,万物资受,而以生也。(《九家易解》注"至哉坤元")

以上例子,主要是对乾、坤等卦象、爻象的解释,文中都有"气"字,而其他地方更多只言"阴阳",不言"阴阳二气",从文意上看,其实指"阴阳二气"。

此期象数派继承京房易学,通过"气"将当时的天文、历法、物候知识纳入卦象之中,将六十四卦看成世界模式,认为六十四卦、三百八十四爻之中,蕴涵了阴阳二气以及五行之气,而阴阳二气和五行之气的运行、生克,构成了宇宙万物的发展变化,"二气"也就成了宇宙万物的本原。

2. 两宋象学派

周敦颐是宋代以"气"解"象"的代表。其《太极图说》虽未言"卦象",但其"太极图"即一种"象"[①],其《太极图说》前一部分讲"无极""太极",后一部分讲"人极"。讲"无极"是为了讲"太极",讲"太极"是为了讲"人极"。"无极"是宇宙的本原,"人极"是人的本原、本质。

[①] 朱熹说:"周子立象于前,为说于后。"(《朱文公文集》卷四十二)

全篇以"气"立论：不动之"太极"生出阴阳二气，二气变动交合生出五行之气（五气），二五之气交感而化生万物。人因为禀受二五之秀气，所以成为万物之最灵者，二五之气化生其形、神，修养其二五之气，"定之以中正仁义"，进而立三极之道，进而则可立"人极"而成为圣人。

此"太极"为阴阳二气未分的混沌状态。周敦颐受道家影响，在"太极"之前立一"无极"，"无极之真，二五之精，妙合而凝"，即无极的本性与阴阳五行之气的精华微妙地凝聚在一起而构成万物。"无极"无实体，是太极元气的根源。周氏此说意在取"无极"虚静的性质为成圣、立"人极"的最高准则。通观全篇，"气"是至关重要的。

从西汉到北宋，象学家还都没有对"象"与"气"的关系做系统的论述。而北宋义理派李觏、程颐、张载等对此问题则都有过论述。李觏认为："夫物以阴阳二气之会而后有象，象而后有形。"（李觏《删定易图序论》）主张先有气后有象。程颐认为："有理而后有象，有象而后有数。"（《二程集·遗书》卷二）"有理则有气，有气则有数。"（《二程集·经说》卷一）象与气被看成一体关系。张载认为："有气方有象。"（《横渠易说·系辞下》）并将"气"看成"象"的一种："所谓气也者……皆可名之象尔。"（《横渠易说·系辞下》）又将"象"看成"气"："凡象，皆气也。"（《正蒙·乾称》）

南宋象学家朱震继承义理派程颐、张载的观点，坚持"取象说"，在象与气的问题上同样主张先有气后有象、气与象又是一体关系：

气聚而有见，故谓之象，象成而有形，故谓之器。（《汉上易传·系辞上》。）

他认为"象"为气聚而有见者，气象是第一位的。他在解释《系辞传》"乾坤，其易之门邪？"一章说：

乾刚者，阳之物，老阳之策也，其德则健；坤柔者，阴之物，老阴之策也，其德则顺。阴阳，气也；刚柔，形也。气变而有形，形具而有体，是故总策成爻，健顺合德而刚柔之体见矣。圣人以此体天地之撰。（《汉上易传·系辞下》）

乾、坤二卦的卦象从德性上说是健、顺，从形上说是刚、柔，从气上

第五章　对宇宙本源的探索——象数本体论

说是阳、阴。朱震认为，气是无形的，气变而成为有形之物，则具备刚柔之体，所以揲蓍而成爻或卦，卦爻象中蕴含了健顺之德、刚柔之体。其文中虽未提到"象"字，但乾坤二卦有卦象，阴阳二气无"形"而有"象"。他还认为"象"是对"气"的模拟：

> 盖动于人情，见于风气，有是时必有是象。易者，象也。易之有象，拟诸其形容而已。（《汉上易传·系辞下》）

人情、风气有所动、有所现，必有所"象"，因而"气"与"象"往往被朱震当作同一概念使用。受张载影响，朱震将"气""象"看成宇宙万物的本体。他以"气"解释"太极"，其《汉上易传·丛说》说：

> 四十九因于太极，而太极非无也，一气混沦而未判之时也。

他以"太极"为"一元之气"，为"一气混沌而未判之时"，并称之为"一"：

> 易有太极，四十有九，合而为一乎！四象八卦具而未动，谓之太极。（《汉上易传·系辞上》）

> 一者，体也，太极不动之数；四十有九者，用也。（同上）

> 方其一也，两仪四象未始不具；及其散也，太极未始或亡，体用不相离也。（同上）

> 合五十有五之数归于太极，寂然无声，其一不动，万化冥会乎其中。（同上）

他以"一"为体，以"四十九"为用，体用不分。"一"为"寂然无声"之太极，四十九为太极之"一"的自身展开。从筮法上说，太极"一"是揲蓍成卦的根本；从哲学上说，太极之"一"是宇宙万物的本体：

> 一者，天地之根本也，万物之权舆也，阴阳动静之源也，故谓之太极。（《汉上易传·自序》）

> 太极者，阴阳之本也。（《汉上易传·丛说》）

> 太极者，中之至也，天地之大本也，所以生天地者也。天地分太

189

极，万物分天地，人资天地之中以生。(《汉上易传·丛说》)

他认为"太极""一"是天地、万物的根本。太极"一"即"气"：

> 一者何？气之始也。(《汉书易传·说卦》)

太极之"气"又是从"太虚"而来的：

> 然则气何从生乎？曰太虚者，气之本体，人容也，动则聚而为气，静则散为太虚，动静聚散有形无形，其鬼神之情状乎？(《汉上易传·丛说》)

> 易有太极，太虚也。阴阳者，太虚聚而有气也；柔刚者，气聚而有体也。(《汉上易传·说卦》)

此是以"太虚"解释"太极"。以"太极"为"元气"本于汉易，而以"太虚"为"太极"本于张载，但朱震抛弃了张载太极"清虚一大"的观念，以太虚、太极为阴阳二气混而为一的状态，认为"混沌"的"一气"是宇宙的本体：

> 今有形之初，本于胞胎，胞胎之初，原于一气。(《汉上易传·丛说》)

朱震在哲学世界观上，将"太极"解读为"气"，以"太极"之"气"为世界的本体。因此可以说，朱震是两宋象数派气本论的代表。

在"象"与"理"的关系问题上，朱震主张先有"气"与"象"，后有"理"。朱震以"气"与"象"为宇宙本原，不以"理"为宇宙本原，这一点与程氏理本论不同。朱震在《汉上易传·丛说》中认为，卦的各种取象，"其言可谓曲矣，然而尽万物之理"。"象"为尽"理"的依据。朱震在解释《周易·说卦传》"和顺于道德而理于义"时，对道德性命之"理"与"气"等范畴做了界说：

> 故曰生阴阳，气也，刚柔者，气聚而有体也。由推行言之谓之道，由得于道言之谓之德。性者，万物之一源。命者，刚柔不齐，禀于有气之初者也。理者，通乎道德性命而一之者也。义者，道德所施之宜

也。(《汉上易传》)

他认为道、德、性、命、理、义都是以阴阳二气为基础和前提的，阴阳二气的推移为"道"，得于道兼体而不偏滞为"德"，同源于太虚之气为"性"，禀气不均为"命"，而"理"则是贯通性、命、道、德为一体的道理，"理"为万事万物统于一气之"理"，"气"是"理"的前提，是"理"得以存在的依据。朱震对程颐的"理气"说做了改造，吸取了程颐"体用一源"说，以太极未分之气为"体"，以天地万物之"理"为"用"，认为"理"和"气"不可割裂。

气本论思想是朱震对汉代象数易学家以及北宋易学家李觏、张载学说的发展。

3. 明清象学派

明代易学家来知德继承象学派以"气"解《易》的传统。如其在《周易集注》中解释乾卦初九爻："初九，阳气方萌。"解释乾卦《象传》："此言气而不言形。""资始者，气也。气发泄之盛，则云行雨施矣。""太和，阴阳会合，冲和之气也。"

在"象"与"气"的关系问题上，来知德主张"象""气"不离，"象"的实质即"气"，"气"的变化即"象"：

> 有是气即有是形。(《周易集注·乾》)
> 两仪配对，气通于间，交感相摩荡也。惟两间之气，交感摩荡而后生育不穷。(《周易集注·系辞上》)

所谓"有是气即有是形"，在这里"气"不是"形"而是"象"，"气"是"象"的一种，两仪、八卦之中有"气"贯通其间，"气"与"象"是体用关系，"气"重流行，"象"重对待，对待与流行互为前提，不可分离：

> 盖有对待，其气运必流行而不已；有流行，其象数必对待而不移。(《周易集注·文王八卦方位图》)

关于"对待"与"流行"，来氏做了分析，批评了朱熹的观点，认为伏羲文王之图不可废一，不可分先后：

> 譬如天之与地，对待也；二气交感，生成万物者，流行也。天地有先后哉？男之与女，对待也；二气交感，生成男女者，流行也。男女有先后哉？（《周易集注·说卦传》）

来氏认为，二气交感生成万物男女，即流行。其将气看成宇宙万物的本体，解《周易·系辞传》"天地氤氲，万物化醇；男女构精，万物化生"曰：

> 天地之气本虚，而万物之质则实，其实者乃虚气之化而凝，得气成形，渐渐凝实……天地氤氲，气交也，专一而不二，故曰醇；男女构精，形交也，专一而不二，故化生。夫天地男女两也，氤氲构精以一合一，亦两也；所以成化醇化生之功。

认为天、地、男、女以及万事万物都是由"气"交合而化生的。

在"象""数""气""理"的关系问题上，来氏主张"有象即有数，有数即有理"（《周易集注·自序》），"道器无二致，理数不相离"（《周易集注·说卦》），象数先于理，又与理不分离，"象也者像也……像者乃事理之仿佛近似可以想象者也"（《周易集注·说卦》），提出"假象以寓理"，假借"象"可以模拟物象及其所蕴藏的事物之理，认为三圣之《易》就是依照卦爻象来解说万事万物的。来氏认为"有象则大小远近精粗千蹊万径之理，咸寓乎其中，方可弥纶天地。无象则所言者止一理而已，何以弥纶？"（《周易集注·自序》）因为有"象"才可以寓一切事理，弥纶天地万物之象，而如果无"象"则只能言一事一理，不能弥纶天地万物之理。

就"气"和"理"而言，来氏认为气聚而理备，气散而理尽：

> 人物之始，此阴阳之气，人物之终，此阴阳之气。其始也，气聚而理随以完，故生；其终也，气散而理随以尽，故死。（《周易集注·系辞上》）

其以"气"为第一位、"理"为第二位，认为"理"随"气"的聚散而生亡。

> 理乘气机以出入，一阴一阳。气之散殊，即太极之理各足而富有

者也。气之迭运，即太极之理流行而日新者也，故谓之道。(《周易集注·系辞上》)

认为太极之理乘气机而流行。太极之"理"的富足与流变就是"气"的散殊与迭运。"理寓于象数之中，难以名状，故曰太极。"理随气的运行而日新，这个流行过程就是"道"。太极之理蕴含在气的流行过程之中，理与气不相分离。这些观点本于朱熹"太极者，本然之妙；动静者，所乘之机"(《太极图说解》)，理与气"两个不曾相离"(《朱子语类》卷六十七)，但来氏抛弃了朱熹"理在气先"的观点。来氏主张气为理存在和流行的依托，太极为理气合一的状态。在象数易学家中，来知德是继朱震之后的又一代表人物。

明末清初方孔炤、方以智父子不仅将象与数看成一体关系，而且将象与数看成气化的形式和度数，认为气与象、数合为一体：

数者，气之分限节度也。(《周易时论合编·说卦传》)

理与象、气与形，皆虚实有无之两端而一者也。(《东西均·象数》)

为物不二之至理，隐不可见，质皆气也，征其端几，不离象数。(《物理小识·象数理气征几论》)

理、气与形、象是"两端而一"。两端皆气，两端皆象数。方氏以理、气为虚，形、象为实，提出"虚空皆象数"，但"虚空"不是"虚无"，"虚空无非卦爻象数"(《周易时论合编·系辞上传》)，没有虚无的世界，"虚空不得不卦，卦不得不辞，犹大一之不得不天地也"(《周易时论合编·系辞上传》)。卦象体现虚空，气与理又为"虚"之一端，因而"虚空皆象数"亦即"虚空皆理气"，象与气实为一体关系。张载曾提出"太虚即气则无无"(《正蒙·太和》)，以气为武器反对虚空为虚无之说，方氏则以象数为武器驳斥虚玄论，认为象不脱离理气。就气而言，方氏将气的宇宙论导入本体论。这个气非混沌之元气，而是含有理的气。宇宙万物本源于气：

本一气也，生则为阳，成则为阴，有一此有二，有二此有四，有三此有六，有四此有八。八者四而已，六者三而已，二者一而已。

(《物理小识·总论》)

> 本一气也，而自为阴阳；分为二气而各具阴阳。(《物理小识·水火本一》)

认为阴阳、四时、六气（风、寒、暑、湿、燥、火）最终本于一气。元气即大一之气，分化为阴阳二气、四时之气、六气以及万事万物。

> 气行于天曰五运，产于地曰五材，七曜列星，其精在天，其散在地，故为山为川为鳞羽毛介草木之物，声色臭味，别其端几。(《物理小识》引其祖父方大镇《野同录》)

五运、五材、七曜、山川、鸟兽、草木、万事万物都是由"气"的运行而形成的。

方氏关于本体论提出了"太极即在有极中""一在二中"的命题，围绕"太极"即"一"的问题，将易学作为卦爻根源的"太极"上升为哲学作为天地万物本体的"太极"。在方氏看来，太极是本体，象数是现象，太极在象数中，本体亦在现象中，两者不可分割。方氏以微和显、费和隐、体和用、历和寂、大一和大二（一和二）、无极和有极来说明太极和象数、本体和现象的关系，认为两者是蕴涵关系：

> 太极生两仪以至大业，同时即具者也。(《周易时论合编·系辞上传》)

> 十六卦互相摄入，万理具备，谓之大二，其弥之者谓之大一。然舍大二，岂有大一哉！(《周易时论合编·说卦传》)

认为太极和象数"同时"藏寓而存在，互相摄入而不可舍弃，卦象是太极（大一）自身的逻辑展开：

> 易故自碎其太极以为物物之卦爻。一贯者，即一是多，即多是一。(《周易时论合编·凡例》)

> 太极践卦爻之形。(《周易时论合编·系辞上传》)

以"自碎"和"践形"表示"大一用二"的展开过程。"自碎"表示太极作

第五章 对宇宙本源的探索——象数本体论

为本体，自身分裂则为卦爻象，并没有增减，大一之"一"与卦爻之"多"（二）相互包蕴。"践形"表示太极本体即体现在卦爻象之中。太极统率象数说明现象乃本体的展开，本体即在现象当中，因而既不可废卦爻象数，又不可废太极大一。方氏三代还以卦爻画"有极"为"显"，为表现于外的"费"；以卦爻画之所以然之无形的"无极"为"微"，为深藏于内的"隐"，而以"贯一不落有无者"，即通贯有极、无极，不偏于有也不偏于无的本体为"太极"，太极其大无外，其小无内。

方氏认为这个"不落有无"的"太极"本体既不是虚无，也不是混有，而是理气合一的"气"（不是混沌元气）[①]。其父方孔炤虽以"理"释太极，但强调太极之理在"气"中：

> 充两间之虚，贯两间之实，皆气也。所以为气者，不得已而理之，则御气者理也，泯气者理也，泯理气者即理也。以泯理气之气而专言气，则人任其气而失理矣。提出泯理气之理而后详征之，则人善于用于气中而中节矣。(《周易时论合编·图象几表·太极图说》)

以理、气关系论述了大一即在大二之中，理、气是合一不分的。方氏认为理是统率气者，浸没于气中者，浸没于理气无间者，如果专言气，则往往任气而失理。他还以水与味做比喻，气好比水，理好比甘味，甘味充满水中。他又以太极之象标示理在气中，中间一点为理，但这只是不得已作的画，实际上中间一点应充满全圆，表示理、气融为一体，而太极就是这个理、气合一的本体：

> 两间皆气，散殊适用，天地但定位耳。其所以为气者，於穆其中，故曰太极。所以者，即在气中。(《周易时论合编·说卦传》)

> 两间皆气也，而所以为气者在其中，即万物共一太极，而物物各一太极也，儒者不得已而以理呼之，所谓至理统一切事理者也，有精言其理御气者，有冒言其统理气者。(《周易时论合编·系辞上传》)

[①] 方以智在《东西均·扩信》中给"太极"所下定义为："太极也，精一也，时中也，混成也，环中也，真如也，圆相也，皆一心也，皆一宗也，因时设施异耳。"将儒、释、道三家观念融合在一起解释"太极"。这代表了方氏后期的思想，与《周易时论合编》的太极观点不同。

"所以为气者"即"理",理在气中,离气无理。方氏称太极为理,只是表明太极乃气之所以然,并不是说太极只有理没有气。方氏曾多次强调理、气及象、数的一体关系:

> 见象即见理。(《周易时论合编·系辞上传》)
> 倚数穷理。(《周易时论合编·说卦传》)
> 象也,理也,心也,一也。(《周易时论合编·乾》)
> 因象有数,有数记之,而万理始可析合,则象数乃破执之精法。(《周易时论合编·图象几表·河图洛书旧说》)

以理、气、象合一的太极为宇宙万物的本体,是方氏父子对哲学本体论的一大贡献。

此外,方氏还讨论了天地有无开端的问题,认为天地之始基即在大地万物之中,即"一在二中"。方大镇论《序卦传》说:

> 言贞一而不倚混一,诸读序卦传,自有天地而言,则合天地人伦,无太极,明矣。(《周易时论合编·序卦传》。)
> 人道直天地开辟之有者也。天地未分前之无,即亨于此中矣……何容更于大有之外驾言无哉!(《周易时论合编·大有》)

说明天地产生以前并没有什么混一不分的太极作为天地始基,太极作为本体只能存在于天地人伦之中。人道开辟才可言"大有",天地未分之前的"无"即存在于万有之中。方氏否定王弼以"无"为天地万物之本的观点,认为《周易》所言之道在于天、地、人三极之中,无须多谈天地未分之前的事,不主张废弃天地人伦而追究本体世界。

方氏理气合一的本体论思想是对象学派气本论的继承和发展,对王夫之等人产生了重要影响。

综上所述,象学派易学家在象与数问题的论争中,主张象在数先,将象置于第一位,从而形成易学上的象本论;进而将易学问题上升为哲学问题,以"气"释"象",以"气"释"太极",从而形成哲学上的气本论。从易学象本论到哲学气本论,是一个质的转变。

就整个中国哲学史而言，气本论的阐发者主要是易学家，而象学派易学家起了重要作用。

第二节　数本论

一、数与象

在宋代形成的与"象学派"对立的易学流派，称为"数学派"。数学派主张"数"在"象"先，"数"为第一位、"象"为第二位，在解释《周易》经传、术语命题时，主要采用"数"的分析方法，从而形成易学及哲学上的数本论学派。

1. 刘牧象数观

北宋刘牧是"图书学"的"首倡者"，提出了"图九书十"说，重在以河图、洛书之数解释《周易》的原理。在"象""数"的关系问题上，他主张"象"由"数"设：

> 极其数者，为极天地之数也。天地之极数，五十有五之谓也。遂定天下之象者，天地之数既设，则象从而定也。（《易数钩隐图》）

他通过解释《易传》"极其数，遂定天下之象"以论述天下之象（包括卦象、物象）来源于天地之数（即一至十中的奇偶数）。刘牧说："夫三画所以成卦者，取天地自然奇偶之数也。"其《易数钩隐图》还认为，圣人因取法河图洛书所显示的奇偶数而画八卦之象：

> 夫卦者，天垂自然之象也，圣人始得之于河图、洛书，遂观天地

奇偶之数，从而画之，是成八卦，则非率意以画其数也。

刘牧主张八卦取法河洛之数，河洛之数与他所谓的"圣人观象画卦，盖案龙图错综之数也"①的"龙图错综之数"相同。此外，刘氏还认为"大衍之数"也是卦爻象的来源。他在《易数钩隐图遗论九事·大衍之数五十第三》章中说：

大衍之数五十，其用四十有九，蓍之神用也，显阴阳之数，定乾坤之策，成六十四卦三百八十四爻也。

上述天地自然奇偶之数、大衍之数、龙图错综之数、河图洛书之数四者之间的关系为："天地之数出于河，是谓龙图者也。"即所谓"戴九履一"的河图数，"盖易系所谓参伍以变，错综其数者也。太皞乃则而象之，遂因四正定五行之数"②。而大衍之数五十亦出自天地之数五十五。刘牧认为生成万物的是木、火、金、水之数，"是以虚五以成五行藏用之道"。之所以不用土数五，是因为"土无正位寄王四季"。

《易数钩隐图·序》③同样反映了这一思想：

夫卦者，圣人设之，观于象也。象者，形而上之应。原其本，则形由象生，象由数设；舍其数，则无以见四象所由之宗矣。是故仲尼之赞《易》也，必举天地之极数，以明成变化而行鬼神之道。则知《易》之为书，必极数以知其本也。

提出"象由数设"，"极数知本"，将"数"视为"象"的宗主和根本；认为"数"先于卦象和万事万物之象而存在，"数"规定事物的变易过程，并是构成天地万物的重要因素。刘牧针对韩康伯"非忘象者无以制象，非遗数者无以极数"的观点，提出河洛象数不仅包含阴阳二气变化法则、五行生成法则，而且包含空间方位与时间进程。刘牧认为河洛之数自是世界形成、

---

① 《易数钩隐图遗论九事·重六十四卦推荡诀第二》。
② 《易数钩隐图遗论九事·太皞氏授龙马负图第一》。
③ 该序署名欧阳永叔（修），后人认为或为刘牧所作，或为刘牧门人吴秘、黄黎献所作，可代表刘牧思想。其保留在道藏本中，四库本已删。

第五章　对宇宙本源的探索——象数本体论

万物变化的模式，虽然没有将"数"明确看成宇宙万物的本原，但已有数本论思想的萌芽。如其说："生万物者，木火之数也；成万物者，金水之数也。"①但他还未将"数"提升到本原论范畴。刘牧的本原论仍属于气本论，是对汉代象数派"太极元气说"的发展，所不同的是，他将"数"与"气"结合起来论述太极。

刘牧认为太极是混而为一的元气。他给"太极"画了一幅图。图为十个点（五个白点，五个黑点）围成一个圆圈，并给这幅图做了文字说明：

太极无数与象，今以二仪之气混而为一以画之，盖欲明二仪所从而生也。（《易数钩隐图遗论九事·太极第一》）

太极者，一气也。天地未分之前，元气混而为一。一气所判，是曰两仪。（同上）

刘牧虽然说"太极无数与象"，但却用奇偶数（五白点、五黑点）来表现阴阳二仪混而为一的"气"。其"太极"概念，一是用以说明河图洛书以及八卦的根源，二是用以说明世界万物生成的本原。前者是易学问题，后者是哲学问题。对这两个问题，刘牧和其他易学家一样是混而为一进行论述的。仅从第二个意义上看，太极元气是生成万物的本原，其生成过程是，先分生阴阳二气或清浊二气，二气一升一降形成天地，二气相交生五行，五行具备则万物产生。（《易数钩隐图·太极生两仪第二》）就太极而言，刘牧反对王弼、韩康伯的玄学派观点，认为：

韩氏注以虚一为太极，则未详其所出之宗也，何者？夫太极生两仪，两仪既分，天始生一，肇其有数也……今若以太极为虚一之数，则是大衍当用五十有四也。不然，则余五之数无所设耳。况乎大衍，衍天地之数也，则明乎后天地之数矣。大衍既后天之数，则太极不可配虚其一之位也，明矣，又无不可以无明，必因于有是，则以太极为无之称。

否定以太极为虚一、虚无的思想。这是从筮法上进行否定的，认为大衍即

---

① 《易数钩隐图遗论九事·大衍之数五十第三》。

天地之数应为五十五，之所以少五，是因为天五不显示于两仪生四象的图式中，大衍之数取天地之用数，而天五不用，这样大衍之数即为五十。而如果以太极数为虚一，则大衍之数应为五十四（天地之数为五十五减一），与天地之数不吻合。因而不能以不用之一为太极。不用之一，乃"天一"之数，不是"无"，"天一者，象之始也，有生之宗也，为造化之主，故居尊而不动也"（《易数钩隐图·其用四十有九第十六》）。此是从宇宙本原上认为"天一"不仅是象数的肇始，而且是万物有生之宗、造化之主。此"天一"即"太极"，"太极"不是"无"，而是"气"。太极之"气"虽不是"数"，但可以"数"表示，这就是包含奇偶天地之"十"数在内的"一"或"天一"。在象数乃至造化天地本源问题上，刘牧是主张"数气合一"论者。

在数本论易学家中，刘牧是气本论者，其后易学家则是理本论者，将数本论与理本论融为一体。

2. 邵雍象数观

数学派的真正代表人物邵雍，其易学当时就被称为"数学"[1]，并受到时人的崇敬。虽然邵雍的易学并非不讲"象"，但却是以"数"为第一位的，是在"数"的基础上讲卦爻象，主张"数在象先""象由数生""数以定象"。他在《皇极经世书·观物外篇》中说：

> 象起于形，数起于质，名起于言，意起于用。
> 有意必有言，有言必有象，有象必有数。数立则象生，象生则言著彰，言著彰则意显。象数则筌蹄也，言意则鱼兔也。得鱼兔而忘筌蹄则可也，舍筌蹄而求鱼兔则未见其得也。

邵氏对"象""数""言""意"进行了解释，就"象"与"数"而言，是"数立则象生"，有"数"才有"象"；"有象必有数"，卦爻"象"中蕴含了奇偶之"数"，"数"是"象"的根源。就"象""数"和"言""意"而

---

[1] 程颐说："尧夫欲传数学于某兄弟，某兄弟那得功夫，要学须是二十年工夫。"（《宋元学案·百源学案》引）

言,"象""数"是"筌蹄",是工具;"言""意"是"鱼兔",是目的,有了"象""数"工具才能表达"言""意",如果舍"象""数"工具,是不可能表达"言""意"的。这是对王弼"象生于义""忘象求意"说的否定。就"意"而言,王弼以"意"为义理。邵雍还明确提出"数生象"的观点:

> 神生数,数生象,象生器……神则数,数则象,象则器,器之变复归于神也。(《皇极经世书·观物外篇》)

指出"神""数""象""器"四者是依次相生的关系。其中,"神"指变化莫测的性能,这是就"数"的变化而言的。此文前有"太极一也,不动,生二,二则神也"一句,说明奇偶二数的变化莫测谓之"神",本于《周易·系辞传》"阴阳不测之谓神","神无方而易无体"。邵氏在《皇极经世书·观物外篇》中认为:"滞于一方则不能变化,非神也。""数"指奇偶二数、天地之数、大衍之数以及邵氏发明的各种数,如万事万物的体数、用数、大数、小数、大小运数,圆数、方数,"元、会、运、世"数及一分为二数等。"象"指卦爻象;"器"指有形的事物,如天地、日月、星辰、水火、土石等。所谓"神生数",是指奇偶二数神妙变化的本能决定了"数"的二倍化生,如二生四、四生八;"数生象"指二、四、八等数可以生成二仪、四象、八卦等卦爻象;"象生器"指二仪、四象、八卦等卦爻象能生成天地、日月、星辰、水火、土石等有形事物。

在邵雍看来,"数"是第一位的,是最高范畴。如果说象学派的易学象本论还不是哲学上的象本论,"象"通过"气"才成为本体的话,那么邵雍的易学数本论则通过"理"而成为哲学上的数本体论。

3. 张行成象数观

邵雍的后学张行成,继承邵氏"数生象"的观点,认为:"因数而有象,因象而有卦。"(《易通变》卷三十四)"象"是依据"数"而产生的。他还说:"夫天下之象生于数。"(《元包数总义·序》)"象生于数,数生于理,故天地万物之生皆祖于数。"(《易通变》卷十二)其"象""数"的含义同邵氏。张行成以"数"为天地万物生成之祖,已有数本论的思想。其著作《易通变》将邵雍先天图推衍出几十个图式，认为"先生之学祖于象数二图"(《易通变·原序》)，象图、数图皆出于天地奇偶之数的演变，"天地变化有自然之数，圣人效之以作易也"(《易通变》卷三十六)。他认为数是《易》的根本，也是天地变化的根本。

他在解释邵雍"数生象"命题时说"奇偶者，数也；数生象，乾坤者，象也……有数之名则有数之实；象者，实也"(《皇极经世观物外篇衍义》卷八)，认为奇偶之数生成乾坤卦爻之象，卦爻象为奇偶数之实有和表现。他在解释邵雍的"意""言""象""数"时说"是故易起于数也……当此数者，必具此象；有此象者，必应此数"(《易通变》卷一)，提出"数"为《易》之起源，同时"数"与"象"又是相应、互具的关系，是"体用""合一"与"分两"的结果。

4. 蔡氏父子象数观

蔡元定、蔡沈父子亦主张数在象先、象生于数。蔡元定与朱熹合作的《易学启蒙》将《本图书》列为第一篇，认为卦爻之象与奇偶之数本源于河图、洛书。河图、洛书是数图，河图为"数"之体，洛书为"数"之用：

> 河图以五生数统五成数而同处其方，盖揭其全以示人而道其常，数之体也；洛书以五奇数统四偶数而各居其所，盖主于阳以统阴而肇其变，数之用也。

认为五行生成数的河图以五生数与五成数相互配合揭示了数的全部，说明了"数"的常态；九宫数的洛书以奇数居四正之位、偶数居四隅之位，体现奇正偶偏、阳主阴辅之理，反映了"数"的变化，因而河图为体、洛书为用。太极、两仪、四象、八卦之象来源于河洛之数：

> 河图之虚五与十者，太极也。奇数二十，偶数二十者，两仪也。以一二三四为天，六七八九者，四象也。析四方之合，以为乾、坤、离、坎，补四隅之空，以为兑、震、巽、艮者，八卦也……洛书而虚其中，则亦太极也。奇偶各居二十，则亦两仪也。一二三四而含九

八七六，纵横十五而互为七八九六，则亦四象也。四方之正以为乾、坤、离、坎，四隅之偏以为兑、震、巽、艮，则亦八卦也。（《易学启蒙·本图书》）

蔡、朱以河洛虚中之数为"太极"。清代李光地在其所编的《周易折中·启蒙附论》中列有先天卦位配河图之象、配洛书之数图，对蔡、朱河洛数生成八卦象的观点做了图解。蔡元定的易学数本论经过其子蔡沈的发挥，上升到哲学数本论的高度。

蔡沈《洪范皇极内篇》以易学河图洛书说诠释《尚书·洪范》义理，以河图为《周易》系统，以洛书为《尚书·洪范》系统。其用九宫图解释《尚书·洪范》九畴，并认为九宫洛书是"数"的本源，是九畴的来源。在"象"与"数"的关系问题上，其以洛书中的五行数为"数"，以河图中的阴阳象为"象"；以洛书中的奇数为数之始，以河图中的偶数为象之始：

河图体圆而用方，圣人以之而画卦；洛书体方而用圆，圣人以之而叙畴。卦者，阴阳之象也；畴者，五行之数也。象非偶不立，数非奇不行，奇偶之分，象数之始也。（《洪范皇极内篇》卷二）

其实这里所说的"象"和"数"都指"数"，"象"亦是一种数，是河图偶数。他在《洪范皇极内篇》序中对"象"与"数"做了界定：

体天地之撰者，易之象；纪天地之撰者，范之数。数者始于一，象者成于二。一者奇，二者偶也。奇者，数之所以行，偶者，象之所以立。故二而四、四而八[①]，八者八卦之象也；一而三，三而九[②]，九者九畴之数也。由是重之，八八而六十四，六十四而四千九十六，而象备矣；九九而八十一，八十一而六千五百六十一，而数周矣……然数之与象若异用也，而本则一；若殊途也，而归则同。

认为《周易》基于偶数，属于"象"，由两仪生四象，四象生八卦，八卦生

[①]《性理大全》本，《四库》本作"二四而八"。
[②]《性理大全》本，《四库》本作"三三而九"。

六十四卦，六十四卦生四千零九十六卦；《尚书·洪范》基于奇数，属于"数"，由一而生三，三而生九，九而生八十一，八十一而生六千五百六十一。此是说明河图、洛书，"河图非无奇也，而用则存乎偶；洛书非无偶也，而用则存乎奇"（《洪范皇极内篇》卷二），与一般所言象数为卦爻象、奇偶数有别。作为河图、《周易》的"象"与作为洛书、《尚书·洪范》的"数"是异用而本一、殊途而同归的关系，也是体用不分的关系：

> 数者，动而之乎静者也；象者，静而之乎动者也。动者，用之所以行；静者，体之所以立……用既为体，体复为用，体用相仍，此天地万物所以化生而无穷也。（《洪范皇极内篇》卷二）

以河图之"象"为体，主静，以洛书之"数"为用，主动，两者相辅相成，构成天地万物化生的根本。蔡沈虽对"象数"的理解与一般说法不同，但从其论述中可以看出，他认为不仅卦象而且万事万物之象都源于河图、洛书之数。"数"是天地万物的本原。

数本论到蔡沈发展到高峰，其后开始衰落。到了元、明、清时代，朱隐老、黄畿、王植、何梦瑶等人在解说《皇极经世书》时继续沿用邵雍的观点，但并无多大发展。此外，元代道教象数易学派代表雷思齐，著《易筮通变》《易图通变》，较有影响，在"象""数"的关系问题上，他主张"数生象""极其数然后能定天下之象"，以参伍、错综、天地之数解释河图之数，认为"天地之理""四方四时"的顺序都出于奇偶之数的分合，用"数"说明世界万物、时空的构成和变化的法则。

上述数学派在"数"与"象"的关系问题上主张易学数本原论，并开始将其提升为哲学数本体论，但在有关"数"与"理"的论述中，其又与理本论合流。

二、数与理

宋代数学派易学家在"数"与"理"关系的论述中，建构了哲学本体论系统。

第五章　对宇宙本源的探索——象数本体论

1. 邵雍的理数观

虽然《易传》早就认为象数是论"理"、论"道"的，虽然汉代《易纬》及郑玄也曾从"数"出发论阴阳变易之理、宇宙生成之理，但都还没有直接论述"数"与"理"的关系，到了宋代邵雍才开始自觉地从"数"上推导"理"，"邵尧夫数法出于李挺之，致尧夫推数方及理"（程颐《二程遗书》卷十八）。邵雍将"数"看成出于"理"又可明"理"的根本：

天下之数出于理，违乎理，则入于术。世人以数而入于术，则失于理也。（《皇极经世书·观物外篇》）

《易》之数，穷天地终始。（同上）

数也者，尽物之体也。（《皇极经世书·观物内篇》）

认为"数"出于"理"，"数"可穷"理"。近代国学家吕思勉对邵子之学做了评价："邵子虽以数术名，实于哲学发明为多，数术非所重也。"（《理学纲要·序》）邵氏并非"数术"家（邵子对此已做了辩驳），而是以"数"阐明哲理的哲学家。吕思勉还认为，以邵子为首的易学家属于数学派理学家：

其学虽或偏于术数，而其意恒在于明理，其途径虽或借资异学，而多特有所见，不为成说所囿。后人訾贬之辞，实不尽可信也。（《理学纲要·序》）

以"数"明"理"，实为邵氏数学派的基本立场。

邵子还主张"数出于理""数生于理"，这从表面上看与程颐"有理则有数""有理而后有象"的观点相同，但实有差别。清代魏荔彤《大易通解》说："邵子之学，毕竟在数一边；程子之学，毕竟在理一边。"《四库全书总目》也说："故邵子以数言《易》，而程子此《传》则言理。"

邵子主张"数出于理"，是数本论，还是理本论？今人观点不一。朱伯崑先生认为："理数，用现代的话说，即数理，指数的变化所具有的逻辑性……并非如程颐那样，主张有理而后有数，而是认为数是有理的。"[①] 对

[①] 参见朱伯崑《易学哲学史》第二卷，华夏出版社，1995年，第160页。

此，简明先生提出了不同的观点："这里是强调数的来源和根据问题，丝毫没有把'理'看作是'数变化的规律性'或数的变化所具有的逻辑性的意思。"① 要弄清"理"和"数"的关系，首先需要弄清它们各自的含义。

在邵雍看来，"理"指"物之理""天地之理""天人之理""性命之理""天地万物之理""生生之理"②等等，亦即天地万物的普遍法则和原理，当然也包含数的变化法则与逻辑性。邵雍所言的"理"与二程的"理"并不完全相同。邵氏主要指"物理""条理"，二程主要指"天理""本然之理"③。邵雍曾说过"通乎数则通乎道"，"道"即"理"，可见，在他那里"数"与"理"不仅有必然的联系，而且有内涵的相通性。"数"在邵雍看来是"穷天地终始""尽物之形""尽物之体"，即穷尽天地万物之理的量度。邵雍"天下之数出于理"之"理"应指包含了数的变化法则在内的天地万物之理。这句话是说，"理"在"数"先，但不能以此为据，得出"理"是第一位"数"是第二位或者"理本论"的结论。因为事实上在邵雍看来"理"和"数"是一体关系，是同义语，正如朱伯崑先生所说："其所谓数是同理结合在一起的……天地之数即天地之理，理和数是统一的。"④

邵雍以"数"为最高范畴，"数"往往成了"理"的代称。"理"为条理、分理，即万物生成变化的理则，"数"即万物生成变化的度量，亦即理则。为了说"理"，邵雍发明了各种"数"，如"天地之体数四而用数三""体数何为者也？生物者也；用数何为者也？运行者也"(《皇极经世书·观物外篇》)。此是以"体数""用数"言生物、运行之"理"。"圆数有一，方数有二，奇偶之义也。……圆者，径一围三，重之则六；方者，径一围四，重之则八也……而十二者亦以八变，自然之道也。八者，天地之体也，六者，天地之用也……是以圆者径一而围三，起一而积六；方者分一而为四，分四而为十六，皆自然之道也。"此是以"圆数""方数"言天地自然之"理"。

---

① 简明《邵雍蔡沈哲学刍议》，载《华中师范大学学报》1994年第5期，第75页。
② 这些术语均出自《皇极经世书》的《观物内篇》《观物外篇》。
③ 二程的"天理"是宇宙的终极本原和主宰世界的唯一存在，又是道德伦理规范和社会等级制度的总称，还具有事物自然特性及其发展变化规律的意义。
④ 参见朱伯崑《易学哲学史》第二卷，华夏出版社，1995年，第160页。

因此，应该说邵雍是"理数合一"的本体论的创立者，从"数"的角度看，其"数"是蕴涵天地万物之理的"数"，而不同于毕达哥拉斯的"数"；从"理"的角度看，其"理"是用数表达的"理"，是天地万物生成变化之"理"，而不同于程朱理学的"理本论"的"理"。

2. 张行成的理数观

邵雍后学张行成的理数观基本上继承了邵雍的观点，在"理"与"数"的关系问题上，主张"数"生于"理"：

> 因理而有数，因数而有象，因象而有卦。（《易通变》卷三十四）
> 夫天下之象生于数，数生于理。未形之初，因理而有数，因数而有象；既形之后，因象以推数，因数以推理。（《元包数总义·序》）
> 象生于数，数生于理。（《易通变》卷十二）
> 理之自然，数生于理故也。（《翼玄》卷一）

张行成在多部著作中都表达了这个观点。他所指的"理"同邵雍一样，也指万物生成变化的法则，即"理数"，偏于自然规律的"理则"，而不偏于社会道德伦理。在"数"生于"理"这个命题中，"数"与"理"有一定的差别，"数"有必然性因素，"理"有当然性因素；"数"为有形，"理"为无形。而在"理数"合用时，"数"与"理"往往是合一的。"数"是就"理"的度量、法则而言的，"理"是就"数"的原理、道理而言的。他在《易通变》卷十二说：

> 道依数而行，数由道而神。

"道"即"理"，说明"理"与"数"互相依存、互相发明。张行成还提出：

> 真天地自然之理，自然之数也。（《皇极经世观物外篇衍义》卷二）

魏了翁曾分析张行成的"理数"观，说："行成大意，谓理者太虚之实义，数者太虚之定分。"在"理数合一"观指导下，张行成认为"数"不仅是《周易》的本源，"天地变化有自然之数，圣人效之以作易也"（《易通变》卷三十六），而且是宇宙万物的本体：

> 天地万物之生皆祖于数。（《易通变》卷七）
> 先天之数，为天地造万物也。（《易通变》卷三十四）

"数"是天地万物生成的根本，而这个"数"又主要指邵雍的先天数、经世数：

> 万物生于地而祖于天，故经世之数皆合乎蓍数也。（《易通变》卷三十四）
> 天地万物之象之理，无逃乎先天数者。（《易通变》卷七）

张行成将邵雍的先天图归结为"象图"和"数图"两大类，以前者为生物之时，以后者为生物之数；前者来源于邵雍的先天卦位图，后者来源于邵雍的先天卦序图。而这两大类图都出于天地奇偶之"数"的变化。张行成认为"数"既表示卦象之序位，又表示万物之序位。万事万物的"象"（含卦象、物象）、"理"（含变易、化生之理）都在先天"数"的表达之中。

由此，他提出"理数"一词，认为天文、地理、算数、历史、文字、医理、音律等学问都是依据"理数"而建立起来的：

> 故天地万物之生皆祖于数。圣人先知先觉，因制之以示人，以分天度，量地理，观之天地皆有数，况人物乎！自伏羲画卦以用太极，神农植谷以用元气，于是黄帝制历，分天度也；画野分析，量地理也。其余隶首造算，大挠造甲子，仓颉造字，岐伯论医，伶伦造律，皆以理数而示人也。（《易通变》卷十二）

张行成提出"数"（即理数）为天地万物生成之根本。其"理数"指万物自然规律的数的规定性，即万物自然之理则。"理"亦是"数"，"数"亦是"理"，"理数"为世界的本原。由此可见，张行成的数本论即理数本体论。

3. 蔡沈的数本论

蔡沈的理数观是对邵雍的理数观的继承与发展。蔡氏最终确立了理数合一的数本体论。蔡沈对"数"的界定与前人不同，他认为"数为礼之序""数者彝伦之序也"，将"数"视为道德伦理、尽理教民的次序，在他那里，"数"与"理"已没有什么区别了。他在论述"数"与"理"的关系时说：

> 物有其则，数者，尽天下之物则也；事有其理，数者，尽天下之事理也。得乎数则物之则、事之理无不在焉。（《洪范皇极内篇》卷二）
> 圣人因理以著数，天下因数以明理。然则数者，圣人所以教天下后世者也。（同上）

认为"数"是为了明"理"，"理"要依"数"才能显现。在他那里，"理"和"数"是统一的：

> 理之所始，数之所起，微乎微乎，其小无形，昭乎昭乎，其大无垠。微者昭之原，小者大之根。有先有后，孰离孰分？成性存存，道义之门。（《洪范皇极内篇》卷一）

"理""数"同时形成，"理"要通过"数"才能表现出来，"数"是为了表达"理"而显示的，因此，"数"在蔡沈看来就是"尽天下之事理"者，就是"礼之序""彝伦之序"，"数"本身就是"理"。"理"有显微，"数"有大小，虽两者有先后，但不可分离。就其"理"的含义而言，已不完全等同于邵雍、张行成之"理"，而兼含程朱之"理"。可以说，蔡沈之"理"是"物理"与"天理"的混合，是事物之条理与事物之所以然之理的混合。从总体倾向看，其理数观是继承了邵氏，改造了程朱。

虽然从表面上看蔡沈是讲"理在数先"的，与程朱同，但实际上蔡沈强调的是"理"与"数"不可分离，"理"有"数"的规定性，"理"为"数"的准则，而"数"本身又是有"理"的。程朱离开"数"讲"理"，而蔡沈结合"数"讲"理"。

蔡沈对"理"和"物"以及"数"和"物"关系的论述，可以看成对其

"理"和"数"关系的补充说明。他说：

> 无形者，理也；有形者，物也。阴阳五行，其物也欤？所以阴阳五行，其理也欤？无形之中而具有形之实，有形之实而体无形之妙。（《洪范皇极内篇》卷一）

认为"理"是无形的，"物"是有形的。无形之"理"具备有形之实物，有形之实物蕴含无形之妙"理"，两者不可分离。他在论述"数"与"物"时说：

> 顺数则知物之始，逆数则知物之终，数与物非二体也，始与终非二致也。大而天地，小而毫末，明而礼乐，幽而鬼神，知数即知物也，知始即知终也。数与物无穷，其谁始而谁终？（《洪范皇极内篇》卷二）

认为"数"与"物"是一体关系，不分始终。由此可知，"物""数"是有形者，"理"是无形者，"物""数"蕴藏"理"之妙用，"理"依赖"物""数"之实体，两者不分始终，合为一体。此外，他还讨论了"理""气""形""数"的关系：

> 有理斯有气，气著而理隐；有气斯有形，形著而气隐。人知形之数，而不知气之数；人知气之数，而不知理之数。知理之数则几矣。（《洪范皇极内篇》卷一）

认为"理"在"气"先，"气"在"形"先，但"形""气""理"都有"数"的规定性，可称为"形之数""气之数""理之数"，人们一般只知道"形之数""气之数"，而不知道"理之数"，"理之数"指"理"中所蕴含的"数"的规定性，"理之数"乃宇宙万物的本原。蔡沈接着说：

> 动静可求其端，阴阳可求其始，天地可求其初，万物可求其纪。鬼神知其所幽，礼乐知其所著，生知所来，死知所去。（《洪范皇极内篇》卷一）

认为"理之数"是动静之端、阴阳之始、天地之初。掌握了"理之数"则可知万物之化、鬼神之幽、礼乐之著、生死之由。

蔡沈在邵雍、张行成的基础上，真正将"数"提升到宇宙本体的地位，对"数"赞叹不已：

> 嗟夫！天地之所以肇，人物之所以生，万物之所以得失者，亦数也。数之体著于形，数之用妙于理，非穷神知化独立物表者，曷足以与于此哉！（《洪范皇极内篇》原序）

认为"数"肇化天地、人、事物，将"数"分为"体""用"，"数"的本体显示为有形之物，"数"的功用显示为无形之理。可见，作为本体的"数"和"理"是体用合一的，"体"即数的形体，"用"即数的理则。结合蔡氏的论述，这个"数"即河偶、洛奇之"数"，即"理之数"。

对"数"的起源、特性，蔡沈做了说明：

> 数始冥冥，妙于无形，非体非用，非静非动。动实其机。用因以随。动极而静，清浊体正。天施地生，品汇咸亨。各正性命，小大以定。斯数之令，既明而神，是曰圣人。（《洪范皇极内篇》卷一）

认为"数"起始于冥冥，即数始于"一"。"一者，数之始。"数无形象可言，自身不是体用、不是动静，但含有体用、含有动静，含有运动和变化功能。天地、万物因"数"而产生和亨通，也因"数"而各自定位、定量。

蔡沈还对"数"的本原、分化、表现、教化等做了全面的分析：

> 溟漠之间，兆朕之先，数之原也；有仪有象，判一而两，数之分也。日月星辰垂于上，山岳川泽奠于下，数之著也。四时迭运而不穷，五气以序而流通，风雷不测，雨露之泽，万物形色，数之化也。圣人继世，经天纬地，立兹人极……数之教也；分天为九野，别地为九州……数之度也。（《洪范皇极内篇》卷二）

认为冥冥之太极，未分的"一"是"数之原"；太极分两仪，为"数之分"；日月星辰、山岳川泽上下相对，为"数之著"；四时、五气、万物的运行，是"数之化"；君臣以义、父子以亲、夫妇以别、长幼以序、朋友以信，是

"数之教";分天为九野、九州、九行等,是"数之度"。总之,"数"不仅是宇宙万物的本原,而且成了宇宙万物的变化规律、人伦世界的法规次序、治理国家的教化纲常。以"九"为"数"之度,表现了蔡沈注重洛书之数,以洛书为动、为用的思想。

对"数"的运行,蔡沈做了说明:

数始于一,参于三,究于九,成于八十一,备于六千五百六十一。(《洪范皇极内篇》卷二)

这种以三为倍数的计算法则,恰是蔡沈主洛书九数思想的体现。

可见,蔡沈是理数本体论的真正建立者和始终贯彻者,其理数本体论是对邵雍理数观、太极观的发展。理数本体论到蔡沈是一个高峰,此后,雷思齐、朱隐老、黄畿、余本、杨体仁、文翔凤、王植、何梦瑶、刘斯祖等人虽通过注解《皇极经世书》或多或少地坚持数本论,但终是随文敷衍,没有什么发展和创见。

三、太极

"太极"一词由《易传》最早提出[1],原本是一个筮法概念,指大衍之数未分的状态,一说指大衍之数中不用的"一"[2],另一说指大衍之数所用之四十九[3],后引申为哲学概念,是宇宙万物本质的代名词。汉代刘歆、郑玄等认为"太极"为"中央元气""淳合未分之气",魏晋王弼认为"太极"为"无",唐代孔颖达以"太极"为"天地未分之前,元气混而为一"。到宋代,"太极"已彻底从宇宙生成论概念转变为宇宙本体论概念。宋代象学派易学家一般以"太极"为"气",而数学派易学家一般以"太极"为融合了"理""心""气"的"数",从而形成哲学上的数本体论流派。

---

[1]《周易·系辞上》说:"是故《易》有太极,是生两仪,两仪生四象,四象生八卦。"
[2] 韩康《系辞注》说:"演天地之数,所赖者五十也,其用四十有九,则其一不用也……斯易之太极也。"
[3] 崔憬说:"四十九数含而未分,是象太极也。"(李鼎祚《周易集解》引)

第五章 对宇宙本源的探索——象数本体论

1. 邵雍太极观

和其他易学哲学家一样，邵雍在论述本体问题时，也使用了"太极"概念，认为"太极"是生成天地万物的本原：

> 生天地之始者，太极也。(《皇极经世书·观物外篇》)
>
> 能造万物者，天地也；能造天地者，太极也。太极者，其可得而名乎？故强名之曰太极。(《邵子全书》卷七《无名公传》)

黄宗羲《宋元学案·百源学案》收录了邵雍之子邵伯温的《语录》，其中有关于"太极"的论述：

> 夫太极者，在天地之先而不为先，在天地之后而不为后，终天地而未尝终，始天地而未尝始。与天地万物圆融和合，而未尝有先后始终者也……是故知太极者，有物之先本已混成，有物之后未尝亏损。自古及今，无时不存，无时不在。

邵伯温的解释与其父不尽相同。邵雍认为太极在天地万物之先，邵伯温认为太极与天地万物"其实一时具足"。虽如此，但父子二人都认为"太极"是万物的本原。

邵雍以"太极"为宇宙本体论范畴，还用"一""道""心"等概念对太极进行诠释。

（1）"一"为太极

邵雍认为太极即"一"，"一"即太极。"太极"和"一"是同义语。

> 太极一也，不动；生二，二则神也……太极不动，性也发则神。[①](《皇极经世书·观物外篇》)
>
> 一者，数之始而非数也。(《皇极经世书·观物外篇》)

[①] 《皇极经世书·观物外篇》。此段首句标点，一般标点为"太极一也，不动生二，二则神也。"有误。

太极之"一"不是数，因为它处于不动的状态，但它又是数的开始，由此发出"二"，"二"寓示了对立面的变化，"一"本身并不包含"二"，即不包含对立面，"二"是后来变化出来的，即邵氏的"一分为二"法，一生二，二生四，如其所言"十分为百，百分为千，千分为万，犹根之有干，干之有枝"，一和二是根与干、干与枝的关系，根生于干，但干又不离根。根和干的关系与母和子关系不同，母和子是分开的，根和干是相连的。

作为太极的"一"又是什么？除了上面提到的"不动"状态之外，邵氏后学蔡元定解释为"一动一静之间"："一动一静，天地之至妙欤？一动一静之间，天地人之至妙欤？一动一静之间者，非动非静而主乎动静，所谓太极也。又曰：'思虑未起，鬼神莫知，不由乎我，更由乎谁？'所谓范围天地，曲成万物，造化在我者也。盖超乎形器，非数之能及矣，虽然，是亦数也。"（《宋元学案·百源学案》引）蔡元定认为太极之"一"是"一动一静之间"，非动非静，却能主宰动静；超越形器，却能化成万物；非数可计，却是数的根源，并将"一"看成主宰造化的"我"。此说来源于邵雍的"天地之心"说。

邵雍之子邵伯温解释"一"："天地万物莫不以一为本，原于一而衍之为万，穷天下之数复归于一。一者何也？天地之心也，造化之原也。""一"是万物的本源，是天地之心。"天地之心，盖于动静之间有以见之。夫天地之心于此而见之。圣人之心即天地之心也，亦于此而见之。"（《宋元学案·百源学案》引）将太极"一"看成"天地之心""圣人之心"符合邵雍本意。

（2）"心"为太极

邵雍提出"心为太极"的命题，并对"心"做了界说：

> 心一而不分，则能应万物。此君子所虚心而不动也。（《皇极经世书·观物外篇》）

> 人心当如止水，定则静，静则明。（《皇极经世书·观物外篇》）

邵雍认为，太极为不动之心，"太极一也，不动"，亦是以不动之心论数的根源。"不动"是心的本性，邵子还引用《周易·系辞传》的话进行说明。《周易·系辞传》说："易无思也，无为也，寂然不动，感而遂通天下之

第五章 对宇宙本源的探索——象数本体论

故，非天下之至神，其孰能与于此？""圣人以此洗心，退藏于密。"邵子认为："无思无为者，神妙致一之地也。所谓一以贯之，圣人以此洗心，退藏于密。"他在易学史上第一次提出"心"是"数"的根源，"圣人之心"，"是亦数也"，并由此认为，"心"为宇宙万物的根源，而他自己的"先天之学"即"心法"：

> 先天之学，心法也。故图皆自中起，万化万事生乎心也……先天之学，心也；后天之学，迹也。（《皇极经世书·观物外篇》）

所谓"心法"，是指心所本有的理则，"心法"即数学法则。这里是针对先天图而言的，这个理则就是指形成先天图的一分为二、二分为四的法则。邵雍认为，先天图"图虽无文，吾终日言未尝离乎是。盖天地万物之理，尽在其中矣""先天图，环中也"。（《皇极经世书·观物外篇》）他认为这个没有文字的先天图涵盖了天地万物之理。"环中"的"中"，就图形言，指先天图的中宫，如同河洛之中五，它是衍为河洛的宗主，又指六十四卦先天图的坤、复之间的"天根"处，它是生成六十四卦的起点；就义理言，指太极，指心，指生成万事万物的人心，"心居人之中"。他在《伊川击壤集》中作《观易吟》曰：

> 一物其来有一身，一身还有一乾坤。
> 能知万物备于我，肯把三才别立根。
> 天向一中分体用，人于心上起经纶。
> 天人焉有两般义，道不虚行只在人。

认为"一"即"心"，"一中分体用"，"心上起经纶"，心是天地万物之本。邵雍除言"人心""吾心""圣人之心"之外，还提到了"天地之心"：

> 天地之心者，生万物之本也。天地之情者，情状也，与鬼神之情状同也。（《皇极经世书·观物外篇》）

他在《伊川击壤集》中作《自余吟》曰：

> 身在天地后，心在天地前。
> 天地自我出，自余何足言。

象数易学

"心在天地前"的"心",有人认为它指"天地之心",并因此而认为邵氏易学是客观唯心主义。这种说法显然还没有弄清"人之心"与"天地之心"的关系。邵雍曾说:

用天下之心为己之心,其心无所不谋矣。(《皇极经世书·观物内篇》)

在邵雍看来,"天地之心"即"人之心""吾之心""己之心"。他还认为:"人居天地之中,心居人之中。"心在天地之中,即在人之中。再看他在《自余吟》中,"心在天地前"是与"身在天地后"相对而言的,此"心"当指"人之心"。邵雍的"心"实指"人之心",那么"人之心"又指什么?是指人的主体精神,还是指人的思维器官?

杨荣国认为"太极是心,是主体精神;这一主体精神的体,是大中之体,它是不变的,所以说'不动';可是它要'从时而顺',而又不能'滞于一方',——这一主体的时空观念,它有矛盾,因而有变化""太极是心,从而说明时间、空间只是存在于'心'的观念形态,是先验的认识形式",并认定"邵雍的思想是主观唯心论"。[1]

侯外庐等认为"心又指作为思维器官的心""邵雍所谓'心不可得而知',说明不是一切事物都能被'心'所认识"。[2]

杨、侯二先生将邵雍的太极之"心"看成主体精神或思维器官,也是不够全面的。邵雍的"心"指的是"心法",心法即数法,即心中具有的生成先天图的法则以及宇宙万物演变的法则,这种法则即一分为二的数的法则,即"理数"。在邵雍看来,"太极"这个最高范畴是个无所不包、无所不在的东西(除包括"心""一"外,还含有"气""道"等意义),是主、客的统一体,物、心的统一体。因此,不能简单地将邵雍的思想说成主观唯心主义或客观唯心主义的。

---

[1] 杨荣国《邵雍思想批判》,载《历史研究》1960年第5期,第61—68页。
[2] 侯外庐、邱汉先、张岂之主编《宋明理学史》上卷,人民出版社,1984年,第199—200页。

(3)"道"为太极

邵雍在《皇极经世书·观物外篇》中提出"道为太极"的命题，并从本体论的角度对"道"进行了论述：

> 天由道而生，地由道而成，物由道而形，人由道而行。天地人物则异也，其于由道一也。(《皇极经世书·观物内篇》)
>
> 道为天地之本，天地为万物之本。(同上)

"道"是先成天地以及万物的本原。"道"与"太极"基本上是同义词，但有时"太极"比"道"的概念更高，"太极，道之极也"。"太极"是产生万物的根源，"太极"存在于"道"之中。

"道"指什么？邵雍说：

> 夫道也者，道也。道无形，行之则见于事矣。如道路之道，坦然，使千亿万年行之，人知其归者也。(《皇极经世书·观物内篇》)

"道"是无形的，但却是"行事""行年"的准则，又是穷尽天地万物之理的依据。邵雍说：

> 以道观天地，则天地亦为万物。道之道，尽于天矣；天之道，尽于地矣；天地之道，尽于万物矣；天地万物之道，尽之于人矣。(《皇极经世书·观物外篇》)

认为"道"在人心之中，此说与"心为太极"说相同。

(4)"气"为太极

邵雍还认为宇宙的原始状态是"气"，虽未明言"气为太极"，但却以"气"为宇宙万物的本原。

> 本一气也，生则为阳，消则为阴，故二者一而已，四者二而已，六者三而已，八者四而已。(《皇极经世书·观物外篇》)

此是继承汉易"太极元气说"，以一气为本，为太极，由一气而化生阴阳、四象……万物。他还在《伊川击壤集》中作《观物吟》云：

> 一气才分，两仪已备。圆者为天，方者为地。
> 变化生成，动植类起。人在其间，最灵最贵。

认为圆方、天地、动植、人物等具体事物的形成都本原于"气"。而"气"又与"神"密不可分。

（5）"神"为太极

在邵雍看来，"气"的主宰是"神"，邵雍在《皇极经世书·观物外篇》中说：

> 气一而已，主之者乾也。
> 气者，神之宅；体者，气之宅也。

认为"神"既是"气"的主宰，又依托于"气"，离开"气"就无所谓"神"。邵雍在《皇极经世书·观物外篇》中还对"神"的功用做了论述：

> 神无所在，无所不在。至人与他心通者，以其本乎一也。
> 潜天潜地，不行而至，不为阴阳所摄者，神也。
> 气一而已，主之者乾也；神亦一而已，乘气而变化。
> 神者，《易》之主也，所以无方；《易》者，神之用也，所以无体。

认为"神"是无形的，是无所不在的，它不受阴阳二气的统摄，却能主宰阴阳二气。"神"的功能在于变化，它能"乘气而变化"。所谓"太极一也，不动，生二，二则神矣"，"太极，不动，性也，发则神"。此"神"就变化而言，"神"是变化的主宰，太极的变化在于"神"。

然而，"神"本身是不可分的。《皇极经世书·观物外篇》对"形""气""神"做了比较：

> 气变而形化。
> 形可分，神不可分。

认为"形"可分，"气"亦可分，但"神"不可分。"神"无形、无方、无所、无体。

第五章 对宇宙本源的探索——象数本体论

"道""一""神"是什么关系？邵雍在《皇极经世书·观物外篇》中给出了明确的答案：

> 道与一，神之强名也。

可见，"道""一""神"是同义词，都指"太极"，但各自偏重不同，互有差别。"神"偏于指"太极"具有发动、变化的主宰功能。在"神"与"心"的关系问题上，邵雍认为"神统于心"。"神"具有统摄、主宰"心"的作用。

与变化之"神"的功能相对，"太极"还具有"不动"的本性。邵雍在《皇极经世书·观物外篇》中说：

> 太极，不动，性也。发则神。神则数，数则象，象则器，器之变复归于神也。

这里的"性"指本性，也是就太极"不动"的属性而言的。邵雍认为，"太极"的本性是虚静不动之"心"，但其功能正在于"发动"，一旦"发动"则为"神"，这个"神"可以产生象数、器物。

综上所述，邵雍认为作为宇宙万物本体的"太极"既是客体精神（"天地之心"），又是主体精神（"人之心""吾之心"）；既是理念（"心法"），又是物质（"气"）；既有不动之性，又有变化之用；既是宇宙万物的本原，又蕴含在天地万物之中。因而，无论简单地将邵雍的本体思想说成主观唯心主义还是客观唯心主义或唯物主义（"气"）等，都是不合适的。这或许正是中国哲学的高明之处。

结合邵雍的理数观可以看出，其"一为太极""心为太极""道为太极"三个命题之间有逻辑关联。"一"是数的开始，但它不是普通的数，而是"理数"，是表示宇宙万物变化理则的数。"理数"实为"心法"，是心中具有的法则，具体地说就是形成先天图的一分为二、二分为四的数的法则，"理数"与"心法"由"心"而生，"心"是客体精神与主体精神的合一体，"心"又是"心法"的省略语，也就是数的理念、理则。邵雍又将太极看成"道"，"道"亦就"理数"而言，因为这种无形的"道"在人"心"中，是穷尽万事万物之理的依据。由此可得出结论，邵雍是以"理数"作为"太极"、作为宇宙万物本体的。

2. 张行成太极观

张行成对"太极"的认识，基本上是对邵雍观点的发展。他认为"太极"兼包理气、虚实、动静之"数"。

（1）太极兼包虚实、动静

张行成对邵雍的太极为"一"、为"心"、为"道"、为"气"、为"神"的观点进行了解释，将邵雍看似矛盾的太极观以"虚实""动静"加以整合，从而进行了合理的说明。

> 太极兼包动静，静则见虚，动则见气。气动为阳，静复为阴。故太极判而为阴阳，二气相依以立而未尝相无。（《皇极经世观物外篇衍义》卷四）

关于太极兼包的"动静"和"虚实"，张行成认为"静则见虚，动则见气"，"动静"是就功能（用）方面说的，"虚实"是就形质（体）方面说的，两者不可分离。关于"虚""静"，张行成说：

> 寂然不动，虚则性也。（《皇极经世观物外篇衍义》卷八）
> 太极本静，故不动为性，发则神。（同上）

"虚""静"指太极寂然不动的本性。所谓"实"则指太极的实质、形体。张行成以太极之实为"气"，他在《皇极经世观物外篇衍义》卷七中多次提及：

> 太极者，大中之气也。
> 太极，一气也。
> 太极，元气函三为一也。

其"虚"与"实"往往相对而论：

> 太极之虚，为乾坤之性；太极之气，为乾坤之体。（《皇极经世观物外篇衍义》卷七）
> 太极一也，指一为虚，气实存焉……太虚之中，初未见气，即气

即虚，非一非二。故太极者，兼包有无不倚动静其元之元与？（同上）

太一者，太极之一。非虚非气，即气即虚。（《皇极经世观物外篇衍义》卷八）

张行成反复强调，太极是"虚"之"性"与"实"之"气"的合一体，而不是单一的"虚"或"气"，"非虚非气，即气即虚"。"气"（实）与"虚"之间的关系为：

天地万物包于虚，而生于气。虚者，阴也；气者，阳也。虚以待用，气以致用也。气出于虚，役物藏用。（《皇极经世观物外篇衍义》卷七）

认为"虚"与"气"是太极不可分割的阴阳两面。"气出于虚""虚以待用，气以致用"，是就太极的本性与功用而言的，"虚"为本性，"气"为功用。

除以"气"为太极之实外，张行成还提出"理"为太极之实义：

太极者，太虚也；太虚无物，理为实义（《易通变》卷三十四）

理者，太虚之实义。（《皇极经世观物外篇衍义》卷七）

以"理"为太极之实义，从而引出太极为理数合一体的结论。

（2）太极兼有理、数之义

张行成在太极具有虚实两义的基础上，进一步指出，"理"为太极之实，"一"为太极之虚：

太极一也，指一为虚。（《皇极经世观物外篇衍义》卷七）

作为太极之实的"理"指什么？张行成继承邵雍说，以"理"为天地万物的本然之理则，而这一理则是事物万法之本原、太极之根本：

盖万法出乎理，理之所至，自然而成，然理者，天下之公，非我所得……是谓天德太极之根，可以成己，可以成物。（《皇极经世观物外篇衍义》卷八）

这个"理"实为数的变化理则。张行成说：

> 是故太极，元气函三为一也。天下之理，有一必有二，有二必有三。(《皇极经世观物外篇衍义》卷七)

张行成认为太极之"理"体现在"数"的分合上：

> 太极肇分十数，斯具天五地五，各以一而变四，其二无体，所存者八。有天而地效之。所谓八者四而已，故卦止于八，而象止于四也。(《皇极经世观物外篇衍义》卷七)

> 阴阳分太极，在道则为乾坤，在气则为天地，钟于人则为男女，散于物则为动植，于其中又细分之，至于不可数计，无非两也，合一则致用。(《皇极经世观物外篇衍义》卷八)

这是就太极的一分为二的变化、生成法则而言的，是筮法生成论及宇宙生成论，但逆推之，则合二而一，最后归为太极，太极为"一"：

> 太极为二之一，在先天图则剥当阳一，夬当阴一，而祖于乾坤也。(《皇极经世观物外篇衍义》卷五)

这种分二、合一的数的法则，即太极之理。张行成在解释邵雍"太极一也，不动，生二"一节时说：

> 太极者，一元。一元者，乾元、坤元之本，合而未离者也。……故太极为一，不动，生二，二即是神。夫太极动而生阳，阳为奇一也；动极复静，静而生阴，阴为偶二也……真至之理，自然生神，神应次二，有动有静，于是生数……数生象……神则数者，动静变化，倏阴忽阳，一奇一偶，故有数也。(《皇极经世观物外篇衍义》卷八)

这是从太极蕴含"神"的功能立论的，以一分为二的动静、阴阳变化为"神"，为"理数"，为事物自然变化的"真至之理"。此"理"即代表事物生成次序的"数"的理则。张行成认为，"易起于数"(《皇极经世观物外篇衍义》卷七)，这种"数"即"理数"，是万事万物的本原。

太极之数在于"一","一"不是一般的数,而是理数,代表"中虚":

> 是一也,在二为三,在四为五,在六为七,在八为九,皆中虚致用之处也。是故人物与天同数者,太极中虚之用也。(《易通变》卷七)

从"数"上论,太极之"中虚"为三中去二之一、五中去四之一;从致用角度看,二因一而三,四因一而五,六因一而七,八因一而九。张行成认为邵雍这种"理数"法则代表了自然万物的理则,"所以错综互用者,因其自然之理,非先生之臆说也"(《易通变》卷一)。而"一"作为太极,则是万事万物的本原。

张行成认为太极之理数出于心。他解释邵雍"心为太极,又曰道为太极"说:

> 蓍合一握四十九之未分,是谓易有太极。太极者,太一也。包含万有于其中,故曰道为太极,在人则心为太极。太极不动,应万变而常中,乃能如天,故揲蓍必挂一也。(《皇极经世观物外篇衍义》卷八)

这是从揲蓍法上解释"太极",以四十九数合而未分为太极,以包含万有为"道",以人心为"心"。他在解释邵雍"先天学心法"时,又以天地之中为"心":

> 先天图自坤而生者始于复;自乾而生者始于姤。皆在天地之中,中者心也。故先天之学为心法而主乎诚。盖万法出乎理,理之所至自然而成。(《皇极经世观物外篇衍义》卷八)

他又解释邵雍的"无极之前""有象之后",认为"此明先天图复姤生于乾坤而为小父母也",并以复、姤为天地之"中",为"太极":

> 极,至也,中也。理以中为至。太极者,大中之谓也。谓太极为无,偏系于无,非中也;谓太极为有,偏系于有,非中也。(《皇极经世观物外篇衍义》卷七)

这是以不偏执于有无、遵守于"中道"为"中",并以此"中"为"天下之理",进而论述"南北阴阳""东西天地"为"中"者,即天地、阴阳之所合。这个"中",用数表达即"混而为一",即"函三为一",亦即"理数"。

总之,张行成的"太极"观是一种兼包了虚实、动静、气神的"理数","气"是就太极的形质而言的,"理"是就太极的本性而言的。这个"理"即理数,即万物生成变化的理则及数的规定性。

3. 蔡沈太极观

蔡沈太极观与其理数观是一致的,是对宇宙本体论的进一步说明。蔡沈继承朱熹说,以"太极"为本然之理。《洪范皇极内篇》卷一说:

> 朱子曰:太极者,本然之妙也;动静者,所乘之机也。太极,形而上之道也;阴阳,形而下之器也。自形而下者观之,则动静不同时,阴阳不同位,而太极无不在焉;自形而上者观之,则冲漠无朕,而动静阴阳之理已悉具于其中矣。

认为"太极"虽为形而上之道,但实有形而上、形而下的不同妙用。从形而下角度看,动静、阴阳虽不同时、不同位,但"太极"寓于其中;从形而上角度看,则无形而混一,蕴藏动静、阴阳之理。蔡沈将"太极"看成"形而上之道""动静阴阳之理"。此"理"即万物本然之次序、变动之"理数"。

蔡沈继承邵雍"一为太极"说,将"惟一""一"作为宇宙万物的本体:

> 浑之惟一,析之无极;惟其无极,是以惟一。二气之初,理妙于无,无极而太极也。五运迭至,理藏于智,或为之先,大本其原,或为之后,复往之间,大本太始,复往无已,二者不同,一而已矣。

(《洪范皇极内篇》卷一)

"惟一"即"太极"的代称,为宇宙事物的"大本太始"。"太极"为生成阴阳(二气)、五行(五运)以及万物的本原,亦是阴阳五行之所以然之"理"。他还将"一"作为宇宙之本原,其《洪范皇极内篇》卷二说:

第五章 对宇宙本源的探索——象数本体论

> 一者，数之始；九者，数之终也。
>
> 一者，九之祖也；九者，八十一之宗也。圆之而天，方之而地，行之而四时，天所以覆物也，地所以载物也，四时所以成物也。散之无外，卷之无内，体诸造化，而不可遗者乎？

这里的"一"亦"太极"的代称，"一"不仅是数之始，而且是天地四时万物的本原。"一"具有"散之无外，卷之无内"的特性。蔡沈进一步描述"一"之太极："至小无内，至大无外。无内不可分也，孰分之欤？无外不可穷也，孰穷之欤？"（《洪范皇极内篇》卷一）

蔡沈对"一"（太极）和"万"（现象）的关系做了阐述：

> 二气五行，化生万物。五殊二实，二本则一，一实万分，万一各正，小大有定。（《洪范皇极内篇》卷一）

二气、五行、万物之"本"为"一"，万事万物之现象为"万"；"一"的本原分化成"万"的现象。

在"一"与"两"的关系问题上，蔡沈说：

> 非一不能成两，非两则不能致一。两者可知而一者难知也，两者可见而一者难见也。可知可见者体乎？难知难见者微乎？

以"一"为生"两"的本原，但"一"又是"两"所推致的。"一"是难知难见之微者，此言"一"为两两生成万物的数的理则，这种"数理"是微妙的，是自然万物的本然。

综上所述，数学派易学家将易学的数本原论上升为哲学上的数本体论（数本论），从而形成中国哲学史上一个独特的思想流派。当然，以邵雍、张行成、蔡沈为代表的数本论不同于古希腊毕达哥拉斯（鼎盛期在公元前530年左右）的数本论。毕达哥拉斯学派将数目看成万物的范型和本原，以"一"构造宇宙万物，认为万物的本原是"一"，从"一"产生出"二"，"二"是从属于"一"的不定的质料，"一"则是原因。从完满的"一"与不定的"二"中产生出各种数目，从数产生出点，从点产生出线，从线产生出面，从面产生出体，从体产生出感觉所及的一切形体，产生出四元素：

225

象数易学

水、火、土、气。①从表面上看，数学派易学家也以"一"为宇宙万物的本原，也从"一"中生出"二"以至万物，但在毕氏那里，数虽然"不是感性的，但也还不是思想，因为数是可以重复的"。②数带有一定直观表象性，"他把数想象为像是表现在骰子上或者纸牌上的那类形状……他还提到长方形数目、三角形数目、金字塔形数目等等。这些都是构成上述各种形状所必需的数目小块块。他把世界假想为原子的，把物体假想为是原子按各种不同形式排列起来而构成的分子所形成的"。③而邵、蔡的数没有形状，不是几何学上的"数"，而是表达"理"的数，是万事万物生成、变化次序的理则。

毕达哥拉斯学派将直观表象的数提升为抽象、独立和普遍的东西，以数目的比例、和谐与关系来说明音乐、天体以及正义、美德、友谊、婚姻、理性等一切事物现象，并提出"和谐"的概念，强调对立与和谐。这与邵、蔡思想有相同之处，也有不同之处。在强调事物的对立与和谐问题上，两者基本相同，都认为事物自身就包含奇偶、动静、阴阳的对立，对立是存在物的本原④。但毕氏是从数目本身的比例和谐的特性出发的，而邵、蔡是从事物生成的理则（即"理之数"）出发的。

毕氏的数偏向于物质形状性，邵、蔡的数偏向于法则理念性；毕氏的数单纯指数目，邵、蔡的数则兼包理气、动静、虚实；毕氏以数表达万物的本原及其构成，强调和谐关联之态；邵、蔡以数表达万物生成及其本原，强调生成变化之理；毕氏的数本论与神学（灵魂轮回）相混杂，邵、蔡的数本论与哲学（理学）相统一。

宋代数学派易学家在"象"与"数"谁为第一性的易学问题的论争中，提出"数本原论"，此"数"主要指河图洛书数、奇数偶数（自然之数）、先天卦数等；此"象"主要指卦爻象。数本原论主要解决卦爻的来源问题。

在此基础上，邵雍、张行成、蔡沈结合"理"来论"数"，提出"理数"概念，目的是解决宇宙万物的本体问题，从而形成了哲学上的数学派，

---

① 北京大学哲学系主编《西方哲学原著选读》上卷，商务印书馆，1981年，第20页。
② 黑格尔《哲学史讲演录》第一卷，商务印书馆，1981年，第219页。
③ 罗素《西方哲学史》上卷，商务印书馆，1963年，62页。
④ 毕达哥拉斯以对立为存在物本原的思想，参见亚里士多德《形而上学》。

并与当时的理学派、气学派、心学派及功利学派交相辉映。数学派的数本体论（数本论）亦与理本论、气本论、心本论相并列，从而为中国哲学史的思想流派和本体论形态增添了独具一格的门类。

第三节　象数本体论的特征

作为与义理派相对立的学派，象数派是在汉代形成的。而象数易学内部象学与数学两派的形成，不是在汉代而是在宋代。其中周敦颐、朱震、来知德、方孔炤、方以智是象学派代表，刘牧、邵雍、张行成、蔡沈是数学派代表。象学派和数学派将"象"为第一位与"数"为第一位的易学本原论上升为"象"为宇宙本体和"数"为宇宙本原的哲学本体论。

一、象学派将易学象本原论提升为哲学气象合一的本体论

在易学本原问题上，象学派主张象在数先、象为第一位、由象生数，即由卦爻象生成奇偶数。

在哲学本体论问题上，象学派将易学的象本原论提升为哲学的气本体论。象气合一、以"气"解《易》是象学派的共同特点。以"气"解《易》从汉代孟喜、京房即已开始，至宋代才告完成。宋代象学派提出"气"为世界本原的观点。其中周敦颐将"太极"视为宇宙万物的本原，这个"太极"就是象气合一、阴阳未分的本始状态，由太极生成阴阳二气，再生成五行之气，二五之气交感才化生万物。朱震将"气"与"象"看成一体关系，认为卦象是对"气"的模拟，以"象"为气聚而可见者，以作为宇宙本原的太极为"一气混沌而未判之时"，以"气"为"天地之大本"，认为宇宙万物"本于一气"，并主张"气"是"理"的前提，是"理"得以存在的依据。明清时期，来知德主张"气""象"不离，"象"的实质即"气"，

"气"的变化即"象";以"气"的交感为生成万物的根本,认为万物之"质"为"气化而凝","理"随"气"的聚散而生亡。方以智将象、数看成气化的形式和度数,认为象、数与气合为一体,这个合一的"象气"就是宇宙的本原,并提出"本一气"的观点,认为阴阳五行以及四时、六气、万事万物都是由气自身分化而成的,它不是母生子的关系,而是自身的逻辑展开。

二、数学派将易学数本原论提升为哲学理数合一的本体论

在易学本原问题上,数学派主张数在象先、数为第一位,由数生象,即奇偶数、河洛数生成卦爻象。邵雍、张行成、蔡沈进一步将易学数本原论提升为哲学数本体论。刘牧为数学派,但仍是气本体论者。邵雍开始将数与理相结合,并通过"理"将"数"提升为哲学本体,在数与理的关系问题上,认为数出于理、数可穷理,理与数是合一不分的,并提出"理数"一词。"理数"指理具有数的规定性,亦即天地万物生成变化的次序、法则,这个"理"实即条理、物理,亦即表述事物变化逻辑性、规律性的"数","数"指事物的次序、度量。这个表述"理"的"数"即宇宙万物的本原,数是"天地之所以肇者""人物之所以生者""万事之所以得失者"。

数学派在解释作为本体的"太极"时,将"太极"看成一个兼包虚实、动静、理数、心气的综合体。邵雍"一为太极""心为太极""道为太极"三个命题之间有逻辑关联。"一"为数之始但不是普通的数,而是表示宇宙万物变化的"理数"。"心"不是思维器官,也不是主体精神或客体精神,而是主客体精神的合一体("人之心"与"天地之心"相统一),也是"心法"的省略语,即"心"中存有宇宙万物生成变化的理则。"道"即指这种变化的理则。总之,这种存在于人心中又代表宇宙万物本质的主客统一的"理数"("一")——事物变化的理则即"太极",是宇宙的本原。张行成认为太极兼包虚实、气理,"气"是就太极的形、质而言的,"理"是就太极的内涵而言的,"理"即"理数",即万物生成变化的数的规定性。蔡沈将"一"作为"太极"的代名词,认为"一"不仅是数之始,而且是阴阳五行、天地四时、万物的本原,"一"中隐含有"难知难见"的"微"者,即自然万物

本然的生成变化之理，即"理数"。

可见，数本论的"数"是"理数"，此"理"不是程朱的天理、性理、本然之理，此"数"也不是毕达哥拉斯的几何之数、形状之数。邵、张、蔡数学派是与理学派、气学派、心学派、功利学派相并列的宋明哲学流派，其数本论是与理本论、气本论、心本论相并列的本体论形态。数学派、数本论在中国哲学及至世界哲学史上独树一帜，然历代对此的研究十分匮乏，因而对象数派尤其数学派、数本论的纵向发展与横向比较的研究，就显得更加重要。

第六章
传统思维方式的典范——
象数方法论

第六章　传统思维方式的典范——象数方法论

《周易》从一本占筮书（经文）上升为一本哲学书（传文），后经象数、义理二派的不断阐释，使得易学的外延不断扩大，[①] 内涵则越来越小。那么易学至小的内涵到底是什么？本书认为，它应该指易学所揭示的思维方法以及价值理念。

易学的思维方法即易学的方法论体系，它对中华民族文化性格的形成、中华文化本质的确立以及中华文化各学科体系的建构，都起到了决定性的作用。易学的思维方法可称为"象数学方法"，它由《周易》奠基，由汉宋象数派构筑。

第一节　《周易》思维形式与象数思维形式

关于《周易》的思维形式，学术界有不同的观点，有人认为它是直观思维（直觉思维）形式，有人认为它是形象思维（意象思维）形式，有人认为它是逻辑思维（抽象思维）形式，有人认为它兼而有之。本书认为，《周易》的思维形式与上述三种思维形式虽有一些相同之处，但差异性也很明显。

主张《周易》思维是直观（直觉）思维者，认为《易经》中的卦爻辞大多是前人生活经验的记录，是出于个人体验而不是一般的事理或原则，这种体验成为后人判定事物和推测未来的比照范例，《易经》的应用者正是依照直观思维方式去运用《易经》的。[②]《周易》直观思维的重大优点是高度重视经验而又不堕入经验主义，"形而下"与"形而上"直接合而为一。[③]

[①]《四库全书总目·经部·易类》说："易道广大，无所不包。旁及天文、地理、乐律、兵法、韵学、算术，以逮方外之炉火，皆可援易以为说，而好异者又援以入易，故易说愈繁。"

[②] 朱伯崑《易学基础教程》，广州出版社，1993年。该书将"直观思维"列入易学五种思维方式之首。

[③] 刘纲纪《易学思维的三大特征》一文将"直观理性思维"列为易学思维三大根本特征之一。

《周易》作为一个预测吉凶的认知系统，由于认知能力的局限而带有神秘性，因而表现为一种典型的、超理性的、体验式的直觉思维，具有非逻辑的偶然性、象外得意的顿悟性、内省直觉的灵感性特色。①

主张《周易》思维是形象思维者，认为《易经》的创制者是通过卦象来预测、判定事物的，这是形象思维的萌芽。《易传》汇总并扩展了八卦卦象的象征意义，提出了八卦之间相互关系的象征意义，并以此解说六十四卦的象征意义，赋予爻象以种种蕴义。②《周易》的形象思维通过符号系统和框架结构去表述世界和认识世界，可概括为观象、得意、类情三个方面。③

主张《周易》思维是逻辑思维者，认为《周易》及易学遵循了分类、类推及思维形式化的逻辑法则。④有专家提出"《周易》逻辑"的概念，认为《周易》逻辑以观象取类、名物取譬的方式来界定概念的含义，以主客相参的吉、凶、悔、吝为基本判断形式，以多维发散、可能盖然为推理方法，是迥异于外延型逻辑的另一种逻辑。⑤

有学者认为，《周易》思维是辩证思维、整体思维⑥，这是就思维的内容特征而言的；还有学者认为，《周易》思维是神话思维、本体论思维、功能思维，这是就思维的主客体关系而言的。本书均不将它们归入思维形式来讨论。

本书认为，《周易》思维是融合直觉、形象、逻辑三种思维形式而又不完全等同于这三种思维形式的特殊的思维类别，可称"象数思维"。

《周易》的象数思维具有直观、直觉性特征，但与一般直观思维又有区别，区别在于：后者是依据自身的直观体验对事物的前景进行判断的，而

---

① 罗炽《易文化传统与民族思维方式》，武汉出版社，1994年。
② 参见朱伯崑主编《易学基础教程》第321页。该书还比较了"形象思维"与"直观思维"的异同，两者都以事物形象为媒介，而直观思维具有对印象进行整体平移的特点，形象思维具有对印象进行拆卸、组装的特点。
③ 徐志锐《论〈周易〉形象思维》一文认为《周易》采用形象思维的方式来表述理性哲学。
④ 参见朱伯崑主编《易学基础教程》第323—330页。
⑤ 周继旨《周易与中国传统思维模式》，载张其成主编《易经应用大百科》，东南大学出版社，1994年。
⑥ 参见蒙培元主编《中国传统哲学思维方式》，浙江人民出版社，1993年。

第六章 传统思维方式的典范——象数方法论

前者是依据初始占筮者所规定的卦爻象辞的直观体验进行判断的。虽然两者都以直观体验和感觉为依据，但后者是直接的，而前者是间接的。同样，《周易》的直觉、灵感思维也往往是在卦象比类的基础上进行的，或是在依据卦象思维的锻炼中产生的（首先"据象"，然后才"忘象"），而一般的直觉思维、灵感思维往往不依据某一实象，具有突发性、瞬间性特征。

《周易》的象数思维具有形象性特征，但又不同于一般形象思维。象数思维不以自然界及人类社会具体事物为思维媒介，而以卦象、爻象为思维媒介。卦象是最重要的形象，是《周易》思维的放射源，而一般形象思维则以物象为思维的放射源。《周易》形象思维不同于艺术形象思维，后者之"象"包含强烈的情感因素，是直接表现形态、动作的活生生的艺术形象；而前者之"象"则是经过抽象、整饬的"卦象"，以客观、冷静、系统地反映对象为特色，表现了事物运动的轨迹与内在联系。

《周易》的象数思维具有逻辑性特征，但又不同于西方形式逻辑思维。《周易》采用外延边界模糊的"类"概念——卦象符号与卦爻辞文字，而非西方外延边界清晰的属性概念；《周易》的象数思维是对对象做动态的、先验的、综合的判断推理，而非西方的重属性分析和因果演绎的判断推理。卦象是《周易》思维的先验模型。卦象之"象"不同于抽象之"象"，后者是抽去了一切具体形象的概念，而前者既来源于万事万物之象，是对物象、事象的抽象与整饬，又蕴含经过整饬的物象、事象。它是个"空套子"，但这个"空套子"实际上又蕴藏万事万物。

以上所论的"象数思维"重点在讲"象"，而至于"数"（如卦爻数、天地数、河洛数等），则实际上就是一种特殊的"象"，因为这些"数"主要不是用于定量的，而是用于定性、定类的。

综上可见，《周易》的象数思维是一种综合思维，是直觉、形象、逻辑三种思维形式之外的第四种思维形式，是人类思维的一个特殊品种。

作为解《易》的两大流派之一，象数派系统地继承了《周易》的思维形式，并有所改造与发展。象数学家解《易》，以卦象和易数为出发点和依据，采用取象和取数的方法，将各种物象、事象、数量纳入卦爻象以解释卦爻辞，目的是寻找出卦爻辞与卦爻象的逻辑关联。其方法有二，一是从春秋战国尤其《易传》中已有的八卦的取象（八卦所象征的物象）出发，

235

象数易学

运用这些物象以解释卦爻辞与卦爻象;二是从卦爻辞与卦爻象出发,认为卦爻辞是依据物象来决定的,于是运用卦爻辞的一词一字,归纳出新的物象。仅从八卦上取物象总是有限的,于是象数学家就将一个卦分化成若干个卦,再以若干个卦所象征的物象来解释卦爻辞与卦爻象的相应之理。

汉易象数派与宋易象数派都具备上述基本特点。相比较而言,汉易象数派偏向于逐字逐句解释《周易》经传,宋易象数派偏向于解释《周易》的概念、范畴、命题。① 汉易象数派不仅广泛地选取物象来解《易》,而且将五行、干支等纳入卦象,从而将卦爻与五行这两大象数系统首次结合起来,不仅极大地丰富了卦象所象征的物象范围,而且强化了卦象与爻象之间、卦爻象与物象之间、卦爻象与卦爻辞之间的相互关系。宋易象数派以河图、洛书解《易》,实际上就是以阴阳、五行解《易》。

综观象数派与义理派的解《易》倾向可以看出,象数派立足于事物的象数,义理派立足于事物的义理。就思维形式而言,象数派偏向于功能思维、形象思维;义理派偏向于属性思维、逻辑思维。象数派注重从个体事物的形象功能出发推导出另一事物,本事物与他事物之间是比拟、形似的关系;义理派注重从个体事物的本质、属性出发推导出另一事物,本事物与他事物之间是逻辑推理的关系。象数派将卦爻看成表达事物形象的符号;义理派将卦爻看成表达事物性质的符号。象数派注重事物之间的联想,义理派注重事物之间的逻辑推理。②

当然,象数派与义理派在功能或属性思维上并不是截然相反的。象数派讲功能,而有的功能又正是本质属性的反映。如就乾卦的取象而言,《说卦传》说:"乾为天、为圜、为君、为父、为玉、为金、为寒、为冰、为大赤、为良马、为老马、为瘠马、为驳马、为木果。"李鼎祚《周易集解》案:"《说卦》乾,健也,言天之体,以健为用,运行不息,应化无穷,故圣人则之,欲使人法天之用,不法天之体,故名乾不名天也。"乾卦的本质属性为纯阳无阴,"健"既是乾卦的功用,也反映乾卦的属性。因乾卦具有

---

① 宋代象数派代表人物中,只有朱震的《汉上易传》是逐字逐句解释《周易》经传的。
② 如王弼《周易略例·卦略》解释屯卦:"屯,此一卦,皆阴爻求阳也。屯难之世,弱者不能自济,必依于强,民思其主之时。"从"屯"为阴求阳的属性出发,推导出"弱者"必依附于强者,才能解除屯难。

第六章　传统思维方式的典范——象数方法论

"运行不息，应化无穷"的功能和属性，所以乾又取象为马（良马、老马、瘠马、驳马）。乾卦还具有"在上""向上"功能，所以乾又取象为天、为首、为父、为君。"向上""在上"也是乾阳的属性之一。义理派并非不讲功能，如王弼解坎卦象辞："坎以险为用，故特名曰重险……处至险而不失刚中，行险而不失其信者，习坎之谓也。"其从"坎为险"的功能出发，解释坎卦具有"刚中"的属性。由此可见，象数派是从功能出发推导出事物之象，义理派是从功能或属性出发推导出事物之理。

就形象思维与逻辑思维而言，象数派与义理派同样也不是将其断然分离的。象数派往往立足于形象思维，在形象（卦象及物象、事象）的分"类"（象）基础上进行逻辑归纳与演绎，[①]这一点在宋易象数派中表现得较为突出。而义理派并非不借助卦象、物象，只是"因象"的目的在"明理"，"假象"的目的在"显义"。如朱熹站在义理派的立场提出"易只是一个空底物事"，将卦爻象辞看成表现事物之理的抽象公式，可以代入一切有关的事物，也可以推导出一切有关的事理。

第二节　象数思维的方法

象数思维的方法可归结为以下三种。

一、取象—观象法

1. 取象法

取象法指在思维过程中以"象"为工具去认识、领悟、模拟客体的思

[①] 如离卦为两阳爻夹一阴爻之象，于是凡一切内虚之物皆归结为离卦，如龟、鳖、蟹、蚌等均归为离卦。又因离是外实内虚一类事物的代表，故依此"类"可联想、类推、演绎相关事物，如人大腹、汽车、甲胄等。

维方法，有人称之为"唯象方法"或"意象方法"。取象法是《周易》重要的方法，以至于《系辞传》说："易者，象也。象也者，象（像）也。"取象法也是象数派解《易》的重要方法。

取象法依据的"象"是"卦象"符号，"卦象"可以象征、模拟宇宙万事万物。如果从总体上划分，卦象所取之"象"可分为实象与虚象两种。实象指有形的、实在的物象；虚象指虽无形但可以感受的物象。《易经》的卦名、卦爻辞可理解为对卦象取象法的第一次提示。《易传》所谓的"观象制器""观象玩辞"，说明取象不仅可以启发人发明创造，而且可以启发人揣摩事物的发展趋向，并引申出为人处事的原则。《易传》认为卦象显示了天地自然特定的形态、位置、性质、功能、轨迹、纹理，通过取象法可以领悟、认识天地自然的这些特征。

《周易·说卦传》总结并扩展了八卦的取象意义。如乾卦象征天、父、君、圜、金、玉、马、健、寒……坤卦象征地、母、布、釜、牛、顺、吝啬、均……其中除乾卦的健、寒和坤卦的顺、吝啬等指乾、坤的属性、义理之外，其余皆为事物之象。

易学的取象法以爻象、卦象及易图为放射源，以宇宙万物在人脑中的印象为中介，将卦爻象与印象相比照，通过印象使卦爻象与宇宙万物之象联系在一起。这种取象不仅仅是对实象的具体摹写，不仅仅是对外部形象的结构比类，更重要的是从功能出发，凡功能相同的物象，即使结构、形态不同，也可归为同类并纳入同一卦象。

取象法是象数派解《易》最重要的方法。黄宗羲在《易学象数论》中将卦象归纳为七种：八卦之象、六画之象、象形之象、爻位之象、反对之象、方位之象、互体之象。在象数学家看来，一个卦不仅有整体的卦象（如八卦之象），而且还有具体的爻象（如六画之象、爻位之象）；一个卦不仅有一个卦象，而且有数个卦象（如反对之象、互体之象）。一个卦能分化出多个卦象，而多个卦象所取的物象当然就成倍增加，这样解释象辞相应之理就不是一件困难的事。如汉象数学家虞翻以取象法解《易》，既取卦象所象征的物象，又取反对之象、互体之象、变卦之象所象征的物象。如他解释随卦六二爻的爻辞"系小子，失丈夫"曰："承四隔三，故失丈夫。"

(《周易集解》引）这是以爻位之象分析，六二爻承九四爻又被六三爻阻隔，六二爻是阴爻，位下，象"小人"；九四爻是阳爻，位上，象"丈夫"；六二爻由于六三爻的阻隔，所以"失丈夫"。再如解释贲卦初九爻的爻辞"贲其趾，舍车而徒"曰："应在震，震为足，故贲其趾也。""应在艮，艮为舍；坎为车。徒，步行也，位在下，故舍车而徒。"意为，贲卦的九三爻、六四爻、六五爻互体为震卦，震卦取象为足、为趾。贲卦的上卦为艮卦，艮卦取象为舍。贲卦六二爻、九三爻、六四爻互体为坎卦，坎卦取象为车。以这两个互体卦（震、坎）和一个上卦（艮）以及爻位（"位在下"）来解说贲卦初九爻的爻辞，就完全解释得通了。

由于取象的范围没有限制，从一个卦象中可以取出无限的物象，所以解说卦爻辞就变得容易了。但也正由于取象没有规则和限制，可以随心所欲地根据解释的需要而任意取象，所以解说卦爻辞就显得彼此矛盾，互不统一，不能形成一种有规律可循的解《易》体例。虽然如此，但就思维方法而言，它还是有积极意义的，那就是锻炼人的联想能力，启发人从事物的现象出发，从现象的功能及其各个层面、各个角度出发，探求事物之间的普遍联系及其规律。

2. 观象法

"观"是《周易》六十四卦中的一卦，《易传》对"观"做了解释。观卦的《彖传》曰："大观在上，顺而巽，中正以观天下……下观而化也。观天之神道而四时不忒；圣人以神道设教，而天下服矣。"其《象传》曰："风行地上，观。先王以省方观民设教。""观"是《周易》省方设教的基础，是《周易》重要的方法论之一。《周易·系辞传》曰："古者包牺氏之王天下也，仰则观象于天，俯则观法于地，观鸟兽之文与地之宜，近取诸身，远取诸物，于是始作八卦，以通神明之德，以类万物之情。"天地、鸟兽、人身、外物，都是"观"的对象。《周易》贲卦的《彖传》将"观"的对象归结为两类，即"天文"与"人文"：

观乎天文，以察时变；观乎人文，以化成天下。

所谓"天文",指刚柔交错的自然之象;[①] 所谓"人文",指"文明以止",即人的文明礼仪。人要守分知止。观"天文"而能察知四时寒暑代谢变化的规律,观"人文"而能教化天下人努力形成文明高尚的道德品质。

"天文"和"人文"是所"观"之象,这种"象"已不再是卦象、爻象,而是自然之象、礼仪之象。

《易传》提出了"观象制器"说,其《系辞传》认为伏羲氏、神农氏、黄帝、尧、舜以及后世圣人因观卦象而制作了网罟、耜、耒、弧、矢等器物。

圣人	制器	取象
伏羲氏	作结绳而为网罟	离
神农氏	斫木为耜,揉木为耒	益
神农氏	日中为市,致天下之民,聚天下之货,交易而退,各得其所	噬嗑
黄帝、尧、舜	垂衣裳而天下治	乾、坤
黄帝、尧、舜	刳木为舟,剡木为楫	涣
黄帝、尧、舜	服牛乘马,引重致远以利天下	随
黄帝、尧、舜	重门击柝以待暴客	豫
黄帝、尧、舜	断木为杵,掘地为臼	小过
黄帝、尧、舜	弦木为弧,剡木为矢	睽
后世圣人	易之以宫室,上栋下宇	大壮
后世圣人	易之以棺椁	大过
后世圣人	易之以书契	夬

对此,近代顾颉刚认为,《系辞传》将日用器物归于圣人看了六十四卦之象而制作的,将一切物质之文明都归于易卦,这是莫须有的事。很明显,制器时看的象仍是自然界的象,而不是卦爻的象。胡适则认为,观象制器

[①] 朱熹《周易本义》曰:"刚柔之交,自然之象,故曰'天文'。先儒说,'天文'上当有'刚柔交错'四字,理或然也。"

第六章　传统思维方式的典范——象数方法论

是一种文化起源的学说。所谓观象只是象而已，并不专指卦象。卦象只是物象的符号，见物而起意象，触类而长之。①本书认为，"观象制器"之象指的是物象而不是卦象。其理由是卦象的制作年代比器物的制作年代晚。从出土的文物和已有的文献看，作为六十四卦之前形态的数字卦，约形成于殷周之际，而六十四卦则约形成于西周时期甚至更晚，而早在旧石器时代就已有了人工制品。通过北京西南周口店北京人遗址可知，在距今七十万至二十万年左右，北京人就制作了三棱大尖状器、手斧、石球、刮削器、尖状器等，而且已具有控制、管理火的能力，并能猎取鹿、野马等大型动物。②在公元前6000多年至公元前2000年左右的新石器时代的文化遗址中，发现了技术高超的制陶工艺品、建筑遗存、雕刻艺术品等，甚至出现了小型城堡。③由此可见，《系辞传》所说的"制器"时代，至迟在新石器时代，而此时六十四卦还远没有产生。因此，怎么能说这些器物是依据卦象而制作的呢？

《系辞传》的"观象制器"说，主要是告诉人们，卦象、物象与器物之间有一定的联系，通过"观象"可以寻找到这种联系，从而启发人们发明创造。"观象"作为一种思维方法，目的就是寻找个体事物之间的关系，这种关系不仅体现在物象的外在形象上，而且体现在物象的功能上。

象数派继承了"观象"的方法，邵雍在此基础上发展为"观物"法。其《皇极经世书·观物内篇》说：

> 夫所以谓之观物者，非以目观之也。非观之以目，而观之以心也；非观之以心，而观之以理也……圣人之能一万物之情也。谓其圣人之能反观也。所以谓之反观者，不以我观物也。不以我观物者，以物观物之谓也。

邵雍的"观物"法又称"反观"法，其特点是"以物观物"，即不加进主观（"我"）的因素。明代黄畿《皇极经世书传》注："不以目而以心，此有我之心也；不以心而以理，此无我之心也。"近人吕思勉认为："邵子求

---

① 顾、胡论辩文章参见《古史辨》第二册。
② 参见《中国大百科全书·考古卷》，第687页。
③ 参见《中国大百科全书·考古卷》，第718—719页。

知真理之法，由于观物……邵子之观物，在于求真；其求真之法，则贵乎无我。"①邵雍将观物法分为三种：以目观物、以心观物、以理观物。"以目观物"指以自己的感官去观物；"以心观物"指以自己的主观感情去观物；"以理观物"即"以物观物"，指以事物的本然之性、本然之理去观物。以目观物观到的是事物的可感之形，以心观物观到的是带有主观感情色彩的事物之情，以理（物）观物观到的才是不带任何感情色彩、不限于任何可见之形的事物的本性。正如邵雍在《皇极经世书·观物外篇》所言：

以物观物，性也；以我观物，情也。性公而明，情偏而暗。

邵雍的以物观物是一种避免偏暗之情、追求公明之性的认识事物的方法。这种方法是与"养心""至诚"连在一起的。今人余敦康先生认为，邵雍"养心""至诚"主要着重于理性的认识，而不是道德的修养，目的在于窥破物理、照破人情，把人文的价值理想建立在对天地万物自然之理的客观认识基础之上。②

邵雍"观物"的目的在于"尽物之性，去己之情"。"物"是客观的，"己"是主观的，主客的分离是认识活动的前提。"观"作为认识事物的方法，其特点就在于从主客分离重新归结为主客合一，以达到正确认识客体的目的。邵雍认为"观"有三个层面：一是如同一面镜子，镜子"不隐万物之形"；二是如同平静的水，水"能一万物之形"；三是如圣人，圣人"能一万物之情"。镜子可能因做工不精而使观照之形走样，水"只能照表，不能照里"，只有圣人才能"表里洞照"。这里所谓的"圣人"即能"反观"之人，即能"以物观物"、不带主观偏见之人。只有以物观物才能既反映事物的表象（现象），又反映事物的本质。

方以智不仅将象数"符号"看成自然现象变化之几的象征、物理造化的符验，而且将卦爻"符号象数"引向"事物象数"，即事物的现象、度数。方以智认为"事物象数"可以说明自然现象变化的秩序和规律，并将"观象"法上升为"质测""通几"的方法。"质测"即考测物理，"通几"即通晓变化的规律。"质测"是为了"通几"，是在现象的基础上进行核实、实

---

① 《理学纲要》，上海书局1988年，第58页。
② 余敦康《内圣外王的贯通》，学林出版社，1997年，第245页。

证（实征）。方氏主张"因费而知隐"，即依据事物显露的现象认识事物隐含的本质。他提出"格物穷理"的认识方法，认为：

> 易是一部大物理也，以道观天地，天地一物也。以天地观道，道一物也。以物观物，又安有我于其间哉？（《周易时论合编·图象几表·两间质约》）

他以"格物"为"以物观物"，不将"我"置于其中。方氏认为"邵子观物，朱子格物"，都不废弃外物，而陆九渊"六经注我"则以万物皆备于我，是"惰雾毒烟"。观物、格物是为了穷理，这个"理"既是万物之理，也是道德性命之理。方氏还将所穷之理分为至理、物理、宰理三种。

在"格物"的同时，方氏还强调"心知"和"见闻"的作用。"心知"指主观地感知，是"千思万虑"；"见闻"指多识多学。前者为理性认识，后者为感性认识。两者须相互促进，才能认识至理、物理、宰理。

从"观象""观物"到"格物"，体现了象数学家认识论、方法论发展的过程。这些方法不仅对哲学本体论认识的建立而且对自然科学实证、实测方法的建立都具有重要意义，并产生重大影响。

二、取数—运数法

1. 取数法

取数法指以"数"为媒介，从"数"的角度解释《周易》经传，进而认识、推断或预测事物及其发展变化的方法。易学之"数"主要有：

① 天地之数：天一、地二；天三，地四；天五，地六；天七，地八；天九，地十。天数五个，地数五个；天数总和为二十五，地数总和为三十，天地数总和为五十五。

② 大衍之数：大衍之数为五十，抽出"一"为太极，分二以象天地两仪，挂一以象人（人与天、地合称三才），揲四以象四时，归奇以象闰。乾之策数为二百一十六，坤之策数为一百四十四，共为三百六十，为一年之日数。经过四营而成易，十八变而成卦。

③爻数：揲蓍四营三变后所得之数为六、七、八、九。六为太阴，七为少阳，九为太阳，八为少阴。以九、六分别代表阳爻和阴爻；以初、二、三、四、五、上分别代表六爻的位置。一卦当中，六阴爻记为初六、六二、六三、六四、六五、上六；六阳爻记为初九、九二、九三、九四、九五、上九。

④卦数：分六十四卦次序数和八卦次序数，前者在通行本《周易》中为乾一至未济六十四，后者《周易》中没有。北宋邵雍创先天八卦之数——乾一、兑二、离三、震四、巽五、坎六、艮七、坤八，后天八卦之数——离九、坎一、震三、兑七、坤二、巽四、乾六、艮八、中五，还有先天六十四卦之数。

⑤河洛数：依据朱熹、蔡元定的观点，洛书为九数组成——戴九、履一，左三、右七，二、四为肩，六、八为足，五居中央，河图由十数组成——一、六居北，二、七居南，三、八居东，四、九居西，五、十居中。

取数法即以上述"数"为依据推断事物之"理"的方法。上述各类"数"并非数学之"数"，不用于数量计算，而用于表义和明理。

其实就《周易》本身而言，"象"和"数"是密不可分的。有的人认为"象"偏向于定性，"数"偏向于定量，这是不对的。象数派取数法中的"数"绝不是纯粹表示数量的，而是更多带有"象"的特征，即更偏向于定性。因而"数"其实就是一种特殊的"象"。

天地之数中，奇数表示天，表示阳；偶数表示地，表示阴。大衍之数中，"一"表示"太极"，"二"表示"两仪"，"四"表示"四时"，"九、六"表示"太阳、太阴"，"七、八"表示"少阳、少阴"。爻数表示爻的位置和性质。卦数不仅表示卦的次序，而且表示卦的位置。河洛数则更多具有五行的性能。

取数法是象数派解《易》的重要方法。如京房在其《京氏易传》卷下说"故吉凶之气顺六爻上下次之，八九六七之数，内外乘之象"，以解释《周易·说卦传》"兼三才而两之故六"，认为阴阳之数与卦爻之象显示吉凶之气，兼有天、地、人三才的变化法则。京氏还对"阳三阴四"做了发挥，认为"阳三阴四"来源于天地之数，即天三地四之数。三代表东方，日出东方；三又代表天，天为圆，圆径一而周三。四代表西方，日落西方；不

第六章 传统思维方式的典范——象数方法论

仅三、四来源于天地阴阳之数,而且所有奇偶之数都来源于天地阴阳之数,此即所谓"奇偶之数取之于乾坤"。奇偶之数在京氏看来主要代表阴阳二气。如京房在其《京氏易传》卷下说:

> 初为阳,二为阴,三为阳,四为阴,五为阳,六为阴。一三五七九,阳之数;二四六八十,阴之数。

所谓"初"至"六"为爻位数,而爻位又与干支、五行相配,如此一来,数就具备了阴阳、五行的特征。以京氏为代表的汉象数学家不仅将奇偶数解读为阴阳二气,而且以数解释卦爻辞。

《易纬》是汉代以数解《易》进而论述天、地、人三才之道的代表,其《乾凿度》在论述宇宙发生论时提出"太易—太初—太始—太素"四阶段说,并以数加以说明:

> 易无形畔,易变而为一,一变而为七,七变而为九。九者,气变之究也。乃复变而为一,一者,形变之始。

郑玄对此做了解释:

> 太易变而为一,谓变为太初也;一变而为七,谓变为太始也;七变而为九,谓变为太素也……二变而为六,六变而为八,则与上七九意相协……太易之变,不惟是而已,乃复变而为二,亦谓变而为太初;二变为六,亦谓变而为太始也;六变为八,亦谓变而为太素也。

郑玄认为,作为本体的"太易"生出一、七、九和二、六、八。一、七、九和二、六、八均代表太初、太始、太素。一和二言"形"之始,九和八言"气"变之终。郑玄提出,奇偶数相配表示"天地之道"。

此外,《易纬》和郑注还提出九宫数,以一至九的次序论述"太一"运行于九宫,实代表"气"的运行过程。

汉易象数派通过"数"将卦爻与气、阴阳、五行以及天文、物候、节气等贯穿在一起,既扩大了解《易》的途径,又建构起一个万物依次序排列、生成变易的理想的宇宙图式。

到了宋象数派中的数学派,则发明河图、洛书数,以解释《易传》天地数、大衍数，说明卦爻来源于河洛数，河洛数即五行生成数、九宫数。经过刘牧、蔡氏父子等人的诠释，一至十数被赋予五行生成、生克、阴阳二气消长运行及体用互动的内涵。

邵雍发明先天数、皇极经世数，以阐述一年节气的变换、阴阳二气的运行、宇宙万事万物的阴阳盛衰、正反变替、循环推移的运动变化规律，以及人类历史古往今来治乱兴衰的演化进程等，实际上是对易之道——天、地、人三才之道的发挥。

邵雍发明的先天数，又被后世象数派用来解释《周易》经传，如来知德从邵氏"离为三"的先天数出发，解释与离卦有关卦的卦爻辞中的"三"：

如离卦居三，同人曰三岁，未济曰三年，既济曰三年，明夷曰三日，皆以本卦三言也。若坎之三岁，困之三岁，解之三品，皆离之错也。渐之三岁，巽之三品，皆以中爻合离也。丰之三岁，以上六变，而为离也。（《周易集注·中爻》）

同人、未济等卦爻辞中之所以有"三"字，是因为其含有离卦。这是以"数"解《易》明"理"的代表性例子。

2. 运数法

解《易》论"道"的取数法，不仅运用于易学哲学，而且运用于传统科学。取数法随之演变为运数法。如果说取数法中的"数"还带有"象"的特性，还不主要用于定量，那么运数法中的"数"则重在定量，重在计算。这是出于自然科学"质测"的需要。邵雍的象数学在对"物理"、自然之理的研究方面做出了重大贡献。他设定了万物之数，如天地体数四、用数三；太阳、太刚、少阳、少刚之体数各为十，总为一百六十；太阴、太柔、少阴、少柔之体数各为十二，总为一百九十二。阳刚总用数为一百一十二，阴柔总用数为一百五十二。以阳刚之用数乘阴柔之用数，得出日、月、星、辰的变数为一万七千零二十四，又称"动数"；以阴柔之用数乘阳刚之用数，得出水、火、土、石之化数亦为一万七千零二十四，又称"植

第六章 传统思维方式的典范——象数方法论

数"。这些数字的具体设定虽不具备严格的数学量化意义，而只表明宇宙中的事物由简单到复杂的演变规律，但其中的数字推衍却符合数学运算规则，可以说，这类数字已开始从表"象"之"数"向表"量"之"数"演变。而到了邵雍，他在说明声律、天文、物候、节气时所用的"数"，则显然是明确的数量之"数"了。这种以确定的数量论节气以解《易》的方法，其实从孟京学派即已开始。如京房的"卦气说"中，四正卦初爻主管二至二分，各为一日八十分之七十三；四正卦之前的四卦各为五日十四分；其余卦各为六日七分。由于邵雍继承并发展了运数思维方法并以其说明"物理"，所以方以智将他与张衡、祖冲之、僧一行一道列入精通"太西质测"之学者（今之所谓"自然科学家"）的行列。(《通雅·读类略提语》)

方以智本人更是象数易学家兼自然科学家。他认为"象数"是探求自然物理的指南：

> 自黄帝明运气，唐虞在玑衡，孔子学易以扐闰衍天地之五，历数律度，是所首重。……（后）其言象数者，类流小术，支离附会，未核其真，又宜其生厌也。于是乎两间之真象数，举皆茫然矣。(《物理小识·象数理气征几论》)

"象数"出于医学、天文学、历法、音律的需要，必须表达确实的量度，必须能用于运算，而不能流于虚妄和术数。方氏将确切、核实的象数称为"真象数"，最终将象数之学引向"质测"的科学和"通几"的哲学道路。方氏应用"真象数"考察星陨、水斗、天文、历算、地理、声律以及人体、医学，以运数思维方法研究自然现象的本质和规律，对汉宋以来的象数易学、自然科学知识做了贯通和总结。

以上仅就象数易学家的运数思维方法而言。如果从传统的自然科学方面考察则可以看出，运数思维方法是其最重要的研究方法之一。

从取数思维到运数思维的演进，表明了"数"由定性功能向定量功能的转变，亦表明了"数"由模糊性向明晰性的转变。然而这两种思维方法往往是共用的、互补的。在不同的场合、根据需要不同，数有时是表性的，有时是表量的，有时又可做双向的理解。这既反映出两种思维方法的联系与区别，又反映出两种思维对象数易学（哲学）与自然科学所产生的不同影响。

象数易学

三、符号模型法

符号模型法指以象数为符号模型进行思维，并模拟、认识客体世界的方法。符号模型法与取象法、取数法有密切的关系，模型是取象、取数的理论依托，取象、取数是对模型的运用。

1. 三级符号模型

象数思维以象数符号为思维模型，本书认为"象数"模型可分为三级，第一级为卦爻模型，第二级为河图、洛书（含五行）模型，第三级为太极图模型。三级模型是同质异构关系，可以互相转换、互相沟通。河图、洛书模型与太极图模型可看成对卦爻模型的阐释和发挥，卦爻模型是象数思维的元模型。

（1）卦爻模型

卦爻模型最基本的符号是阳爻"—"和阴爻"--"，阴阳爻的三次组合（$2^3=8$）构成八卦，阴阳爻的六次组合（$2^6=64$）构成六十四卦，六十四卦也可看成八卦两两相重（$8^2=64$）而构成的。六十四卦是《周易》的基础模型。卦爻辞及《易传》则可看成对这个模型的文字解说或内涵阐发。

六十四卦的首二卦是乾卦和坤卦，为天和地，为宇宙生命之"元"，它是众卦的父母，不仅在宇宙万物中起决定性作用，而且也是万物运动变化的根本性原因。《易经》的乾、坤二卦，到《易传》被称为"阳""阴"，并且《易传》把"一阴一阳"看成"易道"。

乾、坤——阳、阴既有生成论意义，也有结构论意义，是象数思维的基点。其余六十二卦可看成乾、坤二卦的交合与展开。根据孔颖达的观点，六十四卦是按照"二二相耦，非覆即变"的原则排列的，即两两一组，后一卦是前一卦的覆卦（上下颠倒构成的卦）或对卦（阳爻变阴爻、阴爻变阳爻构成的卦），反映事物向其反面转化的思想，也反映六十四卦内在的因果连续关系。六十四卦分上经、下经，上经三十卦，下经三十四卦。上经重自然现象，下经重人文现象。上、下经又可分出若干阶段，象征事物进化的次序、阴阳消长的过程。

六十四卦的最后两卦是既济卦和未济卦，它们表明，事物运动一个周期的完结同时也是下一个周期的开始。虽然各派对六十四卦次序有不同的分段和不同的认识，但应该说作为一个整体，六十四卦是宇宙生命变化规律的完整的符号系统，也是理想的符号模型。

两汉时期，以孟喜、京房为代表的象数派提出"卦气说""纳甲说"，对卦爻元模型进行了新的阐释。"卦气说"将八卦、六十四卦与天文、历法相结合，二十四节气、七十二候配纳于卦爻之中；"纳甲说"将八卦、六十四卦与天干、地支、五行等相配合。"卦气说""纳甲说"大大扩展了卦象的取象范围，也增强了卦爻模型的应用功能。

北宋邵雍创"先天易学"，将八卦、六十四卦重新排列组合，创立"先天八卦方位图、次序图""先天六十四卦方位图、次序图""后天八卦方位图、次序图"等不同模型，其本意是用来说明一年节气的变化，进而说明万物的兴衰、社会的治乱、世界的终始，体现了阴阳推移变易的宇宙思想和时空统一的宇宙模式。

卦爻模型经过汉、宋两代大整合，逐步成熟化、程式化。这种使思维沿着确定的程式做定向辐射的结果，一方面使思维领域大大扩展，另一方面又限制了思维领域更自由地扩展；一方面使思维形式化、简明化，另一方面又使思维烦琐化、繁杂化。

（2）河图洛书（五行）模型

河图、洛书为数理模型，由十数、九数排列而成。虽然刘牧与阮逸在谁为河图、谁为洛书问题上有争议，但就思维方法而言，这种争议意义并不大。本书按朱熹与蔡元定的通行说法，以十数图为"河图"、九数图为"洛书"。"河图"实为五行生成数图，它通过奇偶数的相配排列，表达阴阳各有匹偶、五行生成相依之理，进而体现阴阳五行之气流行变化的顺序，如一年阴阳五行之气相为终始，五方阴阳五行之气生于内、成于外的循环流转。"洛书"通过九数的九宫排列，奇数居四正、偶数居四隅，表明以阳为主、以阴为辅，阴受制于阳、阳君制阴臣之理，亦体现五行相胜的次序。就奇数言，北方一水克西方七火，西方七火克南方九金，南方九金克东方三木，东方三木克中央五土，如此循环不已。

河图、洛书由解释天地之数、大衍之数以及八卦的来源，进而衍变成一种模型，并由此推衍出阴阳五行、宇宙万物变化流行的规律。

（3）太极图模型

宋明所确立的太极图有两种形式，一是五层组合太极图，二是阴阳鱼太极图。[①]

五层组合太极图经周敦颐解说，成为论述无极—太极—人极的宇宙、人伦图式模型。在这个模型中，太极生万物的宇宙形成过程又隐含人伦世界的生成过程，"中正仁义"的道德标准也符合宇宙世界的生成次序。这个模型被儒家解读为理学的道德规范。而在道教学者眼中，它却是演示炼精化气、炼气化神、炼神还虚的炼丹过程的模型。

阴阳鱼太极图是天地自然规律的理想模型，它所体现的阴阳的对待互根、交融和合、消长转化等义理，对后世影响极大。作为模型，它既被用于阐释《易》的"一阴一阳之谓道"，又被广泛运用于传统科技文化领域，如中医、丹道、武术等。至今，仍有人用它来解释一些现代科学原理。

上述三级象数模型是象数思维形式化的载体，包含了符号法则、公式。象数模型（包括其法则、公式）是规定思维走向、衡量思维得失的标准，思考事物时只要符合这个模型就是"对"的，否则即"错"。至于所思考的事物是否符合实际情况，也就是"真"与"假"的问题，则基本不涉及。然而象数模型毕竟不同于西方形式逻辑中的符号、公式。象数模型从一产生就与特定的"道""理"密不可分。或者说，它就是由特定的"道""理"产生的，再加上历代的不断阐释，使得这些符号、图式本身就有深刻的哲学内涵，因而与西方形式逻辑中抽象性、形式化的符号有较大差别。

2. 象数模型方法的特征

（1）象数模型是一种思维模型，而不是一种物质模型

就认识方法而言，中西方的根本不同在于中国人偏向于"思维模型"的方法，西方人偏向于"物质模型"的方法。而中国人的"思维模型"正

[①] 参见拙作《易图探秘》。

第六章　传统思维方式的典范——象数方法论

是以象数"思维模型"为代表的。

所谓"模型"，指人们按照某种特定的目的对认识对象所做的一种简化的描述，是用物质或思维的形式对原型进行模拟所形成的特定样态。模型可以分为物质模型与思维模型两大类。通过模型来揭示原型的形态、特征和本质的方法称为模型法。①

物质模型以某种程度、形式相似的模型实体去再现原型，它既可以是人工构造的（如地球仪、船模），也可以是从自然界获取的（如动物、植物标本）。物质模型是模拟实验赖以进行的物质手段；思维模型是客体在人们思想中理想化、纯化的映象、摹写。思维模型是人们在头脑中创造出来的，并且运用它在思维中进行逻辑推理、数学演算和"思想实验"，可分为形象的（唯象的）和符号的（标志性的）两种。前者以理想的或想象的形态去近似地反映客体；后者则借助于专门的符号、线条等，并按一定的形式组合起来去描述客体。卦爻（阴阳）五行是一种典型的符号思维模型。

(2) 象数模型有三级符号系统

象数模型是一种符号思维模型，它有三级符号系统。其中，以卦爻表述的"二"（阴阳）与以河洛（五行）表述的"五"（"五"的基数为"三"）之间存在体用合一的关系，而以阴阳鱼太极图表述的"一"（太极）则蕴含"二""三"之理。

关于"二"和"三"的争论，② 目前一般只停留在结构分类等层面上，因而其意义并不大。因为对自然万物既可做"二""三"的分类，又可做"四""五"等多种多样的分类。只要观察对象不同、观察角度不同，那么分出的类数自然也就不同。因此，只以"二"和"三"来给事物分类显然是不够的。

---

① 根据维纳《控制论》，模型的方法即功能模拟的方法是控制论主要方法之一，模型和原型之间必须满足三个条件：类比性、代替性、外推性。模型可分为两类，一类是实体模型（物质模型），另一类是符号模型（理想模型、思维模型）。
② 当前学术界在"一分为二"和"一分为三"的问题上有争论。起因是庞朴先生强调"一分为三"说。艾丰《中介论》认为：一分为二是事物性质（特别是最终性质）层次的哲学分析，一分为三是事物存在状态层次的哲学分析。

"二"与"三"的真正意义并不体现在结构分类学上，而凸现在思维模型层面。从表层看，卦爻强调的是阴阳，阴阳为"二"；河洛强调的是五行①，五行为"五"（"五"的基数为"三"）。一般认为，阴阳和"五行"不同源，也不属于同一体系。庞朴先生经考证认为，五行、八卦、阴阳本是三种不同的思想体系，分别起源于钻龟、陈卦、枚占这三种不同的占卜方法。②从文献上考察，"阴阳"观念最早见于《易经》③，"五行"概念最早见于《尚书·洪范》。将两者结合在一起的是战国时代的《管子》和邹衍，而将八卦与五行结合在一起的则是西汉末年的京房。

我认为，从起源上看，阴阳与五行不同源，但从思维方式上看，两者并不属于两个互不相干的系统。阴阳"二"主要反映事物可以分为对立互补的双方或两面，五行（"五"或"三"）主要反映事物对立互补的双方、两面的交叉与和合。

卦爻（阴阳）与五行之间在思维方式上原本是一致的，两者既是物质、功能的存在、分类方式，又是物质、功能相互关系的表达方式。卦爻（阴阳）既反映事物对立、对待的特性，又反映对立面的相互推荡、相互转换的互补统一的关系；五行（河洛）通过木、火、土、金、水五种元素之间生克、乘侮的关系，反映万事万物之间相互关联、相互制约的和谐统一性。如果以"二"表述事物对立矛盾的特性，以"三"表述事物关联和谐的特性，那么卦爻、阴阳、五行、河洛中均既包含了"二"，又包含了"三"。

卦爻、五行、河洛等符号系统，虽然各自的侧重点有所不同，但均是"二""三"相合的。如八卦由阴阳爻（"二"）组合三次（$2^3=8$）而成，六十四卦由阴阳爻组合六次（$2^6=64$）而成，实质上是八卦的重合（$8^2=64$）。五行其实是两对阴阳加上中土，木与金、火与水是两对阴阳，土居中央，是中介，具有调节火水、金木的功能。河洛以数字排列表达了阴阳、五行的流行、次序、生成、生克等内涵。

---

① 刘牧十数洛书、朱蔡十数河图主要表示五行生成意义。
② 庞朴《稂莠集》，上海人民出版社，1988年，第358页。
③ 《易经》卦爻辞虽未提到"阴阳"二字（中孚："九二，鸣鹤在阴，其子和之。"此处"阴"通"荫"，与"阴阳"之"阴"不同），但卦爻象已体现"阴阳"的观念。

第六章 传统思维方式的典范——象数方法论

象数派在解《易》论道的过程中充分体现了"符号思维"这一特征。京房首先将卦爻与五行相结合，使得"二""五"（"三"）两类模型有机地联系在一起，不仅大大扩展了取象的范围，而且大大增强了卦爻、阴阳两类符号的调节、生克关系。后世的象数学家继承了这一传统，至方以智达到高峰。方氏吸收象数派"象气"论思想以及张载气本论思想，认为阴阳、五行皆是一气流行的产物，"气"分为阴阳和五行，但彼此之间并不是相分相离的，而是相包互藏的。如阴阳二气体用互藏，阳气无形体而以阴为体，此阴之体又以阳为用，阳藏于阴之中成为主导。以实体为阴、以功能为阳，两者相互渗透和转化。又如五行互藏、互化，五行可指五材、五气、五性能、五元素，它们之间有互相转化的关系。这种关系不仅表现为相生、相克，而且表现为互藏、互化。五行之气相互包含，一行兼具其他四行。阴阳和五行都是气转化的结果，它们之间也是五行互藏、互化的，虽有层次上的差别，但无时间上的先后，而是一时俱生、俱成的。

象数符号思维表现了中国传统"三才同构""三才圆通"的思维特征，其"天人合一""主客不分"的思维观念与西方"天人对立""主客二分"的思维观念大异其趣。

（3）象数模型的方法包含了分类的方法

分类的方法是以《周易》为代表的中华文化认识宇宙的一种重要方法。《周易》强调"观象取类""类族辨物""各从其类"，即按不同的特性将万事万物分成不同的"类"。人要想认识宇宙万物是困难的，而要单个地、分离地去认识指谓对象则更难上加难。《周易》采用分类的方法，"方以类聚，物以群分"（《周易·系辞传》），"同声相应，同气相求"（《周易·文言传》），无限的宇宙万物被分成有限的若干"类"，"类"成了沟通相关事物的纽带。事物只要性质、功能、形象、结构相同或相近、相似，就都可以归为同"类"，同"类"的事物可以相互沟通、逾越。在上述条件中，性质与功能是最重要的因素。

分类的方法重在从动态上、功能上、整体上把握世界，"类"的外延边界是有弹性的，这与西方逻辑的"概念"有所不同。"类"是从某物向他物发散延伸的空间关系（"位"）、从某物前后变化的时间关系（"时"）、从某物与他物的总体联系，加上主体的直觉、经验、体悟而形成的非外延型逻辑"概念"。《周易》和先秦各家一样，都重视"类"的问题。

象数派在《周易》卦爻分类法的基础上引入了五行分类法，构成了象数分类的以下几种形式：

① 两仪—阴阳分类。这在象数分类中是最重要也最基本的方法，邵雍、朱熹称之为"一变为二""一分为二"法。它源于卦象的阴爻和阳爻。阴、阳爻是六十四卦的基础，阴、阳两仪是宇宙万物的基础。不仅万事万物可以分为阴、阳两类，而且同一事物也可分为阴、阳两面。

② 八卦分类。其将宇宙万物分为乾、坤、坎、离、震、巽、艮、兑八类。按《周易·说卦传》的说法，这八类的功能分别为健、顺、陷、丽、动、入、止、悦。也就是说，如果具备其中的某一功能，就可归入相对应的某一类（卦）。《周易·说卦传》中列举了大量的八卦分类的例子。

③ 六十四卦分类。这是《周易》的系统分类法。《周易》经文中只有六十四卦分类而没有八卦分类，《周易》传文把六十四卦还原成八卦的重合。虽然可把六十四卦看成八卦的扩衍，但两者在功用上各有所偏重。八卦重在事物的静态分类；六十四卦重在事物的动态分类，偏向于按六十四卦"类"与"类"之间的运动变化规律及其有机联系来分类。

④ 五行分类。严格地说，通行本《周易》是不讲五行的（马王堆帛书本《周易》多次提到"五行"），最早讲五行的是《尚书·洪范》。但从西汉开始，象数派即把八卦与五行相结合。后世易学中的"河洛学说"即一种五行分类，如"河图"中，一、六为水，二、七为火，三、八为木，四、九为金，五、十为土；一、二、三、四、五为五行生数，六、七、八、九、十为五行成数。本书认为，五行分类与两仪分类并不矛盾，五行可看成两对阴阳（水与火、木与金），而土居其中只起调控作用，它不占四方、不占四时，却统领四方、统领四时。五行分类促进了阴阳八卦相互之间的联系，使阴阳八卦形成了一个"生、克、制、化"的有机系统。

分类是符号模型思维方法的起始，易学象数的各种模型都是在分类的基础上构建起来的。它们是在思维过程中逐步形成的相对稳定的公式（范式）或法则，这种公式（范式）或法则普遍适用于任何事物，而不仅仅局限于某一具体事物。

（4）象数模型方法的另一表现是类推法，即模拟法

模拟法实际上是一种特殊的逻辑推理的方法。任何思维模型都必须通过一定的逻辑体系表现出来。上文所言的模型分类、模型形式即逻辑思维的表现方法。

象数模拟法与取象法、取数法密不可分。它们都是在分"类"的基础上推测、比拟万事万物的，只是象数模拟法更注重推测、比拟事物之理。《周易·系辞传》说八卦的功能是"以通神明之德，以类万物之情"，即通过象数的"类"模型把认识主体与认识对象（客体）结合起来。"象数"既可以把纷纭繁杂的事物梳理、分析为特定的"类"，又可以归纳出其统一的、同构的"理"，同时借助这个模型又可以推测、演绎出同类事物的变化、结构之"理"。这就是"以象求理""以象寓理"的方法。

象数逻辑推理的模拟法不同于西方逻辑的归纳法与演绎法，它是归纳法与演绎法的合一。把纷纭繁杂的事物归为有限的几类，如阴阳、八卦、五行（河洛），是一种归纳法；而依据象数模型去推测同类中其他事物的情况，则是一种演绎法。"象数"是一个媒介，有双向功能，既有将万事万物纳入自己这个框架的功能，又有以自己这个框架去类推、比拟万事万物的功能。

先秦名家、墨家都十分重视"类"的作用。战国时代后期墨家代表作《墨经·大取》说：

> 辞以故生，以理长，以类行也……以类行也者，立辞而不明于其类，则必困矣。

这里提出了"辞、故、理、类"等概念，"辞"即语句、命题，"故"指论据、理由、条件，"理"指普遍性规律，至于"类"，有人认为它是得出普遍性规律之意，是动词。其实"类"是一个名词，"类"指类之同者。《墨经·小取》提出"以类取，以类予"，即根据"类"推理得出自己的命题，也承认对方根据"类"推理得出其他命题。"类推"或"推类"是古代逻辑推理的统称。墨子将"类"赋予"本质""规律"等意义，后期墨家认为"类同"是"有以同"，"不类"是"不有同"，说明分类不是随便根据对象的某一种属性而是根据对象的本质属性来分的，"类"是确立"名""辞""说"

即概念、判断、推理的根据和前提。

与先秦墨家一样,《易传》也强调"类"的问题,乾卦的《文言传》提出"同声相应,同气相求……则各从其类也";同人卦的《象传》提出"君子以类族辨物",其《系辞传》更是明确提出"方以类聚,物以群分""八卦而小成,引而伸之,触类而长之,天下之能事毕矣"。"类"可看成"功能群",只要功能属性相同,就可归为同一"类",也可据"类"外推。

《易传》将"易"的功能归结为"彰往而察来""知来""藏往",认为《易经》"揲蓍占卦"依据以往之事推知未来之事,其理论基础即"类推"。《易传》认为事物只要同类,不论有多大差异,也都是同中之异,可以一事物属性推测另一同类事物属性。

在象数学家看来,"类"又与"象"密不可分,通过观"象"所取到的"类"从本质上说就是"象","象"既是万事万物的现象,又是普遍现象所呈现的功能群。因而这种"类"——"象",是现象与功能(有的也代表本质属性)的合一体。

象数思维的"象""类"是一种具有普遍意义的同类事物的综合性概念,虽不同于对属性的抽象分析,但并不等于抛开属性。事实上,属性、功能恰恰是"类推"的依据之所在。象数学家在解《易》时,基本上都坚持这一原则。如京房将八卦与五行、干支相配,其相配的原则是阳干、阳支纳入阳卦、阳爻;阴干、阴支纳入阴卦、阴爻。五行配八卦亦是从阴阳属性出发的。这个特点在宋易象数学中表现得更为明显。刘牧、二蔡的河洛学将奇偶、阴阳、五行按属性相配,模拟并类推宇宙万物的结构与运行的规律。

(5)象数模型"表法"功能逐渐强化

象数符号作为一种功能模拟模型,其本身的内涵已逐渐抽象化、功能化,其表"物"的内涵逐渐退化,其表功能、属性、关系的内涵则逐渐强化。如乾、坤二卦符号,已成为阳、阴两大类功能群的代号,乾代表光明、正向、运动、刚强、外在、俯下、实际、上升、资始、德生、开放等一系列含义;坤代表阴暗、反向、静止、柔和、内在、仰上、空虚、下降、资生、刑杀、关闭等一系列含义。再如五行已由原本表示木、火、土、金、

第六章　传统思维方式的典范——象数方法论

水五种实物（"五材"）演化为表示曲直、炎上、稼穑、从革、润下五种功能属性。象数符号化模型被象数学家归结为阴阳（卦爻）与五行、河洛统一模型。阴阳、五行的"象数"是"表法"的，是表现事物功能、关系、规律的。象与数统一，是象数符号模型的特点。"数"在《周易》中即已与"象"联系在一起。如"六二""九二"等即代表第二爻分别为阴爻、阳爻。《易传》"大衍筮法"之七、八、九、六被视为少阳、少阴、老阳、老阴的代称。到了宋易象数学，其以河图、洛书等图解《易》，力图将河洛之"数"与八卦之"象"联系在一起。邵雍发明先天数后，来知德等又借助先天数来解卦爻辞与卦爻象。在象数学家眼里，"数"与"象"一样也是表述事物功能、关系及其变化规律的符号。

象数符号模型除了含有卦爻（阴阳）、河洛（五行）等符号外，还含有特定的公式、法则。这一点主要是象数学家发明的。如卦爻符号，《易传》虽已提到八卦的相摩、相荡，但没有具体的规定，汉代象数学家发明了卦变的各种程式，并通过纳甲、纳子、纳五行，将卦爻与干支、五行相结合，从而大大丰富了卦爻与五行转换、变化的程式、法则。两宋象数学家通过先天易学、河图洛书对卦爻与易数之间的关系做了规定。如河图（十数图）具有一六、二七、三八、四九、五十的五方排列以及彼此之间的流行法则，即一奇生于北内，三奇长于东内，七奇出于南外，九奇尽于西外；二偶生于南内，四偶长于西内，六偶出于北外，八偶尽于东外。其中，奇偶的相配、内外的排列都有一定的规则。

卦爻、河洛、阴阳五行作为形式化的符号，是用来表达事物功能、关系及其规律的。也就是说，象数符号是"表法"的。"立象以尽意"，象数是"宇宙代数学"[①]，是一种框架，什么内容都可往里套。当然，不是随意地套，而是必须符合这个模型的法则和公式。

历代象数学家包括义理学家都在这个符号模型的基本法则指导下，通过对它的解读，赋予它特定的义理。这就是所谓的"假象寓理""理寓于象""假象数而知理"。象数符号模型终于成为表述宇宙万事万物总体变化规律、相互关系、群体功能的理想模型。只要把握了这个理想模式，任何事

[①] 冯友兰先生在1984年写给"中国周易学术研讨会"的贺信中，称《周易》是一部宇宙代数学"。

物的具体功能、发展规律就都可以得到类比、类推。它具有引导、限定人们思维的方向，启发、比照人们思维的途径和结果的作用，这正是象数符号模型的主要功能和特点。

第三节　象数方法论的特征及其影响

象数思维的方法论是影响中国传统文化以及传统科技（以中医为代表）的重要因素，具有以下特征。

一、重视整体和合，轻视个体分析

整体观念是《周易》最重要的观念之一。《周易》卦爻是一个整体，八卦、六十四卦为两级全息系统。八卦是阴、阳二爻的三维组合体，六十四卦是阴、阳二爻的六维组合体。后者六个爻位，上二爻为天道，下二爻为地道，中二爻为人道，天、地、人三才融为一体。卦爻符号模型是事物呈现的运动模式，筮法数字模型是事物潜在的运动模式，它们对天地的推演、时间的发展、宇宙阴阳规律的变化做了整体模拟，对万事万物的生成、分类、变化、运动做了系统描述。六十四卦模式以"六爻""六位"关系为基础，以时、位、中、比、应、乘等为原则和标准，给人们提供一种从时间、空间、条件、关系全方位分析问题、认识事物的思维方法。

易道的"一阴一阳"既说明人与自然具有对立性，也说明人与自然具有和谐性、统一性。"刚柔相推而生变化"表示对立面的相互推移、相互转化与相互依存。《易传》提出"同声相应，同气相求"，认为不同事物只要同类就可相互感应、相互吸引，如水流湿、火就燥、云从龙、风从虎，它们反映了事物之间的相互联系的整体观念。《易传》将"保合太和"看成"易"的最高理想境界。人与自然、主体与客体的相互对立与和谐、感应与交流被《周易》有机地统一起来，成为《周易》的基本思维理念，形成了中华文化"天人合一"的整体思维特征。

历代象数学家通过取象思维大大强化了这一特征。汉易象数学家发明的"卦气说""爻辰说"将天文、物候、节气、时令等要素纳入卦中，组成一个有机的整体；"八宫说""纳甲说"将阴阳五行、天干地支、人伦等级、月体盈亏等视为一体；"乾升坤降说""卦变说"以卦为本位，通过卦的生成变化，建立起事物之间的普遍联系。宋易象数派通过河洛图式、先天易图式构建世界的整体模式，将天时、地理、动植物、人体、器官、道德伦理、社会制度、历史演变等统统纳入其中，以说明宇宙万事万物之间是一个相互影响、普遍联系的整体；周敦颐的太极图式将宇宙"太极"与人伦"人极"相联系，从太极—阴阳—五行—万物的宇宙生成论角度，把天、地、人有机地统一起来，组成一个"太极"的整体、和谐的系统。

象数学家在解《易》中所采用的取象、取数的方法反映了整体思维的特征。卦象、物象作为独立的个体，看似互不关联，《周易·说卦传》及象数学家却把它们有机地联系在一起，建立起卦象与物象、物象与物象之间的普遍联系，把原本复杂纷繁、互不连贯的宇宙万物加以整合，使之简约化、系统化。

象数学家还对整体思维做过深刻的阐述。如邵雍在《皇极经世书·观物外篇》中以"万"与"一"说明万物合则为一体、分则为万物：

> 十分为百，百分为千，千为分万，犹根之有干，干之有枝，枝之有叶，愈大则愈少，愈细则愈繁，合之斯为一，衍之斯为万。

认为万事万物是逐层分化而来的，个体事物的发展从单纯到复杂，是没有止境的，它们之间是一个互相联系的整体，犹如根—干—枝—叶，只有"合"与"衍"的区别，所谓"合一衍万"即整体思维的反映。

清代方以智提出"细统"说，认为整个宇宙是一个大系统：

> 有质者皆地，而所以然者皆天，同时皆备，同时浑沦，此统本末也，幽明大小皆交汁为一者也。五行七曜，五方六矩，两端交摄，相制相生，定盘推盘，有几可研，此细本末也。统在细中，有统统，有细统，有统细，有细细，差别不明，则无以开物成务，而释疑辨惑者

象数易学

无从征焉(《周易时论合编·系辞上传》)

认为天地是一个"同时皆备,同时浑沦"的整体,一切大小本末事物都在它的统摄之下,此即"统本末";这一整体的各部分存在差别,又存在相交、相生、相制、相转换的联系,此即"细本末"。整体不脱离个体部分而存在,整体有"统统"和"细统"之别,部分又有"统细"和"细细"之别。在统一的整体中,事物的层次总是统中有细、细中有统的,"统"与"细"相互蕴涵。

整体思维对中国文化各层面影响极为深远。就《周易》整体太和观与儒道两家的整体和谐观相比而言,儒家强调"中庸",偏向于将自然人化;道家强调"混沌""素朴",偏向于将人自然化;而《周易》则强调人与自然对等感应、对等交流,同时又不抹杀各自的对立、独立的特性。《周易》的"太极"是一个反映阴阳整体对待与和谐的最高概念,也是对象数思维的理性提炼(宋明以后的阴阳鱼"太极图"是太极观的形象写照)。只是在后世的发展中,《周易》整体、和谐的一面被强化,而独立、对待的一面被弱化。董仲舒强调"大一统"思想,经后代统治者大力宣传,成了中华民族的精神主干。随着大一统思维的不断深化,"太极"被视为至尊的"一",世界万物起源于"一",全国定于"一尊",这个"一尊"就是皇帝。这种思维方式在调和矛盾、巩固民族团结、稳定国家政治、增强民族凝聚力、维护并促进统一、防止并结束分裂方面起到过积极的作用。

但这种思维方式也有负面影响:有整体、求同的思维偏向,重视主体的作用,对问题的探讨往往从内因、主体出发,只求内部世界与外部世界相协调。

《周易》的整体思维对传统科技的影响在中医学中表现得最突出。中医素有"人体小宇宙,宇宙大人体"之认识。作为中医理论圭臬的《黄帝内经》不仅将人体内脏看成一个有机的整体,而且将人与宇宙自然看成一个相互感应、相互影响的大系统。其"五运六气"说认为气候的变化及人所处的地理环境对人体的健康和疾病有重大影响。《黄帝内经》提出的藏象学说、病因病机学说、诊断辨证学说等无一不是建立在以阴阳五行为代表的整体思维模式基础之上的。另外,在科技领域,王充在《论衡》中依整体观、感应论解释磁石引针,张衡在易学感应论启发下发明候风地动仪,等等。

当然，整体思维也给科技带来了一定的负面影响，那就是在关注整体、关系的同时，往往忽视对个体、局部、构成元素的细致、深层的研究，致使分析科学不够发达。

上述影响虽不仅仅是《周易》及其象数派造成的，但象数整体思维尤其阴阳、五行观念却是其重要的深层原因之一。

二、重视功能关系，轻视形体结构

所谓"功能"，指物体外部表现出来的性能和作用。功能原则是《易传》提出来的。《系辞传》在论爻位的功能时用了"功"字[1]，"功"又称为"德行"。《说卦传》从功能原则出发论述了八卦所象征的八大自然物的功能属性，乾天为刚健不息，坤地为顺天而行，震雷为振动，巽风为散入，坎水为陷险，离火为灼丽，艮山为静止，兑泽为喜悦。义理派依此阐发义理，一般不论及物理。象数派依此研究事物之理、事物动态属性及其相互关系。汉代象数派将五行引入易学，以五行解说卦爻象与卦爻辞。"五行"亦由一个实体概念转变为一个功能概念，水、火、木、金、土分别表示润下、炎上、曲直、从革、稼穑五种功能群。五行之间的生克、乘侮法则也就成了功能群之间的关系原则。汉象数学家一经将卦爻与五行相结合，便使战国以来《管子》、邹衍的阴阳五行学说得以更大发展，也使功能性原则更加系统地得以贯彻。

功能是可以感知的、外现的，象数派的取象即依此原则。如离有炎上、外照的功能，所以火、日、电等皆归为离"类"，离即这一组功能群（"类"）的代称。八卦可视为八组功能群。如虞翻解释蒙卦的象辞"山下出泉，蒙。君子以果行育德"曰：

> 艮为山，震为出，坎泉流出，故山下出泉。君子为二，艮为果，震为行，育养也。二至上有颐养象，故以果行育德也。（《周易集解》卷二）

---

[1] 《系辞下》曰"二与四同功而异位""三与五同功而异位"。

蒙卦为上艮、下坎，下互卦为震。虞氏以艮为山，又为果；以震为出，又为行、为育养。这是从功能出发进行解说的：艮有静止功能，故为山、为果；震有运动功能，故为出、为行、为育养。

历代象数派所依据的象数模型实际上是一种动态功能模型，无论取象方法还是取数方法，都是以动态、功能的一致性为条件的。只要功能相同，即使结构、形态不同，也可归为同类。这种思维观念对中国文化尤其科学技术影响深远。

中国传统医学以表示行为功能的动态形象为本位，以形体器官和物质结构为辅从，将人体生理、病理的一切"象"都归属为阴阳两大类。中医五脏六腑、十二经络都是依据功能、动态思想建构的。如"左肝右肺"显然与实体结构不符，但却与肝主升、肺主降的属性相符，也与河洛八卦左为震木为肝、右为兑金为肺的功能模型相符。

中国古天文四象二十八宿的排列、星移斗转的周期，古地理分野坐标系统，历法物候阴阳变化节律，古乐律吕损益的法则等，都遵循易学象数的动态、功能模型。

象数功能模型的代表是阴阳五行模型。阴阳五行不仅是中国古代自然观的核心，也是传统科技的理论基础和理想框架。从汉代开始，哲学家和科学家都以阴阳五行之气为七大元素，[①]并以此解释世界的形成及其物质结构。古代天文学、气象学、化学、物理学、地质学、医学等均受其影响。如开古化学先河的炼丹术典籍《周易参同契》即依铅、汞和水、火的性能说明丹药的炼养与形成，称汞性为阳、铅性为阴，汞遇火而升华、铅遇火流为液体，二物融合为一体即"覆冒阴阳之道"，说明阴阳五行七种元素各有自己的功能，天地万物因禀受其性能的程度不同而显现为千差万别的事物。铅禀受阴水的性能而为铅，汞禀受阳火的性能而为汞。两者的化合又产生新的物体即丹药，此为"性情自然"。

中医对人体的考察则完全是建构在阴阳五行功能模型之上的。[②]就"藏象学说"而言，五脏为阴，六腑为阳。五脏中，肝为木，肺为金，心为火，

[①] "阴阳五行"被周敦颐《太极图说》称为"二五之精"。
[②] 拙文《论中医思维及其走向》《生命的"二体三用"模型》对此做了探讨，分别载于《中国中医基础医学杂志》1996年第4期、《北京中医药大学学报》1997年第1期。

肾为水，脾为土。其中，心肺为阳，脾肾为阴，心为阳中之阳，肾为阴中之阴。① 中医依据五行功能建立了五脏六腑之间的生克、制化、乘侮、胜复的联系，以反映人体的生理、病理状况，并决定药物和针灸治疗的方法。从某种意义上说，中医生命科学就是以阴阳五行为基础的人体功能学。

作为物理学家，方以智依据阴阳五行功能原则研究物质现象及其变化规律，认为天地万物由阴阳五行之气构成，物质现象的变化是由于各自所禀受的五行之气即五气功能相互作用的结果，并指出中国的五行说优于西方气、土、水、火的"四大"说。②

功能性原则是我国古代自然观的核心，由于象数学家、科学家（不少象数学家又是著名的科学家）的努力，我国终于形成了以功能论、气论为特征的传统科学体系，从而与西方原子结构论科学传统大异其趣。象数思维重动态、重功能的倾向，又导致轻结构、轻静态的偏差，致使中华文化形成重道轻器、重神轻形的基本格局，对中国科技造成的负面影响则是实证、实测科学不发达，分析科学不发达。

三、重视感性形象，轻视抽象本质

《周易·系辞传》提出了"设卦观象""立象尽意"的原则，并说明了"观象制器"的方法。"象"是《周易》最重要的范畴，它既指卦象，又指物象。物象中既有有形状可见的"形"（或称为"器"——"形而下者谓之器"），又有无形状可见但却可以感受的"象"。卦象、可见之物象与可感之物象，统称为"形象"。此"形象"不同于艺术活动中的形象，它不带情感色彩；此形象思维也不同于艺术形象思维，它不以事物形象为思维放射源，而以卦象为思维放射源，如"观象制器"，即认为古代圣人是依据卦象发明器物的。卦象还是"尽意""类情"的出发点。《周易·说卦传》在八卦之形象下类推出各种相关的物象。

---

① 《黄帝内经》对五脏配阴阳说法不一，主要记载见《素问·金匮真言论》《素问·六节藏象论》《灵枢·九针十二原》以及《甲乙经》《太素》《类经》等。
② 参见方以智《周易时论合编·图象几表·两间质约》及《物理小识》中的《气论》《四行五行》等篇。

象数易学

在象数学家看来，卦象、物象是统一的双重形象。在解《易》过程中，象数学家首先从形象出发，企图建立起卦爻象与物象之间的必然联系，以证明卦爻辞完全是从物象出发的，是对卦爻象的说明。如象数学家解释谦卦象辞"谦，亨。天道下济而光明，地道卑而上行，天道亏盈而益谦，地道变盈而流谦，鬼神害盈而福谦，人道恶盈而好谦"一段[①]：

艮，山；坤，地。山至高，地至卑，以至高下至卑，故曰谦也。（《九家易解》注）

乾来之坤，故下济。阴去为离，阳来成坎，日月之象，故光明也。（《周易集解》卷四，荀爽注）

若日中则昃，月满则亏。损有余以补不足，天之道也。（《周易集解》卷四，崔憬注）

坤为鬼害，乾为神福，故鬼神害盈而福谦也……乾为好，为人，坤为恶也，故人道恶盈。从上之三，故好谦矣。（《周易集解》卷四，虞翻注）

从这些解释中可看出"象"的重要作用。谦卦由上坤、下艮组成，象数学家从该卦中分化出乾卦（坤的旁通卦）、坎卦（谦的下互卦）、离卦（坎的旁通卦），这样一共就得到五个卦象，然后从这五个卦象中得到了山、地、天、日、月、水、鬼、神等物象，再从这些物象中引申出高卑、下济、光明、盈亏、好恶等功能意义。这样一来，经传文就得到了解释。

宋代象数学家同样也从"象"出发，但此时的"象"主要指河图洛书、先天图、太极图等"图象"。这些"图象"被用来阐述宇宙万物发展变化的规律。

"象"是一种直观的、感性的、经验的综合体。重视现象、从现象出发探讨事物规律，也是中国文化及科技的特色之一。古代科学家提出了观察、测验自然现象的方法，如沈括在《梦溪笔谈·象数》中提出"测验"说，李时珍在《本草纲目》中提出"采视""试验"说，张介宾在《类经附翼·医易义》中提出"验象"说，方以智在《物理小识》中提出"质

[①] 下文所列该段注释均见《周易集解·谦》引文。

测""通几"说。由此可见,"象"是中国科技思维的出发点和研究对象。

《黄帝内经》中不仅有《六节藏象论》《阴阳应象大论》等以"象"命名的专论,而且最重要的是"象"是其反映内脏本质的外部征象和建构人体生命理论的重要方法。中医理论的核心是"藏象"学说,"象"即现象,"藏"即藏于胸腔内的内在器官,"藏居于内,形见于外,故曰藏象"(张介宾《类经·藏象第二》)。"藏象"学说即基于内在形质而通过观察外部征象来研究人体的生理、病理活动规律及其内外环境相互联系的理论。此外,中医的诊断学说、辨证学说、病因病机学说等均离不开"象",以至于有人称中医为"唯象医学"。

由于过分强调形象、现象的作用,所以在汉、宋时代对事物抽象的本质的研究就显得相对薄弱。这并不是说汉、宋时代的科学家不重视本质,而是他们将现象视为本质,不再另找一个抽象的本质。这种局面到了明代才开始有所改观。明代科学家将程朱的"格物穷理"引向探讨"物理"的道路,以观察物象为"穷理"的前提,以探求物理为"格物"的目的,开始注重探求事物的本质特征、构成方式。

由于以形象作为思维过程媒介的形象思维不脱离整体形象去认识事物、关注事物与事物之间的横向联系,所以其展现的是宇宙万物的整体。我们不能说中国传统科学是不研究本质规律的直观的、经验的科学,但重视形象经验、重视横向联系,忽略形体结构、忽略纵向探讨,却是中国传统科学的总体特色。这与形象思维功能性、整体性特征是一致的。"形象"往往是功能的、动态的、整体的表象。

综合地看,中国传统科学是一种重视形象、功能、整体而轻视本质、结构、分析的科学。

四、重视循环变易,轻视否定求异

变易是《周易》最基本的观念。"周"与"易"二字可理解为"周环、循环"与"变化、运动"。《周易》可看成专论宇宙万物周环变易规律的著作。六十四卦是一个从乾、坤开始到既济、未济结束的变易周期。"未济"表示下一个变易周期的开始。宇宙万物如此运动变化,循环不已。

象数易学

《周易》文字系统在对卦爻符号的解释中，明确提出周环变易的观点，如《易经》泰卦九三爻的爻辞："无平不陂，无往不复。"复卦的卦辞："反复其道，七日来复。"《易传》则反复强调："一阖一辟谓之变，往来不穷谓之通。""原始反终，故知死生之说。""变动不居，周流六虚。"

《周易·系辞传》还列举日月往来、寒暑往来的例子，说明"往者屈也，来者信（伸）也。屈信（伸）相感而利生焉"。《易传》将六十四卦的变易规律归结为阴、阳二元相反、相对、相摩、相荡的交互作用，提出"一阴一阳之谓道"的命题。

象数派通过"卦变"体例强化了这一观念。汉易象数学发明了之卦、升降、旁通、往来、消息、互体等卦变体例。如虞翻的"卦变说"，以乾坤父母卦变为六子卦，以十二消息卦变为五十二杂卦。后者分为一阴一阳、二阴二阳、三阴三阳、四阴四阳各类，每类的其他卦皆是该类消息卦爻象互易的结果，其体例皆以阴阳两爻互易，主变动者止于一爻。就卦变图而言，有代表性的还有李之才卦变图、朱熹卦变图、俞琰卦变图，而以俞琰卦变图最为合理，此图以乾、坤、离、坎四卦居中，由乾、坤两卦上下升降而变出其余六十卦。乾卦一阴生至五阴生的过程即坤卦一阳生至五阳生的过程。一卦六爻，一阳则五阴，五阴则一阳，余可类推。

"卦变说"将卦象看成一个相互变化、相互生成的序列，启发人们从变化角度掌握事物发展的总体规律。"卦变说"还告诉人们物极则反、循环往复的道理。在十二消息卦中，阳爻生长（阴爻消退）到极点时就会走向反面，即阴爻开始生长（阳爻消退），而阴爻生长到极点时又会走向反面，即阳爻开始生长，如此循环不已。

循环变易观对中国科技影响很大。下面仅就象数学家的科学成就进行说明。汉易中的"卦气说"，以六十四卦阴阳爻象的相互变易过程说明一年节气、物候的变化周期。其以十二消息卦代表十二个月，从复卦十一月阳生，到乾卦四月阳气极盛，转为姤卦五月阴生，至坤卦十月阴气全盛，说明一年寒、暖（阴、阳）二气交相推移。邵雍反对天体永恒不变说，以先天六十四卦运行规律，表达天体运行以及宇宙万物生灭成毁的周期循环。张介宾以易学变易观解释中医原理，认为人体脏腑经络按五行生克法则构成一个循环过程，而且生克互相包含，构成各器官的动态平衡。方以智的

《物理小识》认为，气、声、风、光、形都可以转化。其中，"气"是本原，"气"本身是"不坏"的。"气"旋转则为"风"，振动则为"声"，聚发则为"光"，凝固则为"形"，彼此之间"相互转应"，无始无终。

循环变易观将物质看成动态可变的，变化的形式是盈虚消长、循环往复的，变化的根源是阴阳两种对立性能的相互作用。对整个宇宙宏观世界来说，这种观点基本合理，整个宇宙存在永恒的大循环，而各种物体也存在暂时的小循环。这种循环是以阴阳象数的对立转化为基础的，包含着不断变化、"革故鼎新"的进步思想。循环变易思想增强了中华文化前后承接的亲和力和稳定性。其负面影响是过分强调循环，轻视否定性、求异性发展，将循环看成运动的主要形式而看不见其他形式（如直线形式、非升降形式等），缺乏历史进化发展观念，从某种程度上凝固了封建社会的统治秩序（如三纲、五常的永恒性），致使中华民族在相当长一段时期内沿袭因循、模仿、重复的习惯思路，缺乏应有的活力，缺乏否定意识，造成了社会发展的缓慢甚至倒退。

综上所述，象数思维方式是中华文化思维方式的元点和代表，决定了中华民族特有的价值观念、行为方式、审美意识及风俗习惯。它不仅表现在实用操作层面，而且渗透到民族心理层面；不仅影响了中国的哲学、形而上学，而且影响了中国的自然科学各学科。

易学的象数思维对中华文化的影响是深层次的，也是复杂的。如何整饬、修正象数思维的偏差，是中华文化"现代化"的一个重要课题。

后记

本书是我的博士论文《象数哲学研究》的修订本。我在博士论文的"后记"中写道：

> 本文作为一篇博士论文的写作只不过两三年时间，而象数易学作为一个问题为本人所关注、所探讨则已有近十年时间。然终因质钝功浅，未能深入。于是三年前下定了投考北京大学朱伯崑教授门下的决心，虽然对我来说攻读博士学位的时间毕竟太迟（比正常程序晚了十年，汗颜！），但能赶上朱先生对国内学子的最后一次招生，能成为先生的入室弟子，并得到先生耳提面命的教诲，又何幸如之！

的确，在读博的三年中，我受到了先生为人、为学多方面的谆谆教益。记得有一次到先生家请教博士论文提纲，先生谈锋甚健，从下午三点一直谈到晚上八点多，从观点的形成到文章的布局，先生都提出了指导性的意见。先生渊博扎实的文史功底、精辟独到的学术见解、认真负责的工作作风，都给我留下了终生难忘的印象。对先生的感戴之情难以言表，谨此致以衷心谢忱！

作为我的博士生指导小组成员，陈来教授、许抗生教授、李中华教授对本学位论文也都给予了精心的指导。在本论文写作过程中，余敦康教授、董光璧教授、张立文教授、刘长林教授、周继旨教授、卢央教授等，均多所示教。余敦康教授作为当年论文答辩委员会主席，在给予本论文一些溢美之词外，还建议我对象数派的人文精神、价值理念做更深入的研究。这两年来，我遵照这一意旨写了第二、第三章。可以说，没有各位教授的多方指教是不会有这本拙作的付梓的，在此一并表示感谢！

邱浩同志对全书校样做了精心的校勘，亦谨此深表谢忱。

本书的大部分章节已陆续发表于《哲学研究》《中国哲学史》《周易研究》《孔子研究》《国际易学研究》及《象数易学研究》，有的观点曾引起过争鸣，此次成书除做了一些文字上的修改外，未改变基本观点。欢迎有兴趣的读者继续批评指正。

张其成
2023 年 4 月